新编政治学系列教材

当代中国政治制度

(第三版)

聂月岩 ◎ 著

北京大学出版社
PEKING UNIVERSITY PRESS

图书在版编目(CIP)数据

当代中国政治制度/聂月岩著.—3 版.—北京:北京大学出版社,2022.8
新编政治学系列教材
ISBN 978-7-301-33195-8

Ⅰ.①当⋯　Ⅱ.①聂⋯　Ⅲ.①政治制度—中国—现代—教材　Ⅳ.①D621

中国版本图书馆 CIP 数据核字(2022)第 139272 号

书　　　名	当代中国政治制度(第三版)
	DANGDAI ZHONGGUO ZHENGZHI ZHIDU(DI-SAN BAN)
著作责任者	聂月岩　著
责 任 编 辑	韩月明　梁　路
标 准 书 号	ISBN 978-7-301-33195-8
出 版 发 行	北京大学出版社
地　　　址	北京市海淀区成府路 205 号　100871
网　　　址	http://www.pup.cn
新 浪 微 博	@北京大学出版社　@未名社科-北大图书
微信公众号	ss_book
编辑室邮箱	ss@pup.cn
总编室邮箱	zpup@pup.cn
电　　　话	邮购部 010-62752015　发行部 010-62750672
	编辑部 010-62753121
印 　刷 　者	天津中印联印务有限公司
经 　销 　者	新华书店
	730 毫米×980 毫米　16 开本　18 印张　275 千字
	2007 年 12 月第 1 版　2011 年 11 月第 2 版
	2022 年 8 月第 3 版　2025 年 7 月第 7 次印刷
定　　　价	49.00 元

未经许可,不得以任何方式复制或抄袭本书之部分或全部内容。
版权所有,侵权必究
举报电话: 010-62752024　电子信箱: fd@pup.pku.edu.cn
图书如有印装质量问题,请与出版部联系,电话: 010-62756370

目 录

第一章　人民民主专政制度 …………………………………………… 1
　第一节　人民民主专政的建立是中国历史发展的必然 ………… 2
　第二节　人民民主专政的实质和特点 …………………………… 8
　第三节　人民民主专政的国家职能 ……………………………… 16
　第四节　坚持和完善人民民主专政制度 ………………………… 26

第二章　人民代表大会制度 …………………………………………… 34
　第一节　人民代表大会制度是适合中国国情的根本政治制度 … 34
　第二节　人民代表大会制度是人民民主专政的最好组织形式 … 39
　第三节　人民代表大会制度的特点和优越性 …………………… 42
　第四节　坚持和完善人民代表大会制度 ………………………… 48

第三章　社会主义民主选举制度 ……………………………………… 60
　第一节　社会主义民主选举制度的形成与发展 ………………… 60
　第二节　社会主义民主选举制度的性质与作用 ………………… 69
　第三节　社会主义民主选举制度的基本原则 …………………… 73
　第四节　社会主义民主选举制度的运作程序 …………………… 80

第四章　中国共产党领导的多党合作和政治协商制度 ……………… 88
　第一节　中国共产党领导的多党合作和政治协商制度的形成与发展 … 88

第二节　中国共产党领导的多党合作和政治协商制度是我国一项
　　　　　　基本政治制度 …………………………………………… 96
　　第三节　中国共产党领导的多党合作和政治协商制度的基本方针和
　　　　　　主要形式 ………………………………………………… 102
　　第四节　坚持和完善中国共产党领导的多党合作和政治协商制度 … 110

第五章　民族区域自治制度 ……………………………………………… 118
　　第一节　民族区域自治制度的形成和发展 ……………………… 119
　　第二节　民族区域自治制度是我国的一项基本政治制度 ……… 123
　　第三节　民族区域自治制度的基本内容和原则 ………………… 128
　　第四节　民族区域自治制度的特点和优越性 …………………… 131
　　第五节　坚持和完善民族区域自治制度 ………………………… 134

第六章　基层群众自治制度 ……………………………………………… 142
　　第一节　村民自治制度 …………………………………………… 142
　　第二节　城市居民自治制度 ……………………………………… 151
　　第三节　企事业单位的民主管理制度 …………………………… 157
　　第四节　坚持和完善群众自治的基层民主制度 ………………… 164

第七章　社会主义司法制度 ……………………………………………… 173
　　第一节　社会主义司法制度的确立 ……………………………… 174
　　第二节　社会主义司法制度的发展与完善 ……………………… 181
　　第三节　社会主义司法制度的基本内容 ………………………… 186
　　第四节　依法治国,建设社会主义法治国家 …………………… 191
　　第五节　坚持和完善社会主义司法制度 ………………………… 198

第八章　社会主义民主监督制度 ………………………………………… 204
　　第一节　社会主义民主监督制度的含义和基本内容 …………… 205

第二节　社会主义民主监督机制的效能 …………………… 219
　　第三节　坚持和完善社会主义民主监督制度 ………………… 224

第九章　社会主义干部人事制度 ……………………………………… 232
　　第一节　社会主义干部人事制度的建立和发展 ……………… 233
　　第二节　社会主义干部人事制度改革的历程 ………………… 237
　　第三节　社会主义干部人事制度的基本内容和特点 ………… 248
　　第四节　公务员制度的建立与完善 …………………………… 257

第十章　"一国两制"制度 ……………………………………………… 266
　　第一节　"一国两制"科学构想的提出与内涵 ………………… 266
　　第二节　"一国两制"科学构想的伟大实践 …………………… 273
　　第三节　坚持"一国两制",推进祖国统一 ……………………… 277

后　记 …………………………………………………………………… 281

第一章

人民民主专政制度

民主政治首先指的是一种国家制度。社会主义民主政治的实现,在人类历史上第一次建立起了由全体人民组成的国家政权。建设社会主义民主政治,坚持中国特色社会主义政治发展道路,就是要坚持和完善人民民主专政。人民民主专政是马克思主义国家学说同中国革命实践相结合的产物,是无产阶级专政在中国的运用和发展,是发展中国特色社会主义的重要保证。2017年10月,党的十九大报告指出:中国共产党"团结带领人民完成社会主义革命,确立社会主义基本制度,推进社会主义建设,完成了中华民族有史以来最为广泛而深刻的社会变革,为当代中国一切发展进步奠定了根本政治前提和制度基础,实现了中华民族由近代不断衰落到根本扭转命运、持续走向繁荣富强的伟大飞跃"[①]。2019年10月,党的十九届四中全会审议通过的《中共中央关于坚持和完善中国特色社会主义制度、推进国家治理体系和治理能力现代化若干重大问题的决定》指出,我国是工人阶级领导的、以工农联盟为基础的人民民主专政的社会主义国家,国家的一切权力属于人民。必须坚持人民主体地位,坚定不移走中国特色社会主义政治发展道路。2022年10月,党的二十大报告又强调指出:我国是工人阶级领导的、以工农联盟为基础的人民民主专政的社会主义国家,国家一切权力属于人民。

---

① 习近平:《决胜全面建成小康社会 夺取新时代中国特色社会主义伟大胜利》,人民出版社2017年版,第14页。

第一节 人民民主专政的建立是中国历史发展的必然

马克思主义认为,政权问题是革命的根本问题。无产阶级革命的第一步就是夺取政权,使无产阶级上升为统治阶级,争取民主。无产阶级夺取政权之后,所要建立的国家只能是无产阶级专政的国家。但同时,马克思主义还认为,由于各个国家历史条件不同,无产阶级争取解放的具体道路和革命形式并不相同。正如列宁所指出的:"一切民族都将走向社会主义,这是不可避免的,但是一切民族的走法却不会完全一样,在民主的这种或那种形式上,在无产阶级专政的这种或那种形态上,在社会生活各方面的社会主义改造的速度上,每个民族都会有自己的特点。"[①]在国际共产主义运动史上曾出现过法国巴黎公社和俄国苏维埃政权这样的无产阶级专政的国家政权。但是,中国不同于法国,也不同于俄国,中国的特殊国情决定了中国革命胜利后所建立的国家政权必然是人民民主专政。

一、人民民主专政理论的形成

以毛泽东为代表的中国共产党人坚持把马克思主义关于无产阶级专政的学说和中国革命具体实践相结合,创造性地提出了人民民主专政理论。正是在人民民主专政理论的指导下,中国建立了人民民主专政制度。人民民主专政理论在中国社会主义建设和改革的过程中又得到了进一步的丰富和发展。

(一)人民民主专政理论形成的社会基础

无产阶级夺取政权后,必须实行无产阶级专政,这是马克思主义国家学说的核心。我国实行人民民主专政,这是中国革命的历史情况决定的。旧中国

---

① 《列宁全集》第28卷,人民出版社1990年版,第163页。

是一个半殖民地半封建社会,它在社会阶级状况和阶级关系方面有以下几个显著特点:首先,帝国主义、封建主义和官僚资本主义掌握国家政权,是中国革命的主要对象。其次,中国无产阶级人数少,到1919年五四运动前,产业工人只有200万,但他们却是中国最先进的生产力的代表,并且深受帝国主义、封建主义和官僚资本主义三重压迫,具有坚强的革命性和战斗性。再次,占全国人口80%的农民和城市小资产阶级是中国革命的动力。最后,中国民族资产阶级同帝国主义、封建主义和官僚资本主义之间既有矛盾,又有联系,是一个既有革命要求,又有动摇妥协的两面性的阶级。在这样一个经济文化落后、阶级结构复杂的东方大国里,革命的道路怎么走?革命胜利以后应该建立一个什么样的国家政权?各阶级的地位和相互关系是怎样的?这在当时是摆在中国共产党面前的一个重大课题。

以毛泽东为代表的中国共产党人,把马克思列宁主义关于无产阶级专政的普遍原理运用于中国的具体实际,在中国革命斗争的实践中不断总结经验,创造性地解决了这个课题。在中国革命道路问题上,逐步明确提出农村包围城市、武装夺取政权的理论,确立了新民主主义革命和社会主义革命两步走的战略步骤。在政权建设问题上,逐步明确提出建立人民民主专政国家政权的思想。

(二)人民民主专政理论形成的过程

人民民主专政理论的形成有一个发展过程。早在1925年11月,毛泽东在他填写的《少年中国学会改组委员会调查表》中写道:中国革命就是要"实现无产阶级、小资产阶级及中产阶级左翼的联合统治,即革命民众的统治"[①]。此后,毛泽东还在同年12月发表的《中国社会各阶级的分析》和1926年1月发表的《从国民党右派分离的原因及其对于革命前途的影响》等文章中,进一步论述了工业无产阶级是中国革命的领导力量,中国革命的目的是"建设一个革命民众合作统治的国家"。1926年9月,毛泽东更明确地提出:"进步的工

---

① 《毛泽东等同志填写〈少年中国学会调查表〉的背景》,《党史研究资料》1979年第5期,第1页。

人阶级尤其是一切革命阶级的领导。"从这些论述来看,毛泽东在1925年至1926年间,已经提出了中国革命的目标是要建立无产阶级领导的,有农民、小资产阶级和民族资产阶级特别是民族资产阶级左翼参加的各革命阶级联合专政,实际上已提出了人民民主专政的初步思想。

国民革命失败后,民族资产阶级追随大资产阶级叛变了革命,上层小资产阶级也离开了革命,因此中国共产党主张建立"工农民主政权"。这种工农民主政权,是把小资阶级包括在内的。毛泽东在1930年1月也说过"工农民主政权"这个口号是正确的。1935年12月瓦窑堡会议根据"九一八"事变特别是华北事变后阶级关系的新变化,把"工农共和国"(即工农民主政权)的口号改为"人民共和国"的口号,这就是把民族资产阶级重新包括在内了。1936年8月,中国共产党又把"人民共和国"改为"民主共和国",使其包括的阶层更加广泛。1939年5月,毛泽东在《青年运动的方向》一文中指出:中国革命的目的就是"打倒帝国主义和封建主义,建立一个人民民主的共和国"。1940年1月,毛泽东在《新民主主义论》中指出:我们所要建立的国家政权,"只能是无产阶级领导下的一切反帝反封建的人们联合专政的民主共和国,这就是新民主主义的共和国"。1948年9月8日,毛泽东在中央政治局会议上的报告中,把中国革命胜利后建立的国家政权明确地表述为"无产阶级领导的以工农联盟为基础的人民民主专政"。此后,毛泽东多次阐述过在中国革命胜利后要建立人民民主专政的国家政权。1949年6月,即中国革命取得最后胜利的前夕,为了阐明中国共产党在建立新中国问题上的主张,毛泽东发表了《论人民民主专政》一文。在这篇文章中,毛泽东全面、深刻地总结了中国革命的历史经验,进一步论述了在中国建立人民民主专政的问题。毛泽东说:"总结我们的经验,集中到一点,就是工人阶级(经过共产党)领导的以工农联盟为基础的人民民主专政。这个专政必须和国际革命力量团结一致。这就是我们的公式,这就是我们的主要经验,这就是我们的主要纲领。"[①]

[①] 《毛泽东选集》第4卷,人民出版社1991年版,第1480页。

以毛泽东为代表的中国共产党人,正是基于对旧中国国情的正确认识和科学分析,才逐步明确提出以无产阶级为领导、以工农联盟为基础、联合城市小资产阶级和民族资产阶级的人民民主专政理论,并在这一理论的指导下建立了人民共和国。人民民主专政理论是马克思主义关于无产阶级专政的学说在中国的运用和发展,是中国革命历史经验的结晶。

二、人民民主专政的建立

一个国家实行什么样的政治制度,走什么样的政治发展道路,是由这个国家的国情和历史条件决定的,特别是由这个国家的基本经济制度决定的。马克思主义认为,人类社会由资本主义阶段过渡到社会主义阶段是历史发展的一般规律和总体趋势。但是由于地方差别、经济结构的特点、生活方式、居民的觉悟程度和实现这种或那种计划的尝试等,这种过渡会产生多种多样的特点。人民民主专政的建立,是近现代中国社会历史发展的必然结果,是中国人民的正确选择。

(一)人民民主专政是中国历史的选择

1840年鸦片战争失败后,先进的中国人为救国救民,曾历尽艰辛向西方国家寻找真理,先后提出过资产阶级君主立宪、民主共和国等救国方案。伟大的民主革命先行者孙中山先生领导的辛亥革命,推翻了清王朝的统治,结束了封建帝制,建立了中国历史上第一个资产阶级共和国政权——中华民国南京临时政府,沉重地打击了帝国主义和封建势力。然而,辛亥革命的成果很快被袁世凯所窃取,资产阶级共和国在中国没有成为现实,"中华民国"只是一个虚名而已。此后,所有在中国重建资产阶级共和国的努力均告失败。在这种情况下,人们对资产阶级民主主义和资产阶级共和国方案产生了怀疑,帝国主义的侵略打破了中国人学习西方的迷梦。

历史表明:"资产阶级的共和国,外国有过的,中国不能有,因为中国是受帝国主义压迫的国家。"①十月革命一声炮响,给我们送来了马克思列宁主义。十月革命帮助了中国的先进分子,用无产阶级的宇宙观作为观察国家命运的工具,重新考虑自己的问题。走俄国人的路——这就是结论。这样,西方资产阶级的文明,资产阶级的民主主义,资产阶级共和国的方案,在中国人民的心目中一齐破了产。资产阶级的民主主义让位给工人阶级领导的人民民主主义,资产阶级共和国让位给人民共和国,这就是由中国历史得出的必然结论。

中国共产党成立后,提出了彻底反帝反封建的民主革命纲领,领导和团结中国的工人阶级、农民阶级、小资产阶级和民族资产阶级,进行着反帝反封建的革命斗争。由于这个革命是无产阶级及其政党领导的,是一切革命阶级参加的,因此这个革命的结果不可能是建立资产阶级的共和国,而必然建立无产阶级领导的各革命阶级联合专政的共和国,即人民民主专政的共和国。因此,在中国建立人民民主专政的国家政权,并非什么人的主观臆断,而是中国历史和中国人民的必然选择。

(二) 人民民主专政在中国的建立过程

人民民主专政在我国的建立经历了两个不同的历史时期,即新民主主义革命时期及社会主义革命和建设时期。

在第二次国内革命战争时期,各革命根据地先后建立了工农民主专政性质的"工农民主共和国"。1931年11月,中华苏维埃第一次全国代表大会在江西瑞金召开,宣告成立中华苏维埃共和国临时中央政府,选举毛泽东为主席,项英、张国焘为副主席。大会通过的《中华苏维埃共和国宪法大纲》中明确规定:中华苏维埃政权所建设的是工人和农民的民主专政国家,它的基本任务是保证苏维埃区域工农民主专政的政权取得在全中国的胜利;保存和发展革命力量,消灭敌人的战略基地以及领导贫苦大众起来进行斗争;从政治上保障工农劳动群众参加苏维埃政权管理、当家作主,享受前所未有的自由和民主的权利。

---

① 《毛泽东选集》第4卷,人民出版社1991年版,第1471页。

"九一八"事变后,鉴于中日民族矛盾上升和国内阶级关系的新变化,中国共产党在1935年12月的瓦窑堡会议上,及时把"工农民主共和国"改为"民主共和国"。这两个口号的形式虽略有不同,实质都是一致的。它和"工农民主共和国"的一个重要区别在于扩大了参加政权的阶级、阶层的范围。抗日战争时期抗日根据地建立的抗日民主政权,不仅包括民族资产阶级,还包括亲英美派的大地主大资产阶级在内。抗日民主政权的性质,既不是大地主大资产阶级的独裁政权,也不是无产阶级的政权,它是以无产阶级为领导,以工农联盟为基础,团结一切赞成抗日和民主的人们,对汉奸和反动派实行专政的政权。它不仅对于巩固和发展抗日民族统一战线及抗日根据地,而且对打败日本帝国主义、夺取抗日战争的胜利都起到了重要作用。

在解放战争时期,由于阶级矛盾上升为主要矛盾,各解放区建立了无产阶级领导的,工农联盟为基础的,人民大众的,反对帝国主义、封建主义和官僚资本主义的革命政权。当时的各解放区成为后来新民主主义国家的雏形,它所推行的对人民实行民主与对敌人实行专政相结合的制度,为人民民主专政制度在全国的建立积累了宝贵的经验。随着全国解放战争形势的变化,各解放区的新民主主义政权也发展为全国性的人民民主政权——中华人民共和国。

1949年9月,中国人民政治协商会议第一届全体会议通过的《中国人民政治协商会议共同纲领》规定,"中华人民共和国为新民主主义即人民民主主义的国家,实行工人阶级领导的、以工农联盟为基础的、团结各民主阶级和国内各民族的人民民主专政",从而使我国的人民民主专政政权具有了法律的效力。人民民主专政政权在全国的建立,标志着半殖民地半封建社会制度的彻底结束,人民当家作主的新时代已经到来,这是中国历史上的巨大进步。

在社会主义革命和社会主义建设时期,人民民主专政的任务发生了根本的变化。以毛泽东为代表的中国共产党人,依靠人民民主专政,成功地实现了从新民主主义向社会主义的转变,确立了社会主义制度。此后,人民民主专政的根本任务已经是在新的历史条件下保护和发展生产力,而解决人民内部矛盾成为国家政治生活的主题,其目的是将我国建设成为社会主义现代化国家。

第二节　人民民主专政的实质和特点

人民民主专政在实现从新民主主义到社会主义的转变的过程中,随着自身地位和任务的变化,其性质也由新民主主义的政权转变为社会主义的即无产阶级专政的国家政权。中国共产党于1956年9月召开的第八次全国代表大会,正确分析了社会主义制度在中国确立后的新形势,明确提出了"人民民主专政实质上就是无产阶级专政"。人民民主专政不仅是马克思主义无产阶级专政学说在中国的运用和发展,而且具有自己的鲜明特色。

一、人民民主专政的实质是无产阶级专政

人民民主专政是无产阶级专政在中国的运用和发展,人民民主专政的实质就是无产阶级专政。这是因为人民民主专政与无产阶级专政在领导力量方面、阶级基础方面、基本内容方面相同,历史任务方面也相同。

（一）人民民主专政与无产阶级专政的领导力量相同

马克思主义所主张的无产阶级专政,即无产阶级的政治统治,或者是无产阶级一个阶级的统治,或者是有各个劳动阶级参加的,但必须是以无产阶级为领导的统治。这是无产阶级专政的核心。马克思和恩格斯在《共产党宣言》中就指出:"工人革命的第一步就是使无产阶级上升为统治阶级,争得民主。"无产阶级将利用自己的政治统治,一步一步地夺取资产阶级的全部资本,把一切生产工具集中在国家即组织成为统治阶级的无产阶级手里。[①] 列宁认为"马克思的这个理论同他关于无产阶级在历史上的革命作用的全部学说,有不可分割的联系。这种作用的最高表现就是无产阶级实行专政,无产阶级实行政治

[①] 《马克思恩格斯选集》第1卷,人民出版社1995年版,第293页。

统治"①。列宁总结了国际共产主义运动的经验教训，在指导俄国无产阶级革命斗争的实践中，多次强调无产阶级在国家政权中独享领导权的意义。在中国人民民主专政的实践中，一贯坚持工人阶级对国家的领导权。毛泽东明确指出："人民民主专政需要工人阶级的领导。因为只有工人阶级最有远见，大公无私，最富于革命的彻底性。整个革命历史证明，没有工人阶级的领导，革命就要失败，有了工人阶级的领导，革命就胜利了。"②中国1949年制定的起临时宪法作用的《共同纲领》以及1954年颁布的宪法和现行宪法都明确规定了这一点。

工人阶级对国家的领导作用，是通过自己的先锋队——共产党来实现的。共产党是由工人阶级先进分子组成、用马克思主义武装起来的政党。共产党通晓社会发展规律，并通过对客观规律的认识，正确制定工人阶级解放斗争的纲领、路线、方针和政策，用以指导社会主义革命和建设。同时也只有这样的党才能够真正把无产阶级的力量集中组织起来，从而把各种斗争统一起来。

中国的人民民主专政也是坚持工人阶级对国家的领导权。中国共产党是中国革命和建设事业的领导核心，我国人民民主专政的国家政权得以巩固和发展，正是因为我们有一个政治上成熟的中国共产党的领导。工人阶级先锋队——中国共产党在国家政权中居于领导地位，这就意味着代表全体人民利益的工人阶级的意志要通过宪法和法律上升为国家意志，意味着国家要按照工人阶级的意志和面貌改造整个社会。由此决定了人民民主专政的实质是无产阶级专政。

（二）人民民主专政与无产阶级专政的阶级基础相同

人民民主专政与无产阶级专政都是以工农联盟为基础的国家政权。无产阶级专政是无产阶级领导的，但还必须有被领导者参加。这种由领导者和被领导者结成的特殊关系，是一种特殊形式的阶级联盟，即以工农联盟为基础的

---

① 《列宁全集》第31卷，人民出版社2017年版，第25—26页。
② 《毛泽东选集》第4卷，人民出版社1991年版，第1479页。

革命联盟。马克思主义经典作家历来十分重视工农联盟,认为它是无产阶级取得革命胜利、建设社会主义的重要条件。无产阶级专政的最高原则就是维护工人阶级同农民的联盟。马克思曾把工农联盟比作无产阶级革命的"合唱"。他在总结法国巴黎公社经验时指出,公社失败的重要原因之一,就是没有得到农民的援助和支持。在俄国革命中,列宁也十分重视农民同盟军的问题,他指出:无产阶级专政是劳动者的先锋队——无产阶级同人数众多的非无产阶级的劳动阶层(小资产阶级、小业主、农民、知识分子等)或同他们的大多数结成的特种形式的阶级联盟。无产阶级专政的最高原则就是维护无产阶级同农民的联盟。他认为这个联盟是苏维埃政权的主要力量和支柱。这个联盟将保证我们胜利完成社会主义改造事业,胜利完成战胜资本主义和消灭一切剥削制度的伟大事业。

在中国,农民占人口绝大多数,农民问题始终是中国革命和建设的根本问题。工农联盟不仅是人民民主专政的阶级基础,也是新民主主义革命、社会主义革命和社会主义建设的基本力量。正如毛泽东所指出的那样:"人民民主专政的基础是工人阶级、农民阶级和城市小资产阶级的联盟,而主要是工人和农民的联盟,因为这两个阶级占了中国人口的百分之八十到九十。推翻帝国主义和国民党反动派,主要是这两个阶级的力量。由新民主主义到社会主义,主要依靠这两个阶级的联盟。"①新中国成立后,工人阶级领导和以工农联盟为基础,已明确载入我国宪法。历史经验表明,如何对待工农联盟,关系到人民民主专政是否巩固。从政治上说,工农联盟是人民民主专政的阶级基础,是全国人民大团结的可靠保证,也是发挥人民民主专政威力的决定力量。由此决定了人民民主专政的实质是无产阶级专政。

(三) 人民民主专政与无产阶级专政的基本内容相同

无产阶级专政的国家是新型民主和新型专政的国家。马克思主义认为,民主和专政在无产阶级专政的国家中总是结合在一起的,是辩证统一的,这种

---

① 《毛泽东选集》第4卷,人民出版社1991年版,第1478—1479页。

新型民主和新型专政的有机结合,正是无产阶级专政的本质和特征所在。

早在1848年,马克思和恩格斯在《共产党宣言》中就同时讨论了民主和专政。在马克思和恩格斯看来,民主和专政在无产阶级专政的国家中总是结合在一起的,是辩证统一的。列宁曾多次论述过这个问题,明确指出,无产阶级专政,除了把民主大规模地扩大,使民主第一次成为供穷人享受、供人民享受而不是供富人享受的民主之外,还要对压迫者、剥削者、资本家采取一系列剥夺自由的措施。这种新型民主与新型专政的有机结合,正是无产阶级专政的本质和特征所在。所谓新型民主,就是在人民内部实行民主,由广大劳动人民当家作主,享有宪法规定的各项民主权利,用民主的方法解决人民内部的矛盾。所谓新型专政,就是说这种专政与以往一切剥削阶级类型国家的专政根本不同,它是用暴力镇压极少数地主资本家剥削者的反抗。因为它是人民的政权,所以它不仅仅依靠特殊国家机器的暴力,而主要是依靠人民力量,社会主义制度建立之后,逐渐地改变手段和方法,运用法律武器,依照法律规定和法律程序进行,并且采取专政机关与群众路线相结合、镇压惩办与教育改造相结合的办法。

民主与专政是统一的、不可分割的两个方面。只有在人民内部实行充分的民主,调动广大人民群众的积极性,形成强大的政治统治力量,才能对人民的敌人实行有效的专政。同时只有对人民的敌人实行专政,坚决打击他们的犯罪活动,才能保障人民的民主权利和各种利益。把二者割裂开来或对立起来的观点和做法,只能给无产阶级专政带来严重损害。正如毛泽东指出的,对人民内部的民主方面和对反动派的专政方面,互相结合起来,就是人民民主专政。邓小平对民主与专政的辩证关系作了精辟的分析,指出:"马克思主义理论和实际生活反复教育我们,只有绝大多数人民享有高度的民主,才能够对极少数敌人实行有效的专政;只有对极少数敌人实行专政,才能够充分保障绝大多数人民的民主权利。"①

---

① 《邓小平文选》第2卷,人民出版社1994年版,第373页。

（四）人民民主专政与无产阶级专政的历史任务相同

马克思主义认为,无产阶级专政的历史任务是消灭阶级和阶级差别,从各方面创造条件,向共产主义过渡。由于历史条件所限,马克思和恩格斯在阐述无产阶级专政的历史任务时,侧重它在消灭剥削制度、消灭阶级中的作用,但也在原则上阐明了无产阶级专政要发展生产力。列宁明确提出了无产阶级专政的首要的、基本的和经常的任务,是组织社会主义建设,创造新的生产关系,建立新的社会。

毛泽东在《论人民民主专政》等文章中明确指出,我国人民民主专政的基本任务是:要强化国家机器,借以巩固国防和保护人民的利益,对内镇压被推翻的反动阶级的反抗,对外防御帝国主义的侵略和颠覆;有步骤地解决中国工业化问题,承担繁重的经济建设任务;对农业、手工业和资本主义工商业进行社会主义改造,变生产资料私有制为社会主义公有制,建立社会主义制度;在政治思想上同一切旧思想开展斗争,向着社会主义和共产主义前进。

在现阶段,我国人民民主专政的主要任务是建设和发展中国特色社会主义,集中力量进行社会主义现代化建设。中国各族人民将继续在中国共产党领导下,在马克思列宁主义、毛泽东思想、邓小平理论、"三个代表"重要思想、科学发展观、习近平新时代中国特色社会主义思想的指引下,坚持社会主义道路,坚持改革开放,不断完善社会主义各项制度,发展社会主义民主,健全社会主义法治,自力更生,艰苦奋斗,逐步把我国建设成为富强、民主、文明、和谐、美丽的社会主义现代化国家。在社会主义初级阶段的基本任务完成以后,还将从社会主义初级阶段向社会主义高级阶段过渡,直到最后消灭阶级,建立共产主义社会。

总之,我国的人民民主专政在领导力量、阶级基础、基本内容、历史任务等方面与无产阶级专政都是相同的,所以,人民民主专政的实质就是无产阶级专政。

二、人民民主专政是中国特色的无产阶级专政

人民民主专政是马克思主义普遍原理与中国革命具体实践相结合的产

物,是以毛泽东为主要代表的中国共产党人在政权问题上的一个伟大创造。人民民主专政是无产阶级专政的一种形式,既同无产阶级专政在本质上相一致,又具有鲜明的中国特点,是具有中国特色的无产阶级专政。

(一) 人民民主专政具有广泛的政治联盟

在政权组成的阶级结构上,我国人民民主专政不仅包括以工农联盟为主体的无产阶级同其他劳动人民之间的联盟,而且在一定历史时期内还包括在工农联盟基础上的劳动人民同民族资产阶级的联盟。这两种联盟的存在,充分表明我国人民民主专政的阶级基础具有广泛性,是绝大多数人的政治统治。同时,这种广泛联盟的政权又保证了对民族资本主义工商业的社会主义改造,这是我国人民民主专政的一个突出特点和优点。随着剥削阶级作为一个阶级被消灭以后,人民的范围更加扩大,民族资产阶级中的大多数人已经被改造成为自食其力的劳动者,享有宪法规定的人民享有的各种权利,他们的代表也作为人民的一员参加国家管理。

1978年,我国进入了改革开放和社会主义现代化建设的新时期,随着全国工作重心的转移,国内阶级状况的根本变化和国际形势的发展,人民民主专政的政治联盟也发生了重大变化。第一个联盟比过去有了很大的发展,在确立了社会主义制度的祖国大陆上,已经成为社会主义的工人、农民和知识分子的强大联盟。这是全体社会主义劳动者的联盟,是建立在社会主义一致性基础上的联盟,是整个联盟的主体和基础,也是人民民主专政的依靠力量。第二个联盟是比第一个联盟更加广泛的联盟,它不仅包括一切拥护社会主义的爱国者,而且包括拥护祖国统一的爱国者,这就包括了广大的台湾同胞、港澳同胞和海外侨胞中的一切爱国人士以及全中华民族一切热爱祖国的人们。

在爱国主义的旗帜下,中国共产党团结了更为广泛的阶级、阶层和人士,充分体现了政治联盟的广泛性。广泛的政治联盟的出发点是团结一切可以团结的力量,调动一切积极因素,动员千千万万人民群众,组织起浩浩荡荡的大军,同心同德、群策群力地为建设社会主义现代化强国、实现祖国和平统一而奋斗。

(二) 人民民主专政不把民族资产阶级作为专政的对象

从专政对象来看,人民民主专政只对反抗社会主义革命和敌视、破坏社会主义建设的社会势力、社会集团实行镇压和专政。按照马克思主义的一般原理,资产阶级理应成为无产阶级专政的对象,巴黎公社和俄国苏维埃都对资产阶级实行专政。而在中国,由于民族资产阶级的两面性,中国共产党不是把民族资产阶级这一社会主义革命的对象作为无产阶级专政的对象,而是继续保持同民族资产阶级的联盟,通过和平赎买逐步消灭资本主义剥削,这是对马克思列宁主义无产阶级革命和无产阶级专政学说的一个重大贡献。

在社会主义革命时期,人民民主专政的任务是要消灭资本主义和资产阶级,工人阶级和资产阶级的矛盾本来是一种对抗性的矛盾,但民族资产阶级在新民主主义革命时期同劳动人民有过合作的历史,强大的人民民主专政政权掌握了国民经济的命脉,民族资产阶级又有愿意接受改造的一面,因此,工人阶级和民族资产阶级尽管存在着剥削的对抗性矛盾,但它可以作为人民内部矛盾,用和平方法加以解决。实践证明,这种阶级联盟在变革资本主义生产资料所有制、消灭民族资产阶级及改造这个阶级的成员、调动一切积极因素反对国内外敌人、巩固人民民主专政等方面的伟大斗争中,发挥了巨大的积极作用。

对于我国的民族资产阶级,我们不论是在新民主主义革命时期还是社会主义革命时期,都采取团结的政策。毛泽东解释说,这是因为我国的民族资产阶级有两面性。在资产阶级民主革命时期,它有革命性的一面,又有妥协性的一面;在社会主义革命时期,它有剥削工人阶级取得利润的一面,又有拥护宪法、愿意接受社会主义改造的一面。我国的人民民主专政对民族资产阶级采取团结的政策,不但说明了我国人民民主专政是统一战线性质的政权,而且说明它的阶级构成比一般无产阶级专政更为广泛。同时,中国共产党对其采取和平赎买的手段,将其生产资料私有制改造成为社会主义生产资料公有制,把它的成员改造成为自食其力的劳动者,这是中国共产党的一个伟大创造,具有鲜明的中国特色。

（三）实行中国共产党领导的多党合作制度

人民民主专政的国家政权的领导核心是工人阶级的先锋队——中国共产党。同时,有代表一部分社会主义劳动者、一部分拥护社会主义的爱国者和拥护祖国统一的爱国者利益的各民主党派参与国家政权的政治生活。历史证明,中国共产党领导的多党合作和政治协商制度,是由中国具体的历史条件决定的,是在我国长期的革命和建设中逐步形成和发展起来的,既符合中国国情,也具有中国特色。实行中国共产党领导的多党合作制度,这是人民民主专政国家政权的一个优点和特点。

中国的八个民主党派,大都产生于抗日战争和解放战争时期。其社会基础主要是民族资产阶级、城市小资产阶级及其知识分子。他们基于爱国、政治民主和经济民主的要求,从维护自身利益出发,形成了具有阶级联盟性质的政党。由于某些社会历史条件限制,他们政治上较为软弱,加之国民党反动政权的法西斯镇压,这些民主党派不可能形成独立的强大的政治力量。民主党派为了摆脱这种境况,在革命中有所作为,必须向工人阶级及其代表中国共产党寻求支持和合作,中国共产党的政策及领导的正确性使合作的可能性变为现实。在共产党的领导下,民主党派为争取新民主主义革命的胜利和筹建中华人民共和国作出了重大贡献。新中国成立后,又为争取社会主义革命和社会主义建设的胜利发挥了重要作用。特别是社会主义制度建立后,国内阶级关系和主要矛盾发生了根本性变化,各民主党派的社会基础不断变化,其成员的绝大部分已经成为工人阶级知识分子和社会主义劳动者,各民主党派已经成为各自联系和代表的一部分社会主义劳动者和拥护社会主义的爱国者以及拥护祖国统一的爱国者的政治联盟,正在与中国共产党同心协力,为完成我国社会主义现代化建设的伟大历史任务而共同奋斗。

在中国共产党领导的多党合作制度中,中国共产党居于领导地位,并在领导中国人民实现自己的目标、纲领、路线和任务的全过程中起根本的保证作用。

（四）在概念的表述上人民民主专政的提法有其优点和特点

毛泽东曾经指出，在人民内部实行民主，对人民的敌人实行专政，这两个方面是分不开的，把这两个方面结合起来，就是无产阶级专政或者叫人民民主专政。毛泽东提出的"人民民主专政"这一概念，把人民民主专政的两方面职能直接点出，并强调了人民的主体地位，这就使人们很容易理解这个国家政权的职能，从而避免产生误解和片面性，避免对无产阶级专政的歪曲和滥用，并且有利于增强广大人民群众的主人翁责任感和调动其积极性，有利于发展社会主义民主和整个社会主义事业。

"文化大革命"期间，在"无产阶级专政下继续革命"的错误口号下，从理论到实践，我国的人民民主专政遭到了严重的歪曲和践踏，产生了极大的混乱和严重的后果。党的十一届三中全会以后，党中央决定恢复人民民主专政的提法，并将其重新载入1982年宪法。人民民主专政的提法，直接明确地表达了对人民实行民主和对敌人实行专政的双重内容，这既体现了无产阶级专政的本质特征，又可防止别有用心的人对无产阶级专政进行肆意歪曲，从而补充和丰富了无产阶级专政的概念。因此，邓小平指出："人民民主专政的提法更适合于我们的国情。"①

总之，人民民主专政较之无产阶级专政具有广泛的政治基础，不把民族资产阶级作为专政的对象，坚持中国共产党领导的多党合作制度，在概念表达上更具科学性。所以说，人民民主专政又是具有中国特色的无产阶级专政。

第三节 人民民主专政的国家职能

我国的国家政权是，在工人阶级领导下，掌握在人民手里，实现人民民主专政历史使命的重要工具。列宁指出："国家政权仅仅是各个阶级都能而且应

---

① 《邓小平文选》第2卷，人民出版社1994年版，第327页。

该利用(并且应该善于利用)来为自己的阶级目的服务的工具。"①剥削阶级都把他们建立的政权作为维护本阶级利益、巩固自己的统治地位、加强对敌对阶级专政的武器。无产阶级在推翻了剥削阶级的国家政权以后,也必须建立崭新的国家机器,并逐步地实现自己的目的。在社会主义初级阶段,我国人民民主专政同样具有加强对敌专政、组织社会主义建设、保卫国防等国家职能。

一、充分发扬人民民主、切实加强对敌专政

人民民主专政,是对占人口绝大多数的人民实行充分的民主,对极少数的敌人实行专政,是一种新型民主和新型专政的结合。两者是辩证统一、相辅相成、缺一不可的。

(一) 充分发扬人民民主

党的十九大报告强调指出:"我国是工人阶级领导的、以工农联盟为基础的人民民主专政的社会主义国家,国家的一切权力属于人民。我国社会主义民主是维护人民根本利益的最广泛、最真实、最管用的民主。"②党的二十大报告明确提出:"人民民主是社会主义的生命,是全面建设社会主义现代化国家的应有之义。"③人民当家作主是社会主义民主的本质和核心,人民是国家政权的主人,是人民民主专政的主体。什么是人民呢?毛泽东认为,"人民"是一个历史范畴。他指出:"人民这个概念在不同的国家和各个国家的不同历史时期,有着不同的内容。"例如,我国在抗日战争时期,一切抗日的阶级、阶层和社会集团都属于人民的范围。在解放战争时期,一切反对美帝国主义及其走狗即官僚资产阶级、地主阶级以及代表这些阶级的国民党反动派的阶级、阶层和社会集团都属于人民的范围。在建设社会主义时期,一切赞成、拥护和参加社会主义建设事业的阶级、阶层和社会集团都属于人民的范围。

---

① 《列宁选集》第4卷,人民出版社1995年版,第126页。
② 习近平:《决胜全面建成小康社会 夺取新时代中国特色社会主义伟大胜利》,人民出版社2017年版,第35—36页。
③ 《中国共产党第二十次全国代表大会文件汇编》,人民出版社2022年版,第31页。

我国人民民主专政在人民内部实行的是民主制度,就是说在政治方面,人民享有各项自由和民主权利。人民民主专政对于人民来说是社会主义民主,是历史上最广泛的民主。发展社会主义民主政治是中国共产党始终不渝的奋斗目标,没有民主就没有社会主义,就没有社会主义的现代化。坚持人民民主专政,首先就要对广大人民实行充分的民主,保障工人阶级和广大人民群众在国家政权中的主人翁地位。因为人民民主专政的阶级基础是工人阶级领导下的工农联盟,这一联盟占全国人口的80%以上。在社会主义建设时期,知识分子已经成为工人阶级的一部分,他们也已经成为人民民主专政的基本力量;同时,在长期的中国革命、建设和改革中,我国还形成了有各民主党派和各人民团体参加的,包括全体社会主义劳动者、拥护社会主义的爱国者和拥护祖国统一的爱国者的广泛的统一战线。他们占了全国人口的绝大多数,他们是社会主义国家的主人,理应享受最广泛、最充分的民主。社会主义社会以生产资料公有制为主体,广大人民群众平等地享有管理国家、管理经济、管理文化教育等各项事业的权利。在人民中按民主原则办事,实行民主集中制。对于人民内部的矛盾,只能用民主的方法加以解决,使人们通过各种方法和途径教育自己和改造自己。只有这样,才能充分体现人民的意志、利益和要求,使广大人民增强主人翁责任感,保障我们的事业顺利进行。

我们要发展的民主是社会主义民主,这就决定了我们只有坚持社会主义道路,人民民主制度的物质基础才能得到充分发展,人民民主专政才得以巩固,人民民主权利才能得到有效的保证。

(二)切实加强对敌专政

人民民主专政既让广大人民群众享有充分的民主,又对极少数敌对分子实行强有力的专政。正如邓小平所说:"发展社会主义民主,决不是可以不要对敌视社会主义的势力实行无产阶级专政。"[①]这是保护广大人民群众根本利益的需要,是巩固国家政权和建设中国特色社会主义的需要,也是我国现阶段

---

① 《邓小平文选》第2卷,人民出版社1994年版,第168页。

阶级斗争状况的需要。

党的十一届三中全会后,邓小平领导全党拨乱反正,实现了伟大的历史性转变,纠正了阶级斗争扩大化的错误,并且根据我国的实际情况,对我国的阶级关系和阶级斗争的状况作了完整而科学的论述。他认为,在社会主义制度下,虽然已消灭了剥削阶级,"但是我们必须看到,在社会主义社会,仍然有反革命分子、有敌特分子、有各种破坏社会主义秩序的刑事犯罪分子和其他坏分子,有贪污盗窃、投机倒把的新剥削分子,并且这种现象在长时期内不可能完全消灭。同他们的斗争不同于过去历史上的阶级对阶级的斗争(他们不可能形成一个公开的完整的阶级),但仍然是一种特殊形式的阶级斗争,或者说是历史上的阶级斗争在社会主义条件下的特殊形式的遗留"①。邓小平所提出的"特殊形式的阶级斗争"是对我国现实阶级斗争状况的科学概括。他从我国社会现实出发,实事求是,既承认剥削阶级已被消灭,阶级斗争已不是我国社会主义社会的主要矛盾,又承认特殊形式下的阶级斗争依然存在。这种阶级斗争就其内容上看,它已不是完整意义上阶级与阶级之间的斗争,而是在剥削阶级被消灭以后,作为阶级斗争的残余而存在,它表现为广大人民同各种敌对分子之间的斗争。由于党和国家的工作重点转移到了经济建设上来,所以这种特殊形式的阶级斗争必须围绕这个中心,服务于这个中心。从这种特殊的阶级斗争的激烈程度来看,由于我们处在一个复杂的国际环境中,社会主义制度仍处于初级阶段,还有许多不完善不成熟的地方,在改革开放大潮下,必然会有资产阶级腐朽思想的侵入,不可避免地会在我们党员、干部中出现腐败现象,必然会出现一些新的剥削分子和敌对分子,所以这种斗争将是长期的,有时甚至是尖锐的。

由于这种"特殊形式的阶级斗争"的存在,人民民主专政的国家机器不仅不能削弱,反而更应加强,它们的存在是社会主义民主和现代化建设的重要保证。因为不对一切反社会主义的敌对分子实行专政,就不可能有社会主义民主。这种专政是国内斗争,同时也是国际斗争,两者实际上是不可分的。因

---

① 《邓小平文选》第2卷,人民出版社1994年版,第168页。

此,正如邓小平所说:"在阶级斗争存在的条件下,在帝国主义、霸权主义存在的条件下,不可能设想国家的专政职能的消亡,不可能设想常备军、公安机关、法庭、监狱等等的消亡。它们的存在同社会主义国家的民主化并不矛盾,它们的正确有效的工作不是妨碍而是保证社会主义国家的民主化。事实上,没有无产阶级专政,我们就不可能保卫从而也不可能建设社会主义。"①

国内外敌对势力为瓦解社会主义国家,便把诋毁、诽谤和搞垮无产阶级专政当作"和平演变"的重要步骤和主要内容。他们攻击无产阶级专政不讲民主,是"强制性的社会主义",是"专横的官僚主义制度",是不民主和不人道的。必须指出,科学社会主义同他们的根本分歧不在于要不要民主,而在于要什么样的民主这一重要问题。邓小平曾针对我国一些人,特别是一些青年人不了解资产阶级民主的实质、盲目崇拜资本主义制度的倾向而鲜明地指出:"什么是中国人民今天所需要的民主呢?中国人民今天所需要的民主,只能是社会主义民主或称人民民主,而不是资产阶级的个人主义的民主。"②我们在宣传民主的时候,一定要把社会主义民主同资产阶级民主、个人主义民主严格区别开来,一定要把对人民的民主和对敌人的专政结合起来。"对人民实行民主,对敌人实行专政,这就是人民民主专政。运用人民民主专政的力量,巩固人民的政权,是正义的事情,没有什么输理的地方。"③

(三)正确处理好民主与专政的关系

人民民主专政之所以要把对人民民主和对敌人专政结合起来,不仅是由于对人民必须实行民主,对敌人必须实行专政,而且是由于对人民民主和对敌人专政二者是相辅相成、密不可分的。列宁曾经指出,以为专政和民主这两个概念是互相排斥的,以为专政就是废除一切自由和一切民主保障,就是恣意横行,就是滥用权力以谋专政者个人的利益,都是错误的,是一种庸俗的资产阶级观点。

---

① 《邓小平文选》第2卷,人民出版社1994年版,第169页。
② 同上书,第175页。
③ 《邓小平文选》第3卷,人民出版社1993年版,第379页。

现代国家承担着在统治阶级内部实行民主和对被统治阶级实行专政两个方面的任务,民主和专政始终是国家权力所具有的共同特征,二者既有区别,又有联系。人民民主专政是对人民实行民主和对敌人实行专政相结合的政权。在人民民主专政中,民主是主要方面。在一定意义上,人民民主专政,也可以叫作人民民主制度。实践证明,要坚持人民民主专政,既要充分发扬人民内部的民主,又要切实加强对敌人的专政,这是一个原则问题。对人民内部实行民主是对敌人实行专政的需要;同样,对敌人实行专政也是对人民实行民主的需要。没有广泛的人民民主,没有把广大群众发动起来,没有群众的监督,就不可能对反动分子和敌对分子实行有效的专政。不对敌人实行专政,人民群众的各项民主权利就得不到保障。国内外敌对势力就会进行破坏和捣乱,甚至颠覆人民的政权,结果就会使人民争得的各项民主权利付诸东流。正如毛泽东所说:"没有广泛的人民民主,无产阶级专政不能巩固,政权会不稳。没有民主,没有把群众发动起来,没有群众的监督,就不可能对反动分子和坏分子实行有效的专政。"[①]

在民主与专政关系的问题上,我们有过惨痛的教训。正如邓小平所说:在过去相当长的一段时间内,我们党犯了阶级斗争扩大化的错误,片面强调了专政,混淆了敌我矛盾和人民内部矛盾的界限,给社会主义建设事业造成了重大损失,特别是在"文化大革命"期间,林彪、江青两个反革命集团,为达到篡党夺权的目的,变人民民主专政为法西斯专政,从另一个侧面割裂专政与民主的关系,他们把人民民主专政仅归结为"镇压之权",并任意扩大混淆其专政范围,剥夺广大人民群众的民主权利,使民主法制荡然无存。邓小平在总结教训的基础上语重心长地指出:"在民主的实践方面,我们过去做得不够,并且犯过错误。林彪、'四人帮'宣传什么'全面专政',对人民实行封建法西斯专政,我们已彻底粉碎了这个专政。这与无产阶级专政毫无共同之点,而且完全相反。"[②]党的十一届三中全会以后,我们一直在努力发扬民主,现在还要继续努力。为此,要不断发展和完善我们的民主制度。

---

① 《毛泽东著作选读》(下),人民出版社1986年版,第824页。
② 《邓小平文选》第2卷,人民出版社1994年版,第168页。

在民主和专政的关系上,中国共产党坚持了马克思主义的唯物辩证法,认为发展社会主义民主与加强无产阶级专政是紧密联系的。一方面,必须大力发展和完善社会主义民主,扩大民主的社会基础,完善民主的运作机制,扩大人民的民主权利;另一方面,绝不能削弱和否定无产阶级专政,而且从维护政治稳定、发展经济和保障人民的民主权利来说,现阶段人民民主专政还需要加强。邓小平反复强调指出:人民的民主同对敌人的专政分不开,"只有人民内部的民主,而没有对破坏分子的专政,社会就不可能保持安定团结的政治局面,就不可能把现代化建设搞成功"[①]。马克思主义理论和实际生活反复教育我们,只有绝大多数人民享有高度的民主,才能够对极少数敌人实行有效的专政;只有对极少数敌人实行专政,才能够充分保障绝大多数人民的民主权利。只有正确认识和处理民主与专政的辩证关系,人民民主专政才得以坚持、巩固和加强。如果把民主和专政割裂开来、对立起来或削弱任何一个方面,都会导致人民民主专政的国家制度严重受损。

二、人民民主专政是发展中国特色社会主义的可靠保障

坚持人民民主专政,是我国社会主义经济建设、政治建设、文化建设、社会建设和生态文明建设的可靠保障。只有坚持人民民主专政,才能有效地保证我国的独立与安全,保证国家的统一和民族的团结,保证社会的稳定和人民幸福安康,才能发展中国特色社会主义,实现中华民族伟大复兴的中国梦。党的十八大以来,以习近平同志为核心的党中央领导人民统筹推进"五位一体"总体布局、协调推进"四个全面"战略布局,推动中国特色社会主义制度更加完善,国家治理体系和治理能力现代化水平明显提高,为政治稳定、经济发展、文化繁荣、民族团结、人民幸福、社会安宁、国家统一提供了有力保障。

(一) 坚持人民民主专政是经济建设的保障

马克思主义认为,资本主义不发达、经济文化比较落后的国家在进入社会

---

① 《邓小平文选》第3卷,人民出版社1993年版,第154页。

主义社会之后，必须把经济建设放在各项工作的中心地位。组织和领导经济建设就成为人民民主专政国家的首要任务。中国特色社会主义进入新时代，我国社会主要矛盾已经转化为人民日益增长的美好生活需要和不平衡不充分的发展之间的矛盾。为了解决这一矛盾，就必须大力发展生产力，提高劳动生产率，逐步实现社会主义的现代化。因此，组织和管理社会主义经济建设，这是人民民主专政的首要任务。邓小平曾指出："坚持社会主义，首先要摆脱贫穷落后状态，大大发展生产力，体现社会主义优于资本主义的特点。"①所以，人民民主专政的国家必须坚定不移地把工作重点放到经济建设上来，大力发展生产力，建设社会主义的物质文明。现阶段人民民主专政在经济方面的主要任务是：保障举国上下集中力量进行社会主义现代化建设；保障全面改革，特别是经济体制改革的顺利进行；保障进一步扩大对外开放的广度和深度；建立和健全社会主义市场经济体制。

习近平指出：改革开放以来，"我们围绕建立社会主义市场经济体制这个目标，推进经济体制以及其他各方面体制改革，使我国成功实现了从高度集中的计划经济体制到充满活力的社会主义市场经济体制、从封闭半封闭到全方位开放的伟大历史转折，实现了人民生活从温饱到小康的历史性跨越，实现了经济总量跃居世界第二的历史性飞跃，极大调动了亿万人民的积极性，极大促进了社会生产力发展，极大增强了党和国家生机活力"②。当前中国共产党和全国人民正担负着发展社会主义市场经济、推进改革开放和实现中华民族伟大复兴的历史使命，无论是制定长期经济规划和中期发展目标，确定经济建设的战略重点，制定各种经济政策和法规，以及这些计划、重点和政策、法规的贯彻实施，还是调整产业结构和各种经济关系，改革经济体制，这些涉及全局的重大经济活动必须由国家全盘统筹，从而确立社会主义市场经济的职能。一旦放弃人民民主专政的国家对整个社会经济活动的宏观指导和控制，就会使国民经济生活偏离社会主义的正常轨道，从而造成全局严重失误，极大地影响社会主义现代化建设的进程。

---

① 《邓小平文选》第3卷，人民出版社1993年版，第224页。
② 《习近平谈治国理政》，外文出版社2014年版，第94页。

(二)坚持人民民主专政是文化建设和民主政治建设的保障

精神文明建设是社会主义现代化建设的一个重要方面。人民民主专政的国家,不仅要有一个强大的社会主义物质基础,而且要建设社会主义精神文明。然而,社会主义精神文明的建设离不开人民民主专政国家的组织和领导。我国的人民民主专政,担负着组织领导社会主义文化建设和思想建设的重要职能,一方面要大力发展教育、科学、文化、艺术、卫生、体育等事业;另一方面要坚持以马克思列宁主义、毛泽东思想、中国特色社会主义理论体系和习近平新时代中国特色社会主义思想为指导,对广大人民进行爱国主义教育和民主法制教育,培养有理想、有道德、有文化、有纪律及爱国、敬业、诚信、友善的社会主义公民。只有加强社会主义文化建设,才能为经济建设提供强大的精神动力和智力支持,把我国建设成为社会主义现代化强国。但同时,要使社会主义文化健康发展,必须有人民民主专政作保证。如果没有人民民主专政这个重要工具,没有人民当家作主的政权保证,那么社会主义文化建设就无法进行,就会偏离正确的方向,中国人民在精神上的一切良好愿望就会化为泡影。

民主政治建设是社会主义现代化建设的一项重要内容,也是人民民主专政的题中应有之义。坚持人民民主专政是建设社会主义民主政治,实现社会长治久安的有力保障。人民民主专政是社会主义制度优越性的本质体现。我国是以公有制为基础的社会主义国家,人民是国家的主人,党和国家的一切权力属于人民,人民享有最广泛的民主。只有充分发扬社会主义民主,调动广大人民群众的积极性和创造性,才能实现社会主义现代化建设的宏伟蓝图。民主发展得愈充分,社会主义就愈发展,人民民主专政的国家政权就会更加巩固。但与此同时,广大人民群众的民主必须依靠对少数敌对分子的专政,依靠对违法犯罪行为的制裁来保护。当前我国改革开放和社会主义现代化建设面临着艰巨的任务,无论是经济体制改革、政治体制改革,还是经济建设、对外开放,都需要有一个稳定的社会环境。稳定压倒一切。在国家瓦解、民族分裂、社会动荡的情况下,改革开放和现代化建设都是无法正常运行的。保障社会的稳定和国家的长治久安,保证各项改革和发展顺利进行,必须坚持人民民主专政。必须坚持在党的领导下,在人民当家作主的基础上,依法治国,建设中国特色的社会主义民主政治。

(三)坚持人民民主专政是防御侵略和保卫祖国安全的需要

在相当长的历史时期内,国内外还存在着企图颠覆我国社会主义制度的敌对势力,特别是国际上两种不同社会制度的并存与斗争并未结束,国际敌对势力还在积极推行"和平演变"社会主义国家的战略。帝国主义和霸权主义推动战争和侵略的本性不会改变,也没有完全放弃武装干涉社会主义国家的图谋。在这种情况下,只有坚持人民民主专政,加强国防建设,才能有效地保证我国的独立与安全,保证国家的统一、民族的团结、社会的稳定和人民安居乐业,才能保障社会主义物质文明建设、精神文明建设和民主法治建设的顺利进行。

党的十一届三中全会后,邓小平反复强调,在新时期要充分发挥人民解放军在人民民主专政中的柱石作用,加强人民军队和国防建设,把我军建设成为一支强大的现代化、正规化、革命化的军队。强调人民解放军要为保卫世界和平和祖国安全,为争取台湾早日回归祖国,实现祖国统一大业作出新的贡献。党的十九大报告指出:面对国家安全环境的深刻变化,面对强国强军的时代要求,必须全面贯彻新时代党的强军思想,贯彻新形势下军事战略方针,全面推进国防和军队现代化。

全面推进国防和军队现代化,必须坚持党对军队的绝对领导,建设一支现代化、正规化的革命军队,确保国防安全,这是中国共产党依法执政的一项重大战略任务。习近平明确回答了在世界百年之大变局、我国实现中华民族伟大复兴的历史条件下,建设一支听党指挥、能打胜仗、作风优良的人民军队的时代课题。坚决反对外部势力干涉香港、澳门事务;坚决反对和阻止外国干涉势力插手两岸事务;坚决反对和遏止"台独"分裂势力;坚决粉碎一切把台湾从中国分割出去的图谋,坚定不移地捍卫国家主权和领土完整。国防和军队建设,在中国特色社会主义事业总体布局中具有重要地位。必须站在国家安全和发展战略全局的高度,统筹经济建设和国防建设,在实现中华民族伟大复兴的历史进程中实现富国和强军的统一,努力建设巩固的国防和强大的军队。

总之,我们要在实践中进一步坚持和完善人民民主专政制度,要进一步巩固工人阶级的领导地位,巩固和加强工农联盟,要正确处理好两类不同性质的矛盾,处理好民主与专政的关系,加强国防和军队现代化建设,保证中国特色社会主义建设事业的顺利进行,充分发挥人民民主专政的重要职能。

第四节 坚持和完善人民民主专政制度

我国是工人阶级领导的以工农联盟为基础的人民民主专政的社会主义国家。人民代表大会制度、中国共产党领导的多党合作和政治协商制度、民族区域自治制度以及基层群众自治制度,是中国特色社会主义政治制度,鲜明地体现中国特色社会主义民主政治的本质特点,具有自身的优势和强大的生命力。坚持和完善中国特色社会主义政治制度,首先要坚持和完善人民民主专政制度,这是我国的国体。新中国成立后,我国实行人民民主专政制度,对于保证广大人民群众当家作主发挥了积极的作用。面对新形势新任务新要求,我们要在实践中进一步坚持和完善人民民主专政制度。

一、坚持工人阶级在国家政治生活中的领导地位

坚持人民民主专政制度,必须坚持工人阶级在国家政治生活中的领导地位。工人阶级在国家政治生活中的领导地位,是由中国共产党的性质和国家的性质决定的,是由工人阶级的特点及其历史地位决定的。

首先,中国共产党的性质决定了中国工人阶级在国家政治生活中的领导地位。中国共产党是中国工人阶级的先锋队,同时是中国人民和中华民族的先锋队。工人阶级是党的阶级基础,没有工人阶级的领导地位,就没有中国共产党的领导地位。中国共产党在领导中国革命、建设和改革的全部实践进程中都始终紧紧依靠工人阶级,巩固自己的阶级基础,这是中国革命、建设和改革取得胜利的根本力量保证。中国共产党是执政党,是社会主义现代化建设

的领导核心。中国共产党要巩固自己的执政地位,就必须巩固自己的阶级基础,充分发挥工人阶级的领导作用,这是发展中国特色社会主义和实现中华民族伟大复兴的根本保证。

其次,我国是人民民主专政的社会主义国家,国家的这一性质决定了中国工人阶级在国家政治生活中的领导地位。毛泽东指出:"人民民主专政需要工人阶级的领导。因为只有工人阶级最有远见,大公无私,最富于革命的彻底性。整个革命历史证明,没有工人阶级的领导,革命就要失败,有了工人阶级的领导,革命就胜利了。"①人民民主专政的国家性质决定了在发展中国特色社会主义的伟大事业中要坚持工人阶级的领导地位。

再次,工人阶级的特点和作用决定了中国工人阶级在国家政治生活中的领导地位。工人阶级最重要的特点之一就是同社会化的大生产相联系,工人阶级的先进性最根本地体现在它是先进生产力的代表。中国工人阶级是近代以来我国社会发展特别是社会化大生产发展的产物,是中国先进生产力和先进生产关系的代表,具有严格的组织纪律性和革命的坚定性、彻底性和高度集中等品格。中国工人阶级在中国革命、建设、改革的历史进程中,始终站在时代的前列,顺应社会前进的发展方向,在社会经济进步和社会政治进步中发挥着不可替代的领导作用。改革开放以来,中国工人阶级队伍虽然发生了变化,但没有改变中国工人阶级作为国家主人翁的地位和在国家政治生活中的领导地位。中国工人阶级仍然是我国社会主义现代化的主要建设者、社会财富的主要创造者、先进生产力的代表者,仍然是人民民主专政国家的领导阶级。

坚持工人阶级在国家政治生活中的领导地位,就必须全面坚持中国共产党的领导。中国共产党的领导是坚持人民民主专政的核心问题。在我国,人民的团结,社会的安定,民主的发展,各项事业的进步,都离不开中国共产党的领导。人民民主专政的功能与作用发挥得如何,也总是同这一时期中国共产党的状况密切相关的。凡是中国共产党的建设较好的时候,人民民主专政的功能与作用就发挥得比较好,凡是中国共产党的建设出现这样或那样的问题

---

① 《毛泽东选集》第4卷,人民出版社1991年版,第1479页。

的时候,人民民主专政的功能与作用的发挥就要受到限制和影响。因此,中国共产党要进一步加强党的建设,坚持党要管党、从严治党和反腐倡廉的要求,全面加强推进党的建设新的伟大工程。在发展中国特色社会主义的历史进程中,中国共产党要始终成为中国特色社会主义事业的坚强领导核心,从而实现对人民民主专政国家的正确领导。

二、认真执行国家的两种职能

人民民主专政国家同任何国家一样,具有政治统治和社会管理两种职能,二者互相依存,互相促进。随着我国社会主义制度的建立和主要矛盾的变化,人民民主专政的社会管理职能应该上升为国家的主要职能。否则,便不会有经济文化的发展和人民生活水平的提高,也不会增强国家的综合实力,更不可能有国家政权的巩固。新中国成立初期,由于我们充分发挥了国家两种职能的威力,国民经济迅速恢复和发展,人民生活水平不断提高,人民民主专政国家政权也日益巩固;同时,人民民主专政国家政权的巩固又反过来促进和保证了经济和各项事业的迅速发展。

1956年,党的八大认为,生产资料私有制的社会主义改造基本完成之后,国内的主要矛盾已不再是工人阶级与资产阶级之间的矛盾,而是"人民对经济文化迅速发展的需要同当前经济文化不能满足人民需要的状况之间的矛盾"。因此党和国家的主要任务就是集中力量发展社会生产力。1957年2月,毛泽东指出要正确处理社会主义社会两类不同性质的矛盾,以便团结全国各族人民向自然界开战,发展我们的经济和文化。但由于后来没有坚定地、系统地贯彻执行党的八大的正确路线,党和国家的工作重心未能从阶级斗争转到社会主义现代化建设上来,在实践中仍然片面地强调国家的政治统治职能,继续大搞阶级斗争,虽然有时也强调发展生产力,但往往放在次要和从属的地位;曾经错误地批判"唯生产力论",忽视发展生产和提高人民生活。党的指导思想上的错误以及林彪、江青反革命集团对这些错误的利用,给整个社会主义经济建设带来巨大损失。在"文化大革命"中作为上层建筑的国家政权,不但没有保护生产力的发展,反而阻碍甚至破坏了生产力的发展。究其原因,就是违背了社会主义社会发展的规律,脱离了人民民主专政国家两种职能相互关系的原理。

改革开放以来,我们的各项事业兴旺发达,出现了经济发展、文化繁荣、政治稳定的可喜局面。其中重要原因之一就是正确处理了国家两种职能的关系,充分发挥了其积极作用。中国特色社会主义进入新时代,中国共产党仍然要坚持以经济建设为中心,大力发展社会主义市场经济。党和国家通过发展社会生产力不断满足人民群众对美好生活的需要,解决发展不平衡不充分的问题,让广大人民群众有更多的获得感、幸福感、安全感,从而不断发展和完善以人民民主专政为核心的政治上层建筑。

三、巩固和发展最广泛的爱国统一战线

统一战线是中国共产党夺取革命、建设、改革事业胜利的重要法宝,也是中华民族伟大复兴的重要法宝。习近平在《庆祝中华人民共和国成立六十五周年招待会上的讲话》中指出:"我们要加强中国共产党全党的团结,加强中国共产党同各民主党派的亲密合作,保持党同人民群众的血肉联系。我们要巩固和发展全国各族人民的大团结,加强海内外中华儿女的大团结。我们要大力培育和践行社会主义核心价值观,用共同理想信念凝聚民族意志,用中国精神激发中国力量,动员全体中华儿女共同创造中华民族新的伟业。"[①]

(一) 必须巩固工农联盟

坚持人民民主专政,不仅需要工人阶级通过共产党实现坚强领导,而且需要与其他劳动群众、爱国者特别是与农民群众结成巩固的联盟。人民民主专政的历史经验表明,如何对待工农联盟,关系到人民民主专政能否巩固。而要巩固工农联盟,则必须在思想上加强对农民的社会主义教育;在政治上切实保

---

① 中共中央文献研究室编:《十八大以来重要文献选编》(中),中央文献出版社2016年版,第83页。

证农民的民主权利;在经济上充分关心农民的物质利益。根据人民民主专政的经验,每个时期的工农联盟,必须建立在一定的共同的物质利益的基础上。

土地改革之后,广大农民的生活得到了改善,但经济地位并不稳固,影响着工农联盟的巩固。在中国共产党的领导下,逐渐探索出一条中国式的农业合作化道路,即从临时互助组逐步发展为常年互助组,进而建立了农业生产合作社,找到了从新民主主义向社会主义过渡时期巩固工农联盟的组织形式,因而促进了生产的发展,也使工农联盟在公有制基础上得到了巩固和加强。但后来高指标、高征购、瞎指挥、一平二调的做法,严重挫伤了农民的积极性。几度出现工业与农业发展不够协调的状况,一定程度上影响了工农联盟的巩固和发展。

党的十一届三中全会以来,党和国家十分重视"三农"问题,即农业、农民和农村问题。认真纠正了过去农村工作中的偏差,农业各项政策得到落实,取消了农业税,使广大农民逐步富裕起来,从而调动了亿万农民的积极性,广大农村出现了勃勃生机。党的十七届三中全会专门作出了关于农民、农村和农业问题的决议。特别是党的十八大以来,加大了强农惠农富农政策力度。中共中央强调把解决好农业农村农民问题作为全党工作重中之重,把城乡发展一体化作为解决"三农"问题的根本途径。在实践中加大了统筹城乡发展力度,增强了农村发展活力,逐步缩小了城乡差距,促进了城乡共同繁荣,从而让广大农民平等参与现代化进程、共同分享现代化成果,进一步巩固了工农联盟,使人民民主专政有了更加坚实的阶级基础。由此可见,当注重农业的基础地位和农民的物质利益,农业生产和农村经济就发展,工农联盟就巩固。

在劳动人民中,还有为数众多的知识分子,他们是社会主义现代化建设的基本力量之一,在社会主义经济建设、政治建设、文化建设、社会建设和生态文明建设中起着重要的作用。如何对待知识分子问题,不仅是涉及他们个人命运的问题,而且关系到人民民主专政国家政权的巩固和社会主义事业的兴旺发达。中国共产党历代中央领导集体,都十分强调社会主义现代化建设要依靠工人、农民、知识分子,依靠中国人民解放军,依靠全国人民大团结。在知识经济时代和信息时代,特别是随着社会主义市场经济体制和运行机制的逐步建立,知识分子在社会生活和国家政权中的地位将进一步增强,他们的状况将直接影响国民经济和文化事业的发展以及人民民主专政的稳固。

(二)扩大爱国统一战线的政治基础

我国人民民主专政的政治联盟十分广泛,在不同的历史时期,统一战线的工作范围和对象因统一战线的性质、任务的变化而有所不同。在社会主义革命时期,除了包括工人阶级同其他劳动人民的联盟,还包括工人阶级同可以合作的非劳动人民的联盟。由于中国共产党和新中国采取了正确的联盟政策,从而为变革生产关系、调动一切积极因素、反对国内外敌对势力、巩固人民民主专政发挥了巨大作用。

1957年以后,由于中国共产党在指导思想上犯了"左"的错误,统一战线出现了曲折和失误。党的十一届三中全会以后,我国进入了改革开放和社会主义现代化建设的新时期。在新的历史时期,以邓小平为核心的党中央作出了一系列重大决策,使统一战线工作重新走上了正确轨道,开创了统一战线工作的新局面。新时期爱国统一战线的政治基础是爱国主义和社会主义。统一战线内部爱国主义和社会主义的一致性更为增强,统一战线的范围空前扩大。一方面形成了大陆范围内以社会主义为政治基础的团结全体劳动者、建设者与爱国者的广泛联盟;另一方面形成了大陆范围外以爱国主义,即爱国和拥护祖国统一为政治基础的团结台湾同胞、香港特别行政区同胞、澳门特别行政区同胞、海外侨胞的广泛联盟。

党的十三届四中全会以后,以江泽民为核心的党中央和以胡锦涛为核心的党中央,认真总结了中国共产党在社会主义时期统一战线工作的经验,并把这些经验加以制度化,提出了在大陆建立以社会主义为核心和在海外侨胞、华人中建立以爱国主义为核心的"两个联盟"的爱国统一战线的口号。特别是党的十八大以来,以习近平为核心的党中央,强调最大限度调动一切积极因素,团结一切可以团结的人,汇聚起共襄伟业的强大力量。这就切实地扩大了统一战线的政治基础,最大限度地调动起全民族的积极性。

中国特色社会主义进入新时代,较之新中国成立初期,中国共产党领导的爱国统一战线,无论在性质和内容上都发生了很大的变化,在范围上也有了很大的发展。党的十九届四中全会决定明确提出,要巩固和发展最广泛的爱国统一战线,必须坚持大统战工作格局,坚持一致性和多样性统一,完善照顾同盟者利益政策,做好民族工作和宗教工作,健全党外代表人士队伍建设制度,凝聚港澳同胞、台湾同胞、海外侨胞力量,谋求最大公约数,画出最大同心圆,促进政党关系、民族关系、宗教关系、阶层关系、海内外同胞关系和谐。党的二十大报告指出,要巩固和发展最广泛的爱国统一战线,完善大统战工作格局,坚持大团结大联合,动员全体中华儿女围绕实现中华民族伟大复兴中国梦一起来想、一起来干。

四、正确认识和处理两类不同性质的社会矛盾

　　人民民主专政的实践经验表明,社会主义制度确立之后,人民民主专政的国家必须善于处理两类不同性质的矛盾,有些时候,人民内部矛盾与敌我矛盾不是泾渭分明的,往往交织在一起,互相渗透,不易识别。能否正确区分和处理两类不同性质的矛盾,不仅关系到社会主义建设的进展,也关系到人民民主专政国家政权的巩固。对于人民内部矛盾,处理得及时妥善,可以增强人民的团结,促进社会稳定和事业发展;处理得不及时,处理得不好,容易使矛盾激化,小事会变成大事,甚至酿成社会动乱。正确处理人民内部矛盾,是国家政治生活的主题。需要各级组织和党员干部深入群众,及时了解情况,化解人民内部矛盾,用民主的方法、说服的方法,依靠国家法律和党的政策,正确处理人民内部矛盾。

　　我们要看到正确处理人民内部矛盾,是人民民主专政国家政治生活的主题;同时,也应看到在社会主义社会的一定时期和一定范围内,仍然存在着阶级斗争。虽然敌我性质的矛盾已不占主导地位了,但对本来具有阶级斗争性质、具有敌我性质的对抗性的社会现象也不能视而不见,要善于运用法律武器,正确处理一定时期和一定范围内的阶级斗争问题,充分发挥人民民主专政

的作用,毫不留情地严厉打击国内外敌对势力和敌对分子的破坏活动。在新的历史条件下,对意识形态领域的工作尤其不能掉以轻心。历史和现实的经验表明,敌对势力总是最初在意识形态领域打开缺口,然后发展成为政治斗争,围绕政治问题展开较量的。因此,我们一定要保持高度的警觉和清醒的政治头脑,正确认识和解决好两类不同性质的社会矛盾,包括正确认识和解决好国内一定范围内的阶级斗争与国际上"和平演变"与反"和平演变"的斗争,同时要正确认识和解决好与阶级斗争密切相关的意识形态领域的一些问题,这样,我们才能够从根本上抵制西方国家的"和平演变"及"西化和分化"的战略图谋。

此外,人民民主专政的实践经验还告诉我们,在加强社会主义民主政治建设的同时,还必须加强社会主义法治建设,二者相互依存,不可分离。民主是法治的前提和基础,法治是民主的体现和保障。离开法治的民主就会破坏国家的政治稳定和正常的工作及生活秩序;离开民主的法治,也不可能是真正的法治,会损害人民正常的民主生活和民主权利。"文化大革命"的惨痛教训说明了这一点。所以,社会主义民主政治建设必须与社会主义法治建设相结合,沿着法治轨道,通过各种合法形式、手段和途径进行,同时要进一步建立和健全法律体系,在社会经济生活、政治生活、文化生活和社会生活各个领域真正做到依法治国,扫黑除恶,这样才能巩固人民民主专政,才能创造一个长期稳定的和谐社会环境。

总之,坚持和完善人民民主专政,只有正确认识和处理好改革开放条件下党的建设问题、统一战线问题、生产力发展问题和两类不同性质的社会矛盾等问题,才能够进一步巩固人民民主专政的国家政权,使中国特色社会主义事业永远立于不败之地。

思考题

1. 如何理解人民民主专政的建立是中国历史发展的必然?
2. 为什么说人民民主专政的实质就是无产阶级专政?
3. 如何理解人民民主专政是中国特色的无产阶级专政?
4. 为什么说人民民主专政是发展中国特色社会主义的可靠保障?

第二章

人民代表大会制度

人民代表大会制度,是中国特色社会主义政治制度的重要组成部分,是我国的根本政治制度,是人民民主专政的组织形式,也是我国社会主义民主政治的主要标志和基本形式。它是马克思主义国家学说和中国政治实践相结合的伟大创造,是近代以来中国政治发展的必然结果,是中国共产党带领全国各族人民长期奋斗的重要成果。人民代表大会制度充分体现了社会主义民主的广泛性和社会主义制度的优越性。进一步发展和完善人民代表大会制度,是中国特色社会主义民主政治建设的一项重要任务。党的二十大报告明确指出:坚持和完善我国根本政治制度、基本政治制度、重要政治制度,拓展民主渠道,丰富民主形式,确保人民依法通过各种途径和形式管理国家事务,管理经济和文化事业,管理社会事务。

第一节 人民代表大会制度是适合中国国情的根本政治制度

一个国家实行什么样的政治制度,是由这个国家的国情决定的,是一定社会历史发展的产物,有着深刻的政治、经济和文化根源。列宁曾经指出:"从资本主义向共产主义过渡,当然不能不产生非常丰富和多样的政治形式。"[①]在国

[①] 《列宁选集》第3卷,人民出版社1995年版,第143页。

际社会主义运动的历史上,1871年在法国出现过巴黎公社委员会制度,1917年十月革命后俄国建立了苏维埃制度,1949年中华人民共和国成立后建立了人民代表大会制度。人民代表大会制度的建立,是由中国国情决定的。

一、中国共产党对政权组织形式的探索

旧中国是一个半殖民地半封建社会,一百多年来,各阶级、各种社会势力围绕建立什么样的国家制度进行了激烈斗争。历史充分表明:在中国,无论是资产阶级君主立宪制,还是资产阶级民主共和制,始终是一种幻想,都行不通。代表帝国主义、封建主义和官僚资本主义的伪宪制,更为人民所深恶痛绝,以毛泽东为主要代表的中国共产党人根据马克思列宁主义国家学说,在领导新民主主义革命的过程中,以革命根据地为政权建设的舞台,对政权组织形式进行了长期的探索和实践。

早在第一次国内革命战争时期,中国共产党在湖南、上海等地召开的罢工工人代表大会和农民代表大会,便具有人民代表大会制度萌芽的性质。1927年3月,上海工人第三次武装起义胜利后召开了上海市民代表会议,大会选举产生的上海特别市临时市政府,是中国共产党领导人民群众创建人民代表大会制政权组织形式的最初尝试。

第二次国内革命战争时期,在江西革命根据地建立的工农民主政权开始采取工农兵代表苏维埃形式,工农兵代表会议便成为各革命根据地政权的组织形式。1931年11月,第一次全国工农兵代表大会在江西瑞金召开,选举产生了全国工农兵代表大会中央执行委员会和中华苏维埃共和国临时中央政府。全国工农兵代表大会是中国历史上第一次以国家形式出现的劳动人民当家作主的权力机关。工农兵代表大会制度已经具备了人民代表大会制度的基本特征,为全国人民代表大会制度的形成奠定了坚实的基础。

抗日战争时期,为了使政权组织形式适应抗日民族统一战线的需要,中国共产党参照国民党地方政权的咨询机构,在抗日根据地召开了各级参议会(人民代表会议),选举产生抗日根据地各级政府。这样,参议会制度便成为中国共产党领导的抗日民主政权组织形式。参议会按照普遍、直接、平等、无记名

投票的方式产生,并由参议会组织人民政府和人民法院,分别行使自己的职权。当时的各级参议会都实行"三三制",即在各级抗日民主政权的人员构成中,共产党员、非党的左派进步分子、中间派人士各占三分之一。

解放战争时期,解放区普遍实行人民代表会议制度。在土地制度改革运动中,广大解放区普遍建立了乡村农民大会、区人民代表会议和地方各级人民代表会议等,为中国革命胜利后在全国建立人民代表大会制度积累了丰富的经验。人民代表会议是权力机关,政府对人民代表会议负责并报告工作。该制度率先在陕甘宁边区建立,随后全国的解放区相继召开了人民代表会议。需要指出的是,这一时期人民代表会议的代表不是通过普选的方式产生,而是通过协商、聘请、指定、选举等各种方式产生,人民代表会议是向人民代表大会过渡的形式。

二、人民代表大会制度的确立

1949年9月,为了建立新中国,中国人民政治协商会议第一届全体会议在北京召开。这次会议虽然还不是在普选基础上召开的全国人民代表大会,但是会议具有代表全国人民的性质,因此,代行全国人民代表大会职权。会议选举产生了中华人民共和国中央人民政府委员会,通过了起临时宪法作用的《中国人民政治协商会议共同纲领》(以下简称《共同纲领》)。《共同纲领》明确规定:"中华人民共和国的国家政权属于人民。人民行使国家政权的机关为各级人民代表大会和各级人民政府。各级人民代表大会由人民用普选方法产生之。""国家最高权力机关为全国人民代表大会。"[①]这就在法律上确认了人民代表大会制度是中华人民共和国政权的组织形式。

在中国共产党的领导下,中国人民在很短的时间内,实现了国民经济的恢复,完成了民主革命遗留下来的任务,加强和巩固了人民民主政权。为了进一步健全人民民主制度,保证人民群众充分行使管理国家事务的权力,调动广大

---

① 中央档案馆编:《中共中央文件选集》第18册,中共中央党校出版社1992年版,第586—587页。

人民群众参加国家建设事业的积极性,从1953年4月到1954年8月,进行了各级人民代表大会的选举工作,产生了地方各级政权机关,为召开全国人民代表大会创造了条件。

1953年2月11日,中央人民政府委员会审议通过了《中华人民共和国全国人民代表大会及地方各级人民代表大会选举法》。随后,为做好基层选举工作,进行了人口普查和选民登记工作。据调查,到1953年6月30日,全国人口总数是601 912 371人。这是我国有史以来第一次得到的准确的人口数字。全国共有选民3.23亿人。从12月起,各地陆续开展了基层选举工作,召开了县以上各级人民代表大会。1954年7月末至8月中旬,各省、直辖市和自治区先后召开了人民代表大会,分别选举了全国人民代表大会代表。全国人民代表大会代表总计1226人,其中共产党员668人,占54.48%,非中共人士558人,占45.52%,这是我国历史上空前的、规模巨大的普选活动,既保证了工人阶级对国家政权的领导,又体现了统一战线的广泛性。在这次普选活动中,广大人民群众充分享受和行使了民主选举的权利。

1954年9月15日,中华人民共和国第一届全国人民代表大会第一次会议在北京召开。会议通过了《中华人民共和国宪法》(以下简称《宪法》),选举产生了人民代表大会常务委员会,产生了中华人民共和国国务院(即中央人民政府)。《宪法》明确规定我国的国家性质是人民民主专政,人民代表大会制度是我国的根本政治制度,是人民民主专政的国家性质在政权组织形式上的体现。所谓人民代表大会制度,就是我国人民在中国共产党的领导下,在总结革命根据地政权建设经验的基础上,根据民主集中制原则,组织各级人民代表大会,并以人民代表大会为基础,建立全部国家机构,实行人民当家作主的一种根本政治制度。这是国家政治制度中的一个重要组成部分,是我国社会主义民主的一种基本表现形式。

人民代表大会制度和其他国家机关一律实行民主集中制。这次大会的召开是我国人民政治生活进一步民主化的主要标志。它结束了由中国人民政治协商会议全体会议代行全国人民代表大会职权和以《共同纲领》代替宪法的过渡状态,表明人民代表大会制度已经在我国正式确立。

实践充分证明,人民代表大会制度既不同于资本主义国家的议会制,也不同于俄国十月革命后建立的苏维埃制度,它是植根于中国大地的具有中国特点的政权组织形式,是中国历史发展的必然,是中国人民的正确选择。正如邓小平所说:"我们实行的就是全国人民代表大会一院制,这最符合中国实际。"①

人民代表大会制度确立后,经历了曲折的发展过程,在人民代表大会制度建立的前三年,全国人民代表大会积极按照宪法的规定,行使自己的职权,使社会主义民主和法制建设取得了重大发展,在国家政治生活和经济建设中发挥了一定的重要作用。但是,从1957年下半年起,随着"左"倾错误的滋长,中国的社会主义民主与法制建设开始被忽视,人民代表大会制度逐渐被削弱。主要表现在人民代表大会的立法工作趋于停顿,全国性和地方性重大事情很少提交全国和地方各级人大及其常委会审议决定,人大代表的权利难以得到保障,全国各级人民代表大会及其常委会会议不能定期召开。1966年至1976年"文化大革命"期间,人民代表大会制度遭到极为严重的破坏和损害。1966年7月,全国人民代表大会常务委员会第三十三次会议决定,无限期地延期召开第三届全国人民代表大会第二次会议。此后在长达八年的时间内,全国人民代表大会及其常委会没有召开过一次会议。直至1975年1月,筹备多年的四届全国人大一次会议才得以召开。人民代表大会制度虽然在形式上恢复了,但人民代表大会的权力微乎其微,立法权和监督权基本没有行使。全国人民代表大会实际上未能发挥应有的作用。

"文化大革命"结束后,我国进入了改革开放和社会主义现代化建设的新时期。人民代表大会制度也随之步入恢复、健全和发展的轨道,全国人民代表大会的地位和作用不断加强,人民当家作主的权利得到了充分的体现。人民代表大会的工作由此掀开了历史的新篇章。

---

① 《邓小平文选》第3卷,人民出版社1993年版,第220页。

第二节 人民代表大会制度是人民民主专政的最好组织形式

马克思主义的国家学说认为,政体是指国家的组织形式。国体决定政体,政体表现国体,适应国体。在我国,与人民民主专政的国体相适应的最好的组织形式就是人民代表大会制度。只有坚持实行人民代表大会制度,才能充分发扬人民民主,才能有效地对敌人实行专政。人民代表大会制度作为我国根本的政治制度,是由我国的国家本质决定的。我国是人民民主专政的社会主义国家,它的本质特征是人民当家作主。这一本质特征在宪法中的集中表现,就是国家的一切权力属于人民。而"一切权力属于人民"的宪法原则,主要是通过人民代表大会制度来实现的。2022年10月,党的二十大报告提出两个不动摇,即坚持宪法确定的中国共产党领导地位不动摇,坚持宪法确定的人民民主专政的国体和人民代表大会制度的政体不动摇。

一、人民代表大会制度是保障人民当家作主的根本政治制度

人民代表大会制度是保障人民民主的根本政治制度,体现和发挥了社会主义民主的优越性。从我国人民代表大会的代表构成来看,人民代表大会的代表中有各阶级、阶层和社会各方面的代表人物,具有极大的广泛性,完全能够代表全体人民参政议政,管理国家。从历届全国人民代表大会的代表构成来看,有工人、农民、知识分子、人民解放军、干部的代表,有中国共产党、各民主党派和无党派爱国人士的代表,有汉族和各个少数民族的代表,有华侨和台湾同胞的代表,有妇女代表。据统计,在各级各届人民代表大会的代表中,工人、农民、知识分子、解放军、干部的代表占80%左右,这反映了他们是我国社会主义建设的主要力量,也反映了以工人阶级为领导的以工农联盟为基础的

人民民主专政国家政权的性质。民主党派、无党派爱国人士和华侨的代表占20%左右,这充分反映了不同的劳动者以及劳动者和爱国者的联盟。从代表中的中共党员和非中共党员的情况看,非中共党员在代表总额中占35%左右,这既体现了工人阶级及其政党在国家中的领导地位,又充分反映了党和非党的团结和合作。这样广泛的代表性、群众性的民主基础,是西方议会制度无法比拟的。

我国宪法明确规定:国家的一切权力属于人民,人民有管理国家事务、管理经济和文化事业、管理社会事务的权力。我国目前还处在社会主义初级阶段,人口多,底子薄,经济文化还比较落后,还不具备全体人民直接参与国家的决策和全部管理工作所必需的物质和文化等方面的条件。因此我国人民行使当家作主的权力,主要是通过人民代表大会和人民代表大会常委会这种组织形式。我国宪法明确规定:全国人民代表大会是最高国家权力机关,地方各级人民代表大会是地方国家权力机关,各级人民代表大会常委会是各级人民代表大会的常设机关。人民代表大会及其常委会是由人民选举产生的,同人民群众保持着密切的联系,具有广泛的群众基础。人民群众可以通过这种组织形式,或依照人民代表大会及其常委会制定的法律的规定,通过其他有关途径和方式,参加国家事务的管理,参加经济和文化事业的管理,参加社会事务的管理。这就使国家权力最终掌握在全体人民手中。

按照宪法的规定,中华人民共和国公民享有言论、出版、集会、结社、游行、示威和宗教信仰等自由,以及其他各项民主权利。这些民主权利,归根结底要由人民代表大会通过制定法律、法令以及作出相关的决议,并通过人民代表大会对国家各种机关的监督作用,才能真正实现。正如刘少奇在第一届全国人民代表大会第一次会议上所作的《关于中华人民共和国宪法草案的报告》所说的,人民代表大会制度所以能够成为我国的适宜的政治制度,就是因为它能够便利人民行使自己的权力,能够便利人民群众经常经过这样的政治组织参加国家的管理。[1]

---

[1] 《刘少奇选集》下卷,人民出版社1985年版,第156页。

二、人民代表大会制度能够保证依法治国

人民代表大会制度还能够充分保证人民民主专政的国家有效地实行依法治国。要在广大人民群众中实行广泛的民主，就必须对极少数破坏我国社会主义制度的敌对势力实行专政。人民代表大会制度规定人民代表大会作为国家权力机关，国家的审判机关和法律机关都由人民代表大会产生，向人民代表大会负责，接受人民代表大会监督。因此，坚持和实行人民代表大会制度，充分发挥人民代表大会的作用，不仅能在人民内部充分发扬社会主义民主，而且能有效地依法对极少数反对和破坏社会主义的敌对分子实行专政。

人民代表大会制度规定全国人民代表大会及其常务委员会行使国家的立法权，地方各级人民代表大会在本行政区域内保证宪法、法律及行政法规的遵守和执行，并且可以在不同国家宪法、法律和行政法规相抵触的前提下，制定地方性法规。因此，坚持和实行人民代表大会制度，充分发挥人民代表大会的作用，可以使我国的法律、法规更多更好体现人民的意志，可以不断加强我国的社会主义民主法治建设，使专政机关执行专政职能过程中有法可依、有法必依，从而加强对少数敌对势力和敌对分子的专政。改革开放以来，人民代表大会充分发挥其职能，制定了一系列重要的法律和法规，如《中华人民共和国刑法》《中华人民共和国人民警察法》《中华人民共和国逮捕拘留条例》《中华人民共和国治安管理处罚条例》等，并由人民法院、人民检察院监督实施。此外，人民法院、人民检察院和公安机关办理刑事案件，分工负责、互相配合、互相制约，保证准确有效地执行法律。这一切对于巩固人民民主专政，促进改革开放和社会主义现代化的顺利进行，实行依法治国，建设社会主义法治国家，起到了极为重要的作用。

党的十九大报告明确提出，人民代表大会制度是坚持党的领导、人民当家作主、依法治国有机统一的根本制度安排。坚持党的领导，推进依法治国，就是支持和保障人民通过人民代表大会行使国家权力，在全社会树立宪法和法律权威，弘扬宪法精神，任何组织和个人都必须在宪法法律范围内活动，都不得有超越宪法法律的特权。

第三节 人民代表大会制度的特点和优越性

人民代表大会制度充分体现了国家政权的民主性,能够保证国家权力的集中和统一,使国家机关既分工合作,又密切配合,既能保证中央集中统一领导,又能充分发挥地方的主动性、积极性,具有极大的优越性。

一、人民代表大会制度的特点

我国的人民代表大会制度是具有中国特色的政权组织形式和适合中国国情的根本政治制度。我国的人民代表大会实行一院制和议行合一的原则,国家权力机关的常设机构常务委员会和各专门委员会也有着自己鲜明的特点。

（一）我国人民代表大会实行一院制和议行合一的原则

我国的人民代表大会不同于资本主义国家的两院制。在西方发达的资本主义国家,一般都实行两院制,两院议员产生的方法、任期、职权有很大的差异。我国人民代表大会在代表机关的组织结构上采取一院制,每一个人大代表的权利都是平等的,一切重大国事都在人民代表大会通过民主讨论投票表决,每个代表都享有平等的表决权。最终根据少数服从多数的原则来决定议案的通过或否决。这种一院制的形式较之资本主义国家的两院制更加平等和民主,它从根本上废除了一部分人享有的特权。

巴黎公社的政权组织形式和议行合一的原则,为世界各国无产阶级建立革命政权提供了宝贵的经验。我国的人民代表大会借鉴了巴黎公社的经验,并结合中国的具体情况对议行合一的原则作了进一步的发展。它不同于巴黎公社把立法和行政统一于一个机构、一套班子,权力高度集中,而是把国家机关分为国家权力机关、国家行政机关、国家审判机关、国家检察机关和国家监察机关。这些机关在职权上虽有分工,也有制约,但根本不存在而且也坚决摒弃资本主义国家三权分立造成的议行脱节和相互扯皮现象。

我国的人民代表大会既是议事决策机关,又是实际工作机关。这种议行合一的原则的具体表现是:首先,人民代表大会集中统一行使国家权力,构成了最高国家权力机关和地方国家权力机关的完整体系。在全国,由全国人民代表大会议决国家大事,制定法律和重要制度;在地方,由各级人民代表大会议决本地区的一切重大事务,作出必要的决议。其次,由各级人民代表大会产生各级国家行政机关和其他国家机关并领导和监督这些国家机关的工作。国家的行政机关、审判机关、检察机关、监察机关和中央军事委员会都由全国人民代表大会选举产生,这些国家机关对人民代表大会负责,并且接受人民代表大会的监督,保证人民代表大会通过的法律和决议的贯彻实施。这样,人民代表大会制度就体现了立法、行政、司法的高度统一,保证了国家权力的集中行使,使它真正成为有权威的"议行合一"的立法机关和工作机构,从而大大加强了人民代表大会的力量。最后,人民代表大会的代表协助政府及其他国家机关实施人民代表大会通过的法律和决议,维护这些法律和决议的尊严,根据有关规定监督国家机关及其工作人员的工作,并用自己的模范行动带领人民贯彻实施这些法律和决议。

(二)国家权力机关的常设机构有自己的突出特点

我国全国人民代表大会和地方各级人民代表大会的代表人数比较多,不便于经常开会。为了不影响人民代表大会的经常性工作和及时有效地行使管理国家的职权,全国人民代表大会设立常务委员会和各专门委员会,地方县以上各级人民代表大会也从1979年起设立了常务委员会。我国人民代表大会的常设机构有以下几个特点:首先,我国县以上的地方各级人大都设有常务委员会,而其他社会主义国家一般都没有设立这种机构。其次,任期上有限制。我国宪法规定:全国人民代表大会常务委员会委员长、副委员长连续任职不得超过两届。再次,全国人民代表大会常务委员会的职权比较广泛。1982年宪法把原来属于全国人民代表大会的一部分职权交由全国人民代表大会常务委员会来行使,规定了全国人民代表大会常务委员会有21项职权,与全国人民代表大会共同行使立法权、宪法实施的监督权、对重大问题的决定权。此外，宪法规定全国人民代表大会常务委员会在全国人民代表大会闭会期间，根据国务院总理的提名，有权决定部长、委员会主任、审计长、秘书长的人选。全国人民代表大会常务委员会与其他国家的类似机构相比，其权力要大得多。全国人民代表大会常务委员会的各项职权概括起来有以下几个方面：

第一，是立法权。现行宪法第一次明确规定："全国人民代表大会和全国人民代表大会常务委员会行使国家立法权。"即有权制定和修改除应当由全国人民代表大会制定的法律以外的法律；有权在全国人民代表大会闭会期间，对全国人民代表大会制定的法律进行部分补充和修改，但是不得与该法律的原则相抵触。立法权是人民通过人民代表大会管理国家事务的最重要的权力之一，是代表民主制中人民当家作主的根本标志。1978年至2000年，据不完全统计，全国人民代表大会及其常务委员会行使国家立法权，除了颁布宪法和三个宪法修正案之外，共制定了380多件法律；地方人民代表大会及其常务委员会行使地方立法权，共制定和批准了8000多件地方性法规，初步形成了以宪法为核心的社会主义法律体系。为了保障国家立法的统一性，全国人民代表大会常务委员会对地方立法进行立法监督，主要通过对地方性法规的备案审查来实现。① 十二届全国人大四次会议以来，人大常委会制定8部法律，修改27部法律，通过7个有关法律问题的决定决议，立法工作继续呈现数量多、分量重、节奏快的特点，立法质量进一步提高。②

第二，是决定权。这是全国人民代表大会常务委员会用以解决国家和地区内的重大决策性问题和其他需要急迫解决的社会问题的权力，是中国人民当家作主、管理国家事务的重要表现。宪法规定，在全国人民代表大会闭会期间，全国人民代表大会常务委员会有权审查和批准国民经济和社会发展计划、国家预算在执行过程中所必须作的部分调整方案。此外，还有权批准自治区人民代表大会制定的自治条例和单行条例；决定同外国缔结的条约和重要协定的批准和废除；规定军人和外交人员的衔级制度；规定和授予国家的勋章和

---

① 李铁映：《论民主》，人民出版社2001年版，第177页。
② 张德江：《全国人民代表大会常务委员会工作报告》，《人民日报》2017年3月19日，第1版。

荣誉称号;有权决定战争与和平问题;有权决定特赦;有权决定战争状态的宣布;有权决定战争动员和戒严。地方人民代表大会常务委员会有权决定本行政区内的政治、经济、教育、科学、文化、卫生等方面的重大事项。

第三,是任免权。这是全国人民代表大会常务委员会对国家机关领导人员及其组成人员进行选拔、任命、罢免、免职、撤职等方面的权力。在全国人民代表大会闭会期间,全国人民代表大会常务委员会可以根据国务院总理的提名,决定部长、委员会主任、审计长、秘书长的人选;根据中央军委主席的提名,决定中央军委其他组成人员的人选;根据最高人民法院院长的提请,任命最高人民法院副院长、审判员、审判委员会委员和军事法院院长;根据最高人民检察长的提请,任命最高人民检察院副检察长、检察员、检察委员会委员和军事检察院检察长,并且批准省、自治区、直辖市的人民检察院检察长的任命;决定驻外全权代表的任命等。国家监察委员会由全国人民代表大会产生,负责全国监察工作。对全国人民代表大会及其常务委员会负责,并接受监督。国家监察委员会每届任期同全国人民代表大会每届任期相同。国家监察委员会主任连续任职不得超过两届。监察委员会由主任、副主任若干人、委员若干人组成,主任由全国人民代表大会选举产生,副主任、委员由中华人民共和国国家监察委员会主任提请全国人民代表大会常务委员会任免。此项权力的行使,不仅可以使各级国家机构的领导人及组成人员的权力合法化,又能使他们受到人民代表的有效监督和制约。

第四,是监督权。这是全国人民代表大会及其常务委员会为了全面保证国家法律的有效实施和维护广大人民群众的根本利益,防止行政机关、司法机关、检察机关和监察机关滥用权力,通过法定方式和程序,对由它产生的国家机关实施的检查、调查、督促、纠正和处理的权力。首先,是监督宪法的实施。这一职权原来专门属于全国人民代表大会,现行宪法规定,全国人民代表大会和全国人民代表大会常务委员会均拥有此项权力。其次,是监督国家机关的工作。包括监督国务院、中央军委、最高人民法院、最高人民检察院和国家监察委员会的工作;撤销国务院制定的同宪法、法律相抵触的行政法规、决定和命令;撤销省、自治区、直辖市国家权力机关制定的同宪法、法律相抵触的地方性法规和决议;对国务院和国务院各部委提出质询案等。全国人民代表大会常务委员会监督权力的行使,对于充分保障广大人民群众的民主权利的实现,具有特别重要的作用。

二、人民代表大会制度的优越性

党的十九大报告指出:"人民代表大会制度是坚持党的领导、人民当家作主、依法治国有机统一的根本政治制度安排。"这一科学论断,是对人民代表大会制度鲜明特色和本质特征的高度概括。人民代表大会制度具有极大的优越性,它充分体现了民主集中制的原则,是民主与集中相结合的制度,是最适合我国人民行使国家权力的根本政治制度。它充分体现了国家政权的民主性,能够保证国家权力的集中和统一。它既能保证中央集中统一领导,又能充分发挥地方的主动性、积极性。

(一)人民代表大会制度体现了国家政权的民主性

人民代表大会制度充分体现了民主集中制原则,是民主与集中相结合的制度,是最适合我国人民行使国家权力的根本政治制度,它具有极大的优越性,充分体现了国家政权的民主性。人民代表大会制度体现了我国的阶级本质,能够充分发挥最广泛的人民民主,是保障人民民主的制度。它的民主性主要表现在:

第一,我国各级人民代表大会是由选民或选举单位选出的代表组成的。县、市辖区、乡、民族乡、镇的人民代表大会由选民直接选举产生。因此,各级人民代表大会具有最广泛的群众基础,能够得到广大群众的信任和支持。

第二,我国各级人民代表大会具有极其广泛的代表性。如前所述,各民族、各民主党派、人民解放军、各人民团体、各阶层、各地区都有代表参加各级人民代表大会的工作。因而由人民代表大会制定的法律,以及由它讨论和决定的重大问题,能充分体现人民的意愿,照顾到各方面的利益和需求。

第三,我国各级人民代表大会的代表接受人民监督。按照法律规定,各级人民代表大会的代表受选民和选举单位的监督。原选举单位有权依照法律规定的程序罢免本单位的代表。我国公民对任何国家机关和国家工作人员有提出批评和建议的权利,对任何国家机关的国家工作人员的违法失职行为有向有关部门提出申诉、控告或检举的权利。从而保证了人民代表不脱离群众,不违背人民的意志。这一切都体现了人民代表大会制度在人民民主方面的优越性。

(二)人民代表大会制度能够实现国家权力的集中和统一

人民代表大会制度能够保证国家权力的集中和统一,使国家机关既分工合作,又密切配合。这种集中主要表现在:各级人民代表大会既是议事机关,又是工作机关,由它统一行使国家权力。人民代表大会与"一府一委两院"[①]的关系不是相互掣肘,不是相互拆台,不是唱对台戏,而是合理分工,协调一致地工作。人民代表大会制度也没有西方议会中各议会党团的明争暗斗,而是充分发扬民主,在充分协商、基本达成共识的基础上,按照多数人的意见作出决定。

全国人民代表大会是我国的最高权力机关,也是我国的最高立法机关。只有它才有权制定和修改宪法、法律,决定国家的重大问题,产生最高国家机关的主要领导人员,并有权对国家机关实行监督。地方各级人民代表大会是我国地方国家权力机关,它们有权决定地方的重大问题,有权选举和罢免本级人民政府的组成人员。县级以上的各级人民代表大会还有权选举并且有权罢免本级人民法院院长和本级人民检察院检察长。地方各级人民法院和人民检察院都要对同级人民代表大会负责。这样,我国的人民代表大会制就实现了国家权力的统一。它使分散的意志通过人民选出的代表,集中到各级人民代表大会上来,形成地方和全国人民的统一意志。

---

① 一委即中华人民共和国国家监察委员会。十三届全国人大一次会议通过宪法修正案和监察法,产生中华人民共和国国家监察委员会及其领导人员,标志着中国特色国家监察体制已经形成。

（三）人民代表大会制度既能保证中央集中统一领导，又能充分发挥地方的主动性、积极性

在我国，中央与地方的关系，是整体与局部之间的关系。局部服从整体，下级服从上级，地方服从中央，这是民主集中制原则的基本要求。按照这一基本要求，全国人民代表大会制定的法律、通过的决议和各项决定，全国一切国家机关都必须严格遵守和执行。只有如此，才能使我们的国家机构形成为一个坚强的有机整体，顺利地完成人民民主专政所担负的对内对外的繁重任务。但是，我国人民代表大会的立法工作，在基于国家总体利益的同时，要尽可能考虑地方发展的不平衡性，不妨碍地方积极性和创造性的发挥。我国宪法关于省、自治区、直辖市人民代表大会及其常务委员会有权制定地方性法规，少数民族自治地方的自治机关有权制定自治条例和单行条例等规定，就是遵循了在中央统一领导下，充分发挥地方主动性、积极性的原则。人民代表大会制度在上级与下级、中央与地方的关系上，能够正确处理中央与地方权限划分问题，一方面既保证中央的统一领导，另一方面又给地方以适当的自主权，使之因地制宜，从而充分发挥了中央和地方的两个积极性。正如邓小平所说："民主集中制也是我们的优越性。这种制度更利于团结人民，比西方的民主好得多。"[1]

可见，我国的人民代表大会制度具有自己的特点和极大的优越性，不仅因为它是在中国大地上产生的，而且因为它是在吸收国际无产阶级革命和全人类共同创造的优秀文化遗产的基础上发展起来的。

第四节　坚持和完善人民代表大会制度

人民代表大会制度是符合中国国情和实际、体现社会主义国家性质、保证

---

[1]　《邓小平文选》第3卷，人民出版社1993年版，第257页。

人民当家作主、保障实现中华民族伟大复兴的好制度。坚持和完善人民代表大会制度,必须毫不动摇坚持中国共产党的领导。中国共产党的领导是中国特色社会主义最本质的特征。没有共产党,就没有新中国,就没有新中国的繁荣富强。坚持和完善人民代表大会制度,必须保证和发展人民当家作主。人民当家作主是社会主义民主政治的本质和核心,人民民主是社会主义的生命。坚持和完善人民代表大会制度,必须全面推进依法治国。发展人民民主必须坚持依法治国、维护宪法法律权威,使民主制度化、法律化。坚持和完善人民代表大会制度,必须坚持民主集中制。民主集中制是中国国家组织形式和活动方式的基本原则。

一、加强人民代表大会制度各方面的建设

习近平指出:"各级人大及其常委会要坚持正确政治方向,增强代表人民行使管理国家权力的政治责任感,履行宪法法律赋予的职责。要健全人大常委会组成人员联系本级人大代表机制,畅通社情民意反映和表达渠道,支持和保证人大代表依法履职,优化人大常委会、专门委员会组成人员结构,完善人大组织制度、工作制度、议事程序。各级党委要加强和改善党对人大工作的领导,支持和保证人大及其常委会依法行使职权、开展工作。"[①]

(一)加强组织机构建设,特别是各级人民代表大会常务委员会的建设

当前,我们要进一步加强人民代表大会组织机构的建设,特别是加强人民代表大会常设机关和辅助机关的建设,加强人民代表大会各专门委员会的建设。全国人民代表大会和其他国家的议会相比,是一个大型的代议机构。各级地方人民代表大会代表的人数也较多。这对我们拥有56个民族、14亿多人口的大国来说,是必要的,可以有更广泛的代表性,更具体更全面地反映各地区、各民族、各阶层人民的意见。但是在开好全国人民代表大会的同时,应当

---

① 中共中央文献研究室编:《十八大以来重要文献选编》(中),中央文献出版社2016年版,第59页。

把主要精力放在经常活动的常务委员会的建设方面。从目前的情况来看,建设常务委员会,应该不断改善和提高常务委员会委员的素质,使常委具备较强的权力主体意识、民主意识、法律知识、政治素质和工作能力,否则就无法更好地代表人民行使国家权力,提高人民代表大会常务委员会的决策质量。另外,人民代表大会常务委员会人员构成的年龄结构、知识结构、专业结构要合理化和科学化。要改变其领导成员年龄普遍偏大的情况。人民代表大会及其常务委员会的工作,不少地方还需要进一步规范化、制度化。要加强专门委员会建设,全国人民代表大会常务委员会至少应增设议案审查委员会、程序委员会、宪法监督委员会等,以适应人民代表大会进一步开展工作的需要。

要不断提高人民代表大会代表的素质。人民代表大会代表必须能够行使自己法定的权利和义务,具有较高的马克思主义理论水平和政治思想素质,具有较高的民主素质和丰富的法律知识,具有履行职责所必需的文化科学知识,具有卓越的工作能力和专业知识。他们应当是密切联系群众的并受群众拥护的社会活动家和政治活动家,应当是具有参政议政能力的各行各业的行家里手。要逐渐改变把人民代表大会代表作为荣誉看待的局面,要逐渐改变选民在投票选举人民代表时不了解候选人的局面。

(二) 健全工作程序,加快制度建设

民主,在一定意义上说,就是通过一定程序形成多数人的意志。因此,建立和健全人民代表大会及其常务委员会的会议组织制度、工作程序和议事规则,极为重要和必要。马克思说过:"法庭上诉讼程序所起的作用,在立法机关中却是属于日程和会议规则的。"① 目前,我国宪法、全国人民代表大会组织法、地方各级人民代表大会和政府组织法等,对全国和地方各级人民代表大会及其常委会的会议组织、代表资格审查、预备会议、会议主席团、议案和提案、选举、罢免、表决等都作了一系列原则规定。八届全国人大五次会议对全国人民

---

① 《马克思恩格斯全集》第11卷,人民出版社1962年版,第401页。

代表大会常委会规则和工作程序有了较为明确的规定。这些具有极为重要的意义。但从目前的实践看,在议案审查制度、质询监督制度、表决制度等方面,还需要有较大的调整和完善,应当建立辩论制度。社会主义民主越发展,人民代表大会制度越健全,就需要各方面代表把各种不同意见发表出来,通过思想的交锋、辩论,在反复协商的基础上,达到比较一致的意见,取得做出决议所需要的多数。分组讨论是必要的,大会辩论也是必要的。在七届全国人大一次会议上,已经有在表决之前,代表站起来即席发言,表明自己的不同意见的情况。这在全国人民代表大会的会议史上尚属首次,今后必然还会出现。在这种情况下,应当考虑建立会议的辩论制度,对发言登记、发言顺序、发言时间、发言次数、对发言人讲话内容的处理办法等作出明确具体的规定,以把这种新出现的民主现象纳入规范轨道。否则,就会影响大会的正常进行,甚至影响我国国家权力机关的形象。

另外,还要建立议案审查制度、听证会制度、党派活动制度和公民旁听制度等。当然,这些都应从实际出发,通过广泛调查研究,借鉴国外已有的做法,制定出详尽、科学的规划,并以法律形式加以公布,同时制定对违反这些规则行为的处理办法。早在1997年7月,沈阳市人民代表大会常委会就决定,沈阳市公民都有权申请,经过核准后,可以旁听人民代表大会常委会举行的人大会议。这将作为一项制度坚持下去。旁听人员在旁听人大会议时对有关方面的工作如有意见和建议,可在会后以书面的形式向人民代表大会常务委员会办公厅反映。这一举措,在完善和发展人民代表大会制度方面,迈出了可喜的一步,产生了深远的影响。

(三) 加强立法与决策职能,提高立法和决策的科学性

立法和就重大问题作出决策,是全国人民代表大会及其常委会最基本的职能,是国家最高权力的体现。在改进人民代表大会的立法和决策工作方面,已经取得了显著的成效。一批适应社会主义市场经济体制的法律相继出台,受到广大人民群众的拥护和好评。但是,要建立起适应社会主义市场经济体

制的法律体系,是一件十分艰巨而又繁重的任务。目前,我国有的法律已经建立,但需要进一步发展和完善;有的法律需要建立,但尚未建立;有的法律是否需要建立,还在调查研究之中。人民代表大会加快立法步伐是可行的,但并非轻而易举。党和国家对这一问题是非常重视的,特别是党的十八大以来,许多重要文献都强调依法治国,加强立法、司法、执法、普法工作。目前在我国法治建设上要注意的重要问题之一,就是使法律条文更加严密化、规范化、具体化、科学化,使之具有较强的操作性。为了加快立法工作,提高立法的水平和质量,应当尽快完善立法程序,改善人民代表大会有关专门委员会的工作。应当建立法案审议小组,建立修正案制度,加强对授权立法的指导和监督,考虑执法的条件等。这样做,一是有利于提高决策的科学程度;二是对全体公民都有约束力;三是可由国家机关来承担风险,真正实现党政职能分开;四是可以有效地提高人民代表大会的地位,改善人民代表大会的形象。此外,在抓紧立法的同时,还应根据新情况、新经验对原有法律及时作出修改,做好解释和宣传工作。

（四）改进人民代表大会的监督工作,完善监督机制

实践证明,改善人民代表大会的监督工作,加强人民代表大会的监督职能,对充分发挥人民代表大会的作用、保证政府以及司法机关的行为符合人民意志和利益十分重要,有利于用制度来防止官僚主义或滥用权力及危害人民根本利益的现象发生。发挥人民代表大会的监督作用,在当前迫切需要加强宪法监督、法律监督、工作监督、经济监督和司法监督。此外,就是要改善和加强社会舆论监督。人民代表大会的监督制度应依靠群众,坚持经常联系群众,突出重点,业务归类,形式多样。

人民代表大会对其他国家机关的监督,本质是人民的监督,是我国社会主义民主政治的主要内容。各级行政机关、审判机关、检察机关和监察机关等都应依法接受人民代表大会的监督。人民代表大会监督制是人民代表大会制度的重要组成部分。不承认或不尊重人民代表大会的监督权,就是不承认或不尊重人民当家作主的主人翁地位。人民代表大会的监督是权力机关的监督。

人民代表大会不仅要立法,而且要对法律的实施进行监督,要维护宪法的权威、监督宪法的实施。此外,人民代表大会监督的范围和内容还应当有:经人民代表大会批准的国民经济和社会发展计划、财政预算的执行情况,人民代表大会及其常委会交办的议案情况,人民代表大会及其常委会选举或任命的国家工作人员违反宪法、法律、法规的行为等。监督的形式也可以是多种多样的,如听取报告,视察检查,评议工作,提出质询,受理公民的控告检举等。目前存在的主要问题是,人民代表大会的监督权落实不够,还存在人民代表大会监督不力的情况。我们应当通过政治体制改革,来逐步落实人民代表大会的监督权。需要指出的是,人民代表大会在行使监督权的时候,必须严格依照法律的规定程序,属于人民代表大会及常委会职权范围内的事情,应严格依法办事,认真履行职责。对于法律规定由行政、司法机关行使的职权,不能越俎代庖,确保政府工作高效统一。

要改善和加强舆论监督。舆论监督应着眼于帮助党和政府改进工作,解决实际问题,增进人民团结,维护社会稳定。新闻宣传要坚持党性原则,坚持实事求是,把握正确的舆论引导。中国共产党特别强调要坚持"党管媒体"的原则,引导新闻媒体把体现党的主张和反映人民心声统一起来,把正面宣传为主和积极开展舆论监督结合起来。舆论监督具有强大的威力,能产生无法抵御的精神力量。新闻监督具有及时性、广泛性和威慑性,要予以强化,要从制度上、法律上对新闻行为加以界定。

(五)理顺中国共产党组织与人民代表大会的关系

中国共产党要始终成为中国工人阶级的先锋队,同时成为中国人民和中华民族的先锋队。中国共产党要始终代表中国先进生产力的发展要求、代表中国先进文化的前进方向、代表中国最广大人民的根本利益,成为建设中国特色社会主义事业的领导核心。因此,理顺中国共产党组织与人民代表大会之间的关系,是坚持和完善人民代表大会制度的关键。人民代表大会不坚持中国共产党的领导或中国共产党包办人民代表大会的工作都是错误的。二者之间的关系应该是:中国共产党必须对人民代表大会实行政治领导;中国共产党组织不能包办人民代表大会的各项工作;中国共产党组织应当在人民代表大会制定的宪法和法律的范围内活动。

首先,中国共产党必须对人民代表大会实行政治领导,这是由我国的社会主义国家性质所决定的,也是人民代表大会制度必须遵循的一条重要原则。中国共产党对人民代表大会实行政治领导,其实质内容就是支持和组织人民群众通过人民代表大会这种政治形式来实现当家作主,支持各级人民代表大会及其常委会的工作,保证他们积极主动、独立负责地行使各项职权。各级人民代表大会及其常委会也应当自觉地接受中国共产党的领导。

其次,中国共产党组织不能包办人民代表大会的工作。党的组织不是国家政权机关,不具有直接行使国家权力的功能。因此,中国共产党组织不能代替人民代表大会的工作,不能向人民代表大会发号施令,只能提出决策、建议。人民代表大会按照严格的程序审议、修改、通过后,中国共产党组织的建议或主张即变为国家权力机关的决议或法律,变为国家意志,对全社会产生普遍的法律效力。人民代表大会经过审议若未通过,则可能是因为中国共产党组织的建议不妥当,也可能是因为大多数人民代表大会的代表尚未认识到建议的正确性。无论出于何种原因,均属正常现象,中国共产党组织不能强行通过,而应收回建议,以便以后再次提议时能获人民代表大会通过。

最后,中国共产党组织应当在人民代表大会制定的宪法和法律的范围内活动。中国共产党领导人民通过人民代表大会制定了宪法、法律,更应当带头在宪法和法律的范围内活动。全国人民代表大会及其常委会负责监督宪法的实施,中国共产党的各级组织在遵守宪法和法律方面,也同样应自觉接受全国人民代表大会及其常委会的监督。中国共产党组织对人民代表大会实行政治领导,人民代表大会对中国共产党组织进行宪法监督,这是相辅相成的。

人民代表大会制度的完善是受各种客观因素制约的。因此,人民代表大会制度的完善是一项系统的社会工程,必须从多方面入手并充分发挥人们的主观能动性。当然,这并不排斥在完善人民代表大会的过程中要抓住主要矛盾和主要矛盾的主要方面,只有这样,才能加快完善人民代表大会制度的步伐。我国的人民代表大会制度虽然没有所谓"三权分立"制度那样的各种权力互相制约平衡,但并不否定对权力的必要制约和监督。我国政治制度中的监督是多层次、全方位的。全国人民代表大会及其常委会可以运用人事任免权、罢免权、质询权、国事调查权以及立法权和其他决议的审批权,监督行政机关和司法机关,而全国人民代表大会又受着人民群众间接和直接的监督;司法机关也通过行使法律监督权和审判权,监督其他各国家机关;中国共产党设立纪律检查机构,监督全体共产党员;行政系统内设立专职的行政监察机关进行政纪方面的监督,设立审计机构进行经济方面的监督。

此外,还有各国家机关中上下级之间的监督、舆论监督以及群众来信来访渠道的监督。如果政府各部门职权划分和互相监督的制度能充分发挥作用,权力过分集中、滥用权力、腐败等现象是可以防止或及时解决的。

二、"三权分立"制度不适合中国国情

我国的人民代表大会制度同"三权分立"的资产阶级议会制有着本质的区别。邓小平多次重申,我们要坚持实行人民代表大会制度,而不是美国式的"三权鼎立"(三权分立)制度。

"三权分立"是指资产阶级的国家按照所谓分权的原则将立法权、行政权、司法权分别由议会、政府、法院来行使。事实上,统治阶级的国家统治权从来就是不可分割的,这种分权,只不过是资产阶级在行使国家统治权时在国家事务上的分工而已。当然,"三权分立"的原则在反对封建专制的斗争中曾经起过历史的进步作用,它在一定程度上确实起到了限制权力集中、防止滥用权力的作用。但它实际上是以分权的形式来掩盖资产阶级专政的本质。"三权分立"的政治制度在法律和实践中的表现是以权力对抗权力,以权力制衡权力。其实质最初是阶级分权,即资产阶级和封建贵族分享政权,此后逐步让位于资产阶级内部不同利益集团之间的分权。实行"三权分立"的政治制度是由以私有制为主要内容的资本主义经济基础决定的,是与资产阶级掌握国家政权的性质相适应的,也是巩固资产阶级政权所要求的。早在1987年4月,邓小平在会见香港特别行政区基本法起草委员会委员时就明确指出,我们并不反对

西方国家搞三权鼎立,但是我们中国大陆不能搞。我国为什么不能搞三权鼎立?从根本上说是三权鼎立的原则和制度不符合我国国情,不符合社会主义人民政权的性质和要求。

(一)"三权分立"是资产阶级用以调节内部矛盾的政治体制

资产阶级的根本经济利益和政治利益是同无产阶级完全对立的。资产阶级内部各集团、各派别在剥削和压迫无产阶级问题上也是完全一致的。但就其内部垄断集团的关系而言,它们因为追求剩余价值又产生了无法调和的矛盾。因而为了维护整个资产阶级的共同统治,必须寻找一种既能把无产阶级排斥在权力中心之外,置于资产阶级统治之下,又能够保证资产阶级内部各集团、各派别之间相互制约、调节、缓和其矛盾的政治体制。它既能防止或抑制某个垄断集团独霸权力,又能使资本主义社会得以正常运行。"三权分立"体制的妙用之一就在于此。可见,"三权分立"是阶级对抗和利益矛盾的产物。

我国是社会主义国家,剥削阶级作为一个阶级已经被基本消灭,生产资料以公有制为主体,广大人民群众的经济利益和政治利益是根本一致的,因此没有"三权分立"赖以存在的经济基础和阶级基础。此外,西方所谓的"三权分立"制度是虚伪的。根据马克思主义的国家理论,资本主义国家乃是资产阶级专政的政权,实际上是"一权"统治,"三权分立"的议会制只是掩盖它"一权"统治的最好的政治外壳,只不过是每隔几年决定一次究竟由统治阶级中的什么人在议会里镇压人民、压迫人民而已。对广大劳动者来说,它是不折不扣的骗局。这种政体完全是由资产阶级专政的国体决定的,是体现并服务于国体的,无产阶级敢于公开声明自己的国家是无产阶级专政的国家,是按照民主集中制的原则组织起来的,因而不需要"三权分立"的伪善形式来掩饰无产阶级"一权"统治的实质。

(二)"三权分立"的议会民主制不能体现人民的民主权利

"三权分立"的议会民主制是为资产阶级服务的,在这种制度下,尽管人民在表面上享有一定的民主权利,一些共产党人和工人代表也可能当选为国会议员,但人民群众却永远不能当家作主,更不能摆脱被压迫、受剥削的地位。拿美国的总统选举来说,从理论上讲,只要生在美国,年满35岁,居住在美国14年以上的美国公民都享有被选为总统的权利。但实际上,当那些美国的母亲告诉自己的孩子任何人长大后都可以成为总统时,她们只不过是在编织一个美妙的神话。实际上,由于资本主义私有制的存在,只有一些大垄断财团在挑选总统中才起决定作用,而当选的总统都是资产阶级的代表人物。美国的总统虽然有的是农场主、电影演员或大学教授,但他们必须有实力雄厚的财团作后盾,经历竞争激烈的政治阶梯,经过大大小小无数次的选举之后,才能赢得总统宝座,入主白宫。任何美国人都知道,"金钱是政治活动的母乳和润滑剂"。

我国的人民代表大会制度尽管还有待进一步完善,但它真正体现了人民当家作主的原则,人民在历史上第一次成为社会的主人,并通过各级人民代表大会集中统一行使国家权力。另外,社会主义民主无论在民主的主体、民主的范畴、民主的真实程度等方面都大大优越于资本主义民主。按照邓小平的概括就是:"资本主义社会讲的民主是资产阶级的民主,实际上是垄断资本的民主。"[①]

(三)"三权分立"在实践中互相牵制、议而不决

资产阶级在实行"三权分立"的实践中,或是互相牵制,议而不决,决而不行;或是争权夺利,内部打架,造成麻烦;甚至"三权分立"已失去平衡,失去制衡作用。其主要表现是行政权力越来越大,凌驾于立法权之上,使资产阶级鼓吹的体现"民主"的议会机关形同虚设。邓小平指出:西方搞三权鼎立,"这使它们每个国家的力量不可能完全集中起来,很大一部分力量互相牵制和抵消"[②]。"我经常批评美国当权者,说他们实际上有三个政府。"[③]中国不能搞三权鼎立那一套。因为"我们的制度是人民代表大会制度,共产党领导下的人民

---

① 《邓小平文选》第3卷,人民出版社1993年版,第240页。
② 《邓小平文选》第2卷,人民出版社1994年版,第267页。
③ 《邓小平文选》第3卷,人民出版社1993年版,第195页。

民主制度,不能搞西方那一套。社会主义国家有个最大的优越性,就是干一件事情,一下决心,一做出决议,就立即执行,不受牵扯"①。他进一步指出,中国搞经济体制改革全国就能立即执行,中国决定建立经济特区就可以立即执行,没有经过那么多的反复,不会互相牵扯,议而不决,决而不行。就这个范围来说,我们的效率是高的。鉴于西方议会民主所具有的剥削阶级性质和不可避免的弊端,邓小平一再告诫人们:我们不能照搬西方的所谓民主,不能搬用他们的"三权分立",而要搞社会主义民主,要保证社会主义的优越性。

(四)"三权分立"是与议会制、普选制、多党制等相适应的

"三权分立"作为资产阶级共和国的政权组织原则与权力结构框架,不是孤立存在的,它实际上维系着资产阶级的整个组织体系。套用西方的"三权分立"制度,就意味着要照搬西方的多党制、议会制度,这不仅会损害国家机器的高效运转,还会导致各种政治矛盾的激化和冲突。邓小平针对有些人特别是一些青年盲目崇拜资本主义民主制度的错误倾向,语重心长地指出,资本主义民主制度已有数百年的历史,各项具体民主权利虽然在一定程度上缓和了社会矛盾,但是国家政权仍然牢牢地控制在资产阶级手中,使无产阶级和广大人民难以问鼎。可见,具体制度的完善,各个环节衔接的严密,终究不能改变资产阶级政治统治的本质,也无法从根本上克服资本主义社会固有的矛盾。社会主义民主制度的建立要比资本主义民主制度晚得多,它的各项具体制度还不够完善,影响了社会主义民主制度优越性的发挥。但我们可以通过各方面改革来解决,而不是照搬西方的"三权分立"的议会民主体制。

我们坚持实行人民代表大会制度,反对照搬西方"三权分立"制度,并不是要否定对权力行使的制约和监督,而是通过决策的民主化、科学化和程序化来健全和完善社会主义的监督体制,逐步形成符合全体人民利益的社会主义的制约制度。建设社会主义民主政治,当然可以借鉴古今中外有关民主方面的有益东西,例如学习借鉴西方国家公务员制度的某些好形式、行政管理方面的

---

① 《邓小平文选》第3卷,人民出版社1993年版,第240页。

成功经验和西方国家法制建设的有益做法及反腐倡廉的有效措施等。但是绝不能照搬别国的模式,既不能照搬照抄某个社会主义国家的模式,也不能照搬照抄"西方民主"的模式,而是依靠人民群众的创造,逐步建设和完善中国特色的社会主义民主政治。

总之,三权分立模式是西方特定的历史文化和环境条件的产物,在西方资本主义的发展过程中曾产生过重要的作用,但不适合中国国情。"橘生淮南则为橘,生于淮北则为枳。"正如习近平所说:"我们需要借鉴国外政治文明有益成果,但绝不能放弃中国政治制度的根本。"①

1. 人民代表大会制度的特点和优越性是什么?
2. 如何坚持和完善人民代表大会制度?
3. "三权分立"为什么不适合中国国情?

---

① 习近平:《在全国人民代表大会成立六十周年大会上的讲话》,载《十八大以来重要文献选编》(中),中央文献出版社 2016 年版,第 60 页。

第三章

社会主义民主选举制度

当代中国的选举制度是人民代表大会制度的基础,是中国特色社会主义民主政治制度的重要组成部分,是马克思主义政权理论与中国民主实践相结合的具有中国特色的选举制度。它确立于新中国成立初期,在实践中不断发展与完善。梳理和把握当代中国社会主义民主选举制度的形成与发展过程,正确认识当代中国社会主义选举制度的性质、作用与基本原则,深入了解当代中国社会主义民主选举制度的运作程序,对于坚持和完善中国特色的社会主义民主选举制度,具有重要的理论意义和现实意义。

第一节 社会主义民主选举制度的形成与发展

现代国家,就国体而言,大体上可以分为资本主义国家与社会主义国家两大类。与此相应,选举制度可以分为资本主义的选举制度与社会主义的选举制度两种类型。资本主义的选举制度是随着资产阶级革命的胜利,资本主义代议民主制的建立而逐渐形成、发展起来的。它在形式上宣布"普及选举权",即普选,而且迫于无产阶级和广大劳动人民长期斗争的压力,逐步减少了对选举权的限制。这较之封建世袭制和等级制无疑是历史的进步。社会主义选举制度是与社会主义的民主共和制紧密相连的,它建立在生产资料公有制基础上,是为无产阶级和广大人民群众服务的。因此,较之资本主义选举制度,社会主义选举制度更是一种历史的进步。

一、选举和选举制度的概念

选举是指公民根据自己的意志,按照一定的方式和程序,选出若干公民担任国家某项公职的行为。选举是民主政治的基石。选举具体办法由各国宪法、选举法和其他有关法律规定,有投票、按表决器、举手、起立、口唱等不同方式。选举起源于原始社会。在原始社会的氏族公社中,人人都享有选举权和被选举权,部落酋长和军事首领都由选举产生。而作为国家形式的民主选举,则起源于古希腊和古罗马的城邦国家。在古代希腊一些实行共和制的城邦中,占人口绝大多数的奴隶均无选举权可言,只有男性的奴隶主和部分自由平民拥有选举权(民主共和制),甚至只有奴隶主阶级中的极少数贵族分子才享有选举权(贵族共和制)。任何选举,都必须预先确定某种方式(如投票、举手、鼓掌、起立等)和某种程序(如划分选区、提出候选人、投票、计票、宣布投票结果等)。否则,选举便无法进行。选举,就其词义来讲,就是选举与推荐。选举人有权根据自己的意思,选择有被选举权的人员中的任何人,这是任何选举的必备条件和关键所在。没有这一条件,就称不上是真正的选举。

选举有广义和狭义之分。狭义的选举是指选举国家代议机关代表的活动;广义的选举是除此之外,还包括选举国家机关其他公职人员和政党、群众团体及企事业单位的代表和领导的活动。在当代中国,选举一般是指选举人民代表大会代表和人民代表大会常务委员会委员、乡镇人民代表大会主席、副主席、人民政府领导人员、人民法院院长、人民检察院检察长、国家监察委员会主任的活动。在现代社会,选举的适用范围是十分广泛的。选举制度,从广义上说,即指有关选举一切公职人员的制度。但是,我们这里讲的是狭义上的选举制度,即指有关选举国家代议机关组成人员的制度。选举制度的主要内容包括:选举权和被选举权的确定;选举所遵循的基本原则;选举的组织机构;选举的方式；选举的程序；选举的经费；代表与选民的关系；对破坏选举行为的制裁等。这些内容一般都由宪法和选举法等有关法律予以规定。可见，选举是人民进行权力委托的行为，是实现代议制民主政治的基础，而选举制度，则无疑是现代国家政治制度的一个重要组成部分。

资本主义的选举制度与整个资本主义的民主制度一样，是建立在生产资料私有制的基础上的，是为维护资产阶级统治服务的。资产阶级通过自己的政党控制候选人的提名，并通过巨额的竞选费用和候选人保证金等手段，竭力排斥劳动人民当选的机会，因而"主权在民"旗号下的资产阶级普选制度，仍然只是"每隔几年决定一次究竟由统治阶级中的什么人在议会里镇压人民、压迫人民"[①]的普选制度。社会主义的选举制度，是绝大多数人当家作主来挑选自己的公仆。在这里，普及选举权不仅表现在形式上，而且在内容上也应该是真实的。因此，从本质上讲，相比资本主义选举制度，社会主义选举制度更是一种历史的进步。不过，这种历史的进步也包含某种方面的历史的继承。诸如在选举方式、选举程序和选举术语等方面，社会主义选举制度在很大程度上吸收和继承了资本主义选举制度的积极成果。

二、社会主义民主选举制度的确立和发展

我国社会主义民主选举制度的确立，有其客观历史必然性，它伴随着我国人民代表大会制度的产生和发展，经历了萌芽、代行职权、正式确立三个阶段。在"文化大革命"时期，我国社会主义选举制度受到了严重的破坏。党的十一届三中全会以后，社会主义民主与法制建设逐渐得到恢复和发展，我国社会主义民主选举制度由此掀开了历史的新篇章。

（一）选举制度的确立

1. 萌芽阶段

从1931年中华苏维埃政权的建立到1949年中华人民共和国成立，为我

---

① 《列宁选集》第3卷，人民出版社1995年版，第464页。

国选举制度的萌芽阶段。1931年11月7日至20日,中华苏维埃第一次全国代表大会在江西瑞金叶坪召开,正式建立了工农兵民主政权。中华苏维埃民主政权建立以后,根据中华苏维埃的根本大法《中华苏维埃共和国宪法大纲》的基本精神和原则,相继颁布了《中华苏维埃共和国选举细则》《中华苏维埃共和国选举委员会的工作细则》《苏维埃暂行选举法》等。上述选举法律法规的主要内容包括:只有劳动群众具有选举权和被选举权,剥削分子和反革命分子及其家属没有选举权和被选举权;在劳动群众中,工人、农民和红军战士在选举中处于更加优越的地位。《苏维埃暂行选举法》不仅规定了工人、农民和红军战士的代表比例,而且规定了红军战士以连、营、团为单位实现单独的直接选举;针对战争期间代表流动性大和补选困难等特点,设立候补代表制;实行直接选举和间接选举相结合的制度;规定了选区划分;选民有监督权和罢免权。

抗日战争时期,随着中日民族矛盾逐渐上升为国内的主要矛盾,国内的阶级关系也发生了重大的变化。民族资产阶级和一部分大地主、大资产阶级分子参加了抗日民族统一战线。面对形势的发展和变化,中国共产党提出了抗日民族统一战线政策,并且在抗日根据地建立了抗日民主政治制度,将政权的组织形式由苏维埃代表制改变为参议会议员制,按照"三三制"的原则进行选举并且组织抗日民主政权机关。这一时期,相继颁布了《陕甘宁边区选举条例》《陕甘宁边区各级选举委员会组织规程》《陕甘宁边区施政纲领》《晋察冀边区选举条例》等法规。上述法规对土地革命战争时期的选举制度进行了重大的修改。主要表现在:扩大了普选的范围,由原来的劳动者、红军及家属扩大到一切愿意参加抗日战争的人;参议会议员名额除了对少数民族实行特殊的照顾之外,其他居民一律按照同等的人口比例进行分配;选区划分按照居住地和生产单位、事业单位、工作单位相结合的方式;实行竞选,只要不是汉奸和卖国贼,都有选举权和被选举权,都有参加竞选的自由。

解放战争时期,随着阶级矛盾上升为国内的主要矛盾,中国共产党为了团结一切可以团结的力量,争取新民主主义革命的彻底胜利,相继颁布了《中国土地法大纲》《陕甘宁边区宪法原则》等,对解放区的民主选举制度又进行了重要的修改。主要表现在：一是对选举权和被选举权作了新的规定。即一切反对国民党反动统治,赞成土地改革的工人、农民、城市小资产阶级、民族资产阶级、开明绅士和其他爱国人士都享有选举权和被选举权。取消了原来"不分阶级、党派"的规定。二是政权组织形式由原来的参议会改变为各界人民代表会议,选举制度也进行了相应的修改。《陕甘宁边区宪法原则》明确规定："人民普遍、直接、平等、无记名选举各级代表。"对政府与代表会之间的关系、代表与代表之间的关系也作了明确的规定,即各级代表会选举政府人员,各级政府对各级代表会负责,各级代表对选举人负责。三是在直接选举的地方,一般都实行了差额选举。代表候选人的名额一般都多于应选代表名额的一到二倍。在候选人过多的地方,可以举行预选。

在新民主主义革命时期,中国共产党领导广大劳动人民群众在整个革命根据地的范围内,开展了一系列民主选举活动,开创了革命根据地时期的选举制度,为人民代表大会制度和社会主义民主选举制度的确立积累了丰富的经验,创造了必要的条件。

2. 代行职权阶段

代行职权阶段,即中国人民政治协商会议代行全国人民代表大会职权和地方各界人民代表会议及其过渡性的选举办法阶段。1949年9月,中国人民政治协商会议通过的《共同纲领》,在确定实行人民代表大会制度的同时,规定新中国将实行普选制度。但是,在新中国成立初期,由于特定的历史条件所限,不可能立即开展普选以产生各级人民代表大会。为此,在政权组织形式和选举制度方面都采取了一些过渡性的措施。在中央,由中国人民政治协商会议全体会议代行全国人民代表大会的职权;在地方,则继承和发展了在解放战争时期存在过的地方各级各界人民代表会议,由它代行地方各级人民代表大会的职权。1949年12月,中央人民政府委员会以及由它领导的政务院先后制定了从省到乡(行政村)地方各级各界人民代表会议的组织通则。这些通则规定:凡反对帝国主义、封建主义、官僚资本主义,赞成共同纲领,年满18岁之人民,除患精神病及剥夺公民权者外,不分民族、阶级、性别、信仰,均可当选为代表。同时,还规定了各级各界代表会议产生的程序和方法,这就构成了新中国成立初期带有过渡性质的选举制度。当时,各级代表主要由下一级人民代表会议选举或者推选产生,或者由各民主党派、人民团体、当地驻军自行推选产生,或者由军管会、地方人民政府共同商定邀请而来。当时的选举,大都采取间接选举和举手表决的方式等。新生的人民政权一经产生,便立即在恢复国民经济,巩固新生的民主政权和社会制度等方面采取了一系列的重大措施,有效地维护了国家和人民的利益,为社会主义民主选举制度的正式确立创造了良好的社会环境和坚实的物质基础。

3. 正式确立阶段

1953年2月,新中国第一部选举法的诞生,标志着我国社会主义民主选举制度的正式确立。1952年年末,新民主主义革命遗留任务完成,国民经济逐步恢复。1953年1月13日,中央人民政府委员会通过了《关于召开全国人民代表大会及地方各级人民代表大会的决议》。决议指出:"必须依照共同纲领的规定,及时地召开由人民用普选方法产生的全国人民代表大会,代替现在由中国人民政治协商会议的全体会议执行全国人民代表大会职权的形式,用普选的地方各级人民代表大会,代替现在由地方各界人民代表会议代行人民代表大会职权的形式,俾能进一步地加强人民政府与人民之间的联系,使人民民主专政的国家制度更加完备,以适应国家计划建设的要求。"与此同时,成立了以周恩来为主席的选举法起草委员会。1953年2月,中央人民政府委员会通过了新中国第一部选举法,即《中华人民共和国全国人民代表大会及地方各级人民代表大会选举法》。根据当时的实际情况,选举法对我国实行普选的基本原则、程序和方法等作了具体规定,从而正式确立了当代中国的选举制度。这一制度继承了革命根据地民主选举的历史传统,吸取了新中国政权建设的新鲜经验,也借鉴了国外选举制度的某些有益做法。它既强调民主原则,又坚持从中国实际出发的基本精神,至今仍然适用。1953年选举法颁布后,全国开展了中华民族有史以来的第一次普选活动。

1954年6月全国完成了第一次基层普选,在此基础上产生了各级人民代表大会。同年9月举行了第一届全国人民代表大会第一次会议。这样,全国用普选的方法,选举产生了由地方到中央的各级国家权力机关,人民代表大会制度从地方到中央系统地建立起来。可见,从我国第一部选举法的制定,到一届全国人大一次会议的召开和人民代表大会制度的建立,我国社会主义民主选举制度也正式建立起来。

(二)选举制度的恢复、发展与完善

1. 选举制度的恢复

1953年选举法实施后的最初十余年,我国选举制度的贯彻还比较正常。总的来说,各级人民代表大会还能按期改选。但是,在"文化大革命"时期,我国的选举制度受到了严重的破坏,全国几乎没有进行过真正的选举。

党的十一届三中全会以后,全党全国的工作重点转移到了社会主义现代化建设上来,社会主义民主与法制建设逐渐得到恢复和发展。1979年7月,五届全国人大二次会议在修改1953年选举法的基础上,颁布了新的选举法,即我国的第二部选举法。同1953年选举法相比,新选举法主要有以下几方面的变化:(1)将直接选举的范围扩大到县一级;(2)将等额选举改为差额选举;(3)将原来规定的无记名投票和举手表决并用改为一律实行无记名投票;(4)将原来规定的按选民居住情况划分选区改为可按生产单位、事业单位、工作单位和居住状况划分选区;(5)将原来规定的只有不属于党派、团体的选民或代表才能联合或单独提出代表候选人名单,改为任何选民或代表只要一人提出,三人以上附议,都可推荐代表候选人;(6)规定如果所提候选人名额过多,难以确定正式候选人时,可以进行预选;(7)将原来规定的代表候选人以获得出席选举人的过半数票始得当选,改为须获全体选民或选举单位的代表的过半数票始得当选;(8)规定每个少数民族至少要有一名全国人大代表;(9)规定可以采用各种形式宣传候选人;(10)增设了对代表的监督、罢免和补选的章节;等等。新选举法进一步扩大了我国选举制度中社会主义民主的程度,用法律形式保证了人民行使当家作主管理国家事务的权利,对坚持和完善我国社会主义民主选举制度具有特别重要的意义。

2. 选举制度的发展

1982年12月,第五届全国人民代表大会第五次会议对1979年选举法进行了第一次修改。如把条文中的"人民公社"改为"乡、民族乡","人民公社管理委员会"改为"乡、民族乡人民政府",将原规定"华侨代表的产生办法另订"改为"全国人民代表大会和归侨人数较多地区的地方人民代表大会,应当有适当名额的归侨代表",并对"另行选举"、少数民族的代表比例及介绍候选人的方式等作了新规定。为了便于选举法的实施,1983 年 3 月,五届全国人大常委会颁布了《关于县级以下人民代表大会代表直接选举的若干规定》。这一规定对直接选举中的具体问题作了规定和立法解释。例如,它具体规定了选举委员会的职权、选区的大小、选民推荐的代表候选人的限额,并提出了被提名的代表候选人都应列入候选人名单而不得增减,等等。这是对我国社会主义民主选举制度的一个重要补充。

1986 年 12 月 2 日,六届全国人大常委会第十八次会议在总结几年来选举工作实践经验的基础上,通过了关于修改选举法的决定,主要就以下方面对选举法又作了进一步修正:(1)规定登记确认的选民资格长期有效。(2)选民或者代表推荐代表候选人改为必须有 10 人以上联名。(3)取消预选。(4)由选民直接选举的代表候选人的差额改为应多于应选代表名额的三分之一至一倍。(5)全国人大代表名额改为应不超过 3000 人。(6)规定每一选民接受别人委托代为投票的人数不得超过 3 人。(7)规定在选民直接选举人民代表大会代表时,选区全体选民过半数的选票始得当选。(8)在产生代表的人口比例上,规定了更加有利于少数民族的选举办法。聚居境内同一少数民族的总人口数占境内总人口数 15%以上,不足 30%的,每一代表所代表的人口数,可以适当少于当地人民代表大会每一代表所代表的人口数。(9)旅居国外的中华人民共和国公民在县级以下人民代表大会代表选举期间在国内的,可以参加原籍地或者出国前居住地的选举。

1979 年以来我国选举法的几次修改,进一步促进了我国社会主义选举制度的规范化、法制化和程序化,使我国的社会主义选举制度日益完善,选举的民主程度不断提高,从而更加符合我国的基本国情,更加有利于发展和完善人民代表大会制度,保障人民充分行使国家权力。

3. 选举制度的完善

1993年八届全国人大一次会议和1995年八届全国人大常委会第十二次会议对我国的宪法和选举法进行了修改,其主要内容是:(1)县级以上人大和政府每届任期为5年;(2)明确规定地方各级人大代表名额;(3)适当缩小了农村与城市每一代表所代表的人口数的比例;(4)对选区的划分作出了进一步明确规定,选区的大小按每一选区应选代表1至3名划分;(5)增加了预选的规定和对选举时间的规定;(6)进一步完善了罢免代表程序,增加了全国人民代表大会代表辞职程序;等等。

2007年,胡锦涛在党的十七大报告中强调坚定不移地发展社会主义民主政治,在谈到"扩大人民民主,保证人民当家作主"时,"建议逐步实行城乡按相同人口比例选举人大代表"。党的十七大报告提出的这一建议,是中国共产党作为执政党,为确保每一位具有选举权和被选举权的公民都能享有和实现宪法和法律赋予的平等权利而提出的一项重要建议;是我国扩大社会主义民主,建设社会主义法治国家,发展社会主义政治文明的一项重大决策。

2010年3月8日,在十一届全国人大三次会议上,全国人大常委会副委员长王兆国作《关于中华人民共和国全国人民代表大会和地方各级人民代表大会选举法修正案(草案)》的说明。根据我国国体、政体,实行城乡按相同人口比例选举人大代表,应当体现以下原则要求:一是保障公民都享有平等的选举权,实行城乡按相同人口比例选举代表,体现人人平等;二是保障各地方在国家权力机关有平等的参与权,各行政区域不论人口多少,都应有相同的基本名额数,都能选举一定数量的代表,体现地区平等;三是保障各民族都有适当数量的代表,人口再少的民族,也要有一名代表,体现民族平等。这三个平等是我国国体、政体的内在要求,是有机统一的整体,不能强调其中一个方面而忽视其他方面。

此外,各方面代表性人物比较集中的地方,也应给予适当的照顾。实现城乡居民平等选举权,符合宪法规定的公民在法律面前一律平等的原则,有利于保障包括广大农民在内的广大群众切实依法行使选举权、知情权、参与权、监督权等民主权利,具有重要意义。

第二节　社会主义民主选举制度的性质与作用

当代中国的选举制度,是工人阶级的选举制度,是社会主义的选举制度,同时也是社会主义初级阶段的选举制度。我国的社会主义选举制度,是实现人民当家作主的重要途径,是各级政权机关合法化的手段,是政权机关勤政廉政的保证,是联合各方面力量参加政权机关的重要方式。

一、社会主义民主选举制度的性质

选举制度属于上层建筑,任何国家的选举制度都具有阶级性,是统治阶级意志的表现。现代意义的选举制度是阶级社会的产物,它源于资产阶级与封建专制统治作斗争的结果,一开始就具有资产阶级的性质。当代中国民主选举制度的性质是,在中国共产党的领导下,以马克思主义民主理论为指导并结合中国国情,坚持以工人阶级和广大人民群众为主体,遵循民主选举的原则和规律,具有中国特色的社会主义民主选举制度。

（一）工人阶级的选举制度

马克思主义的国家理论认为,国家既是一个历史的范畴,有其产生、发展和灭亡的过程,又是一个阶级的范畴,国家的本质就是社会各阶级在国家中的地位,亦即国家政权的阶级属性。在国家制度中,国家的阶级本质决定着国家政权的组织形式和国家的结构形式,是国家制度的核心。任何国家都是如此,有什么性质的国体就会有什么性质的选举制度,哪个阶级在国家中占统治地位,选举制度就属于哪个阶级。

工人阶级与先进的经济形式相联系,代表先进生产力和生产关系,是人类历史上最先进的阶级。中国工人阶级作为一支独立的政治力量,从登上中国历史舞台开始,就充分显示出推动中国社会进步的重大历史作用。中国共产党是中国工人阶级的先锋队,也是中国人民和中华民族的先锋队。在新民主主义革命时期,中国工人阶级在中国共产党的领导下,依靠中国人民推翻了帝国主义、封建主义、官僚资本主义的压迫,结束了半殖民地半封建社会的历史,建立了中华人民共和国,实现了中国几千年封建专制制度向人民民主的伟大飞跃,也极大地改变了世界政治格局。中国工人阶级的领导和统治地位是中国历史的选择。同时,在新民主主义革命时期,工农联盟是工人阶级领导中国革命取得胜利的基本保证。新民主主义革命胜利后,建立了工人阶级领导的,以工农联盟为基础的人民民主专政的社会主义国家。这一国体就决定了我国的选举制度是工人阶级的选举制度,代表的是中国工人阶级和广大人民群众的利益,体现的是中国工人阶级和广大人民群众的意志。

(二) 社会主义的选举制度

俄国十月社会主义革命胜利后,建立起了世界上第一个社会主义国家,随后也建立起了第一个社会主义的选举制度。从此以后,世界上的选举制度就有了两种不同性质的类型。资本主义选举制度是建立在生产资料私有制的基础上的,社会主义选举制度是建立在生产资料公有制的基础上的。我国是社会主义国家,实行的是生产资料公有制,其选举制度是社会主义的选举制度。在我国的社会主义选举制度中,通过实行普遍性原则、平等性原则、秘密选举原则、差额选举原则、直接选举与间接选举相结合原则等,体现了社会主义国家在政治制度上的社会主义本质——人民当家作主。

中国特色社会主义进入新时代,中华民族实现了从站起来、富起来到强起来的伟大飞跃。在这个令人振奋、催人奋进的历史背景下,党的十九大重申,我国仍处于并将长期处于社会主义初级阶段的基本国情没有变。社会主义初级阶段是指,我国在生产力落后、商品经济不发达的条件下建设社会主义必然要经历的特定阶段。生产力水平是判定社会主义初级阶段的根本标准。如果生产力水平不够高,没有提升到现代化水平,那就仍处在社会主义初级阶段。所以,党的十三大报告指出,"我国从五十年代生产资料私有制的社会主义改造基本完成,到社会主义现代化的基本实现,至少需要上百年时间,都属于社会主义初级阶段"。社会主义初级阶段还体现在制度建设不够成熟,还需要不断完善和发展。在各方面形成一整套更加成熟、更加定型的制度,把中国特色社会主义制度的优势充分发挥出来,不可能一蹴而就,而是需要相当长的一段时间。习近平强调指出,我们不仅在经济建设中要始终立足初级阶段,而且在政治建设、文化建设、社会建设、生态文明建设中也要始终牢记初级阶段的基本国情。选举制度是不能超越社会发展的历史阶段的。我国的社会主义选举制度是处在社会主义初级阶段的选举制度。因此,可以说还是一个不成熟、不完善的社会主义选举制度。我国社会主义初级阶段的选举制度存在的突出问题是:还没有充分实现竞争机制,代表分配比例尚不完全平等,代表候选人的提出和确定尚待完善;选举制度的民主化程度离社会主义制度的本质要求还有一定的差距。

二、社会主义民主选举制度在国家政治生活中的作用

我国的社会主义选举制度,是实现人民当家作主的重要途径,是各级政权机关合法化的手段,是政权机关勤政廉政的保证,是联合各方面力量参加政权机关的重要方式。

(一)选举制度是实现人民当家作主的重要途径,是各级政权机关合法化的手段

1. 选举制度是实现人民当家作主的重要途径

社会主义民主政治的本质就是人民当家作主,人民管理国家大事,国家的一切权力属于人民。要实现人民当家作主,就要依靠选举制度,充分发挥社会主义民主选举的作用。广大人民群众通过选举人民代表大会的代表,组成人民代表大会,通过人民代表大会管理国家大事,从而实现当家作主。在现有经济文化条件和时代背景下,当今世界各国的民主政治主要是代议制民主。代议制是民主政治的产物,选举制度是它的基础,而且选举制度体现的民主性要

比代议制直接得多,民主化程度也要高得多。因此,选举制度是民主政治的基本标志,没有选举制度就不会有民主,人民当家作主是绝对不能离开选举制度的,撇开选举制度讲人民当家作主,就只能是一句空话。在我国,实现民主的途径包括社会协商对话、申诉控告信访、基层民主自治、提批评意见建议等,但只有选举制度才能产生代议制机关,才能通向国家民主,它是实现人民当家作主的重要途径。

2. 选举制度是各级政权机关合法化的手段

在现代民主政治社会,政权机关必须合法,即政权机关的产生和存在必须得到人民的同意或承认。政权机关取得人民同意或承认的途径有两种:一种是由选民直接选举;另一种是由选民选举议会,再由议会选举政权机关。在我国,是通过直接选举和间接选举产生各级人民代表大会代表组成各级人民代表大会,由各级人民代表大会选举产生本级政权机关,我国各级政权机关的权力都来自人民,都是人民通过选举制度进行授权,才使得政权机关具有合法性,正是在这个意义上,我国的行政机关、审判机关、检察机关、监察机关和国家权力机关的常设机关,都必须向人民代表大会负责和报告工作,而人民代表大会又必须向人民负责。从根本上说,这是我国社会主义选举制度对政权机关的合法性的重要保证。

(二)选举制度是政权机关勤政廉政的保证,是联合各方面力量参加政权机关的重要方式

1. 选举制度是政权机关勤政廉政的保证

人民的政权机关必须勤政廉政。勤政廉政是人民对政权机关最起码的要求。要保证政权机关勤政廉政,就必须定期依法选举政权机关的组成人员,对其政绩和表现进行评估、考核、审查,使贤能者上任、勤廉者留任、平庸无能者卸任。人民通过自己的代表在人民代表大会上行使选举权,对人民政权机关的组成人员进行鉴别和挑选,可以激励人民政权机关的组成人员勤奋努力、积极进取、提高工作效率、廉洁奉公、克服官僚主义,保证国家权力牢牢掌握在人

民手中,防止"社会公仆"变成"社会主人"。挑选是选举制度内容的一个方面,罢免则是选举制度内容的另一个方面。好中选好、优中择优是国家政权机关勤政廉政的基础,而罢免和撤销职务则是国家政权机关勤政廉政的保证。按照我国的选举制度,人民代表大会常务委员会组成人员、人民政府组成人员、人民法院院长、人民检察院检察长、国家监察委员会主任若违背人民的意志,以权谋私,由"社会公仆"变为"社会主人",人民就有权通过法定程序进行质询,直至撤销、罢免其职务,从而收回人民授予他们的权力。

2. 选举制度是联合各方面力量参加政权机关的重要方式

我国是一个多民族的国家,中华民族是一个多民族和睦相处的大家庭。我国的政党制度是中国共产党领导的多党合作和政治协商制度,同时存在各种群众团体和社会团体。我国正在建立社会主义市场经济体制,经济主体和利益群体呈现出多元化的状态。在这种社会格局下,在坚持中国共产党领导的前提下,还必须联合各民主党派、各团体、各民族、各阶层及社会各方面的力量参加政权机关。但这种参加并不是随心所欲的,必须有一种参加的方式,有一种联合的方式。这种参加和联合的方式就是选举制度。只有通过选举制度,社会各阶级、各阶层才有机会平等地参加政权机关,才能使社会各方面在政权机关中取得和谐与统一。

第三节 社会主义民主选举制度的基本原则

选举权是我国合法公民依法平等享有的基本权利并受到法律的保护,体现了我国选举制度的民主原则。根据中华人民共和国宪法和选举法的规定,我国社会主义选举制度具有普遍原则与平等原则、直接选举与间接选举相结合的原则、秘密投票原则和差额选举原则等。这些原则不仅充分体现了我国社会主义民主选举制度的性质,而且符合我国国情,是由人民民主专政的社会主义国家的本质决定的。

一、普遍原则与平等原则

选举的普遍性,即合法公民均享有选举权和被选举权。我国选举法第4条规定:"中华人民共和国年满十八周岁的公民,不分民族、种族、性别、职业、家庭出身、宗教信仰、教育程度、财产状况和居住期限,都有选举权和被选举权。依照法律被剥夺政治权利的人没有选举权和被选举权。"选举的平等性,即每个公民在每次选举中只能在一个地方并只能享有一个投票权。宪法规定:"中华人民共和国各民族一律平等。国家保障各少数民族的合法的权利和利益,维护和发展各民族的平等团结互助和谐关系。"

(一)普遍原则

我国社会主义民主选举制度的普遍原则主要体现在中华人民共和国公民普遍享有选举权和被选举权。我国宪法和选举法明确规定:中华人民共和国年满十八周岁的公民,不分民族、种族、性别、职业、家庭出身、宗教信仰、教育程度、财产状况和居住期限,都有选举权和被选举权。依照法律被剥夺政治权利的人没有选举权和被选举权。这里,"中华人民共和国公民",主要指有中华人民共和国国籍的人。中华人民共和国的任何一名公民均不得因其财产的多寡、在一地居住时间的长短、民族、种族、宗教信仰的不同、性别、职业和家庭出身的差异及教育程度的高低等而被剥夺选举权和被选举权,即便是旅居国外的中华人民共和国公民,只要在县级以下人民代表大会代表选举期间在国内的,按照选举法规定,也可以参加原籍地或者出国前居住地的选举。这些都充分表明,我国享有选举权和被选举权的范围是十分广泛且普遍的。我国宪法和选举法对公民享有选举权和被选举权的规定主要体现在:一是依法具有中华人民共和国国籍;二是到选举日为止必须年满十八周岁;三是享有政治权利,即未被剥夺政治权。

世界各国特别是西方国家,对参加议会选举的选民资格都在不同程度上有限制,除规定拥有参加选举国国籍、达到一定年龄、享有政治权利、具有行为能力之外,还附加规定必须拥有一定数额的财产、受过一定的教育、达到一定的文化水平等,这实际上是限制广大人民群众的选举权利,意在保护少数有产者的利益。

(二) 平等原则

我国选举法关于"每一选民在一次选举中只有一个投票权"的规定,体现了所有选民的投票权的平等原则。选民的投票权平等有两层含义。一是每一选民在一次直接选举中只能有一个投票权;二是每一个选民所投出的票的效力是一样的。

平等原则是选举的一条重要原则。但是,民主制度的发展还要受到一个国家经济、政治、文化发展水平的制约。平等是相对的,那种绝对平等的理论不符合马克思主义政治学的基本原理。因此,我国的社会主义选举制度并不强调形式上的绝对平等,而是从具体的国情出发,作了一些专门的规定。1953年2月,第一部选举法规定,在选举全国人大代表时,农村每一代表所代表的人口数是城市每一代表所代表的人口数的8倍。这一规定在某种方面而言,是不完全平等的。1995年2月,选举法修改时规定,农村选民的选举权为城市选民选举权的1/4,使城乡居民的选举权向平等方向迈进了一步。2007年10月,胡锦涛在党的十七大报告中提到"扩大人民民主,保证人民当家作主"时,"建议逐步实行城乡按相同人口比例选举人大代表"。这一建议通过法定程序转化为国家意志。2010年3月选举法修改规定,"实行城乡按相同人口比例选举人大代表"。选举人大代表的城乡人口比例从8∶1到4∶1再到1∶1,开启了"同票同权"的新时代。其意义在于:保障农民享有更多更切实的民主权利;丰富了民主形式,拓宽了民主渠道;体现了我国社会主义制度的优越性和民主的广泛性。

另外,在少数民族选举代表方面,选举法规定,人口特少的民族,至少应有全国人民代表大会代表一人。在少数民族聚居的地方,每个聚居的少数民族都应有代表参加当地的人民代表大会。聚居境内同一少数民族的总人口数不足境内总人口数15%的,每一代表所代表的人口数,可以适当少于当地人民代表大会每一代表所代表的人口数,但不得少于1/2。人口特少的其他聚居民族,至少应有代表一人。聚居境内同一少数民族的总人口数占境内总人口数15%以上,不足30%的,每一代表所代表的人口数,可以适当少于当地人民代表大会每位代表的人口数,但分配给该少数民族的应选代表名额不得超过代表总名额的30%。

以上规定从形式上看好像是不平等的,却符合我国现实的城乡发展状况和民族状况,在实质上恰恰体现了各劳动阶级、各民族之间在政治上的平等。

二、直接选举与间接选举相结合的原则

从选民的角度讲,直接选举是由选民直接通过投票等方式,选举产生国家代表机关的代表;间接选举是由某一代表机关的代表,根据选民的意志选举产生上一级代表。前者是选民意志的直接表达,较之后者来说,民主的程度更高,我国选举法从实际出发,一直规定采用直接选举与间接选举相结合的方法,但是,两种选举的范围曾有过变化。

1953年选举法规定:全国人民代表大会代表,省、县和设区的市人民代表大会代表,由其下一级人民代表大会选举之。乡、镇、市辖区和不设区的市人民代表大会代表,由选民直接选举。也就是说,各基层人民代表大会的代表,由直接选举产生,县及县级以上的各级人民代表大会的代表,均由间接选举产生。这是因为,在新中国成立初期,我国经济相当落后,交通极为不便,群众觉悟与文化水平尚低,加上还缺乏全国普选的经验,不宜把直接选举的范围扩至县一级。经过几十年的社会主义革命和建设,我国的经济、政治、文化和交通条件都发生了巨大的变化,人民的民主意识和组织水平也有了相当程度的提高,并且有了从1953年以来多次全国普选的经验,这些为扩大直接选举的范围创造了良好的条件。有鉴于此,1979年,我国新选举法扩大了直接选举的范围,规定县(自治县)人民代表大会代表也由直接选举产生。这对于充分发扬社会主义民主,健全社会主义法制,进一步加强我国地方政权建设,具有特别重要的意义。

第一，广大选民直接选举县一级人大代表，比起以往只是直接选举乡、镇人大代表，明显扩大了直接参与政治生活的权利。这将有利于增强人民当家作主的意识和责任感，激发人民群众的政治热情，同时也有利于扩大人民群众政治参与的范围，进一步提高人民群众的政治素质和政治才能。

第二，以往县人大代表由乡、镇人民代表大会选举产生，他们对乡、镇人民代表大会负责，受乡、镇人民代表大会监督，现在，他们由选民直接选举产生，则应该直接对选民负责，直接受选民监督。这样，便于加强县人民代表大会及其代表与群众的直接联系，有利于加强县级政权的建设。

第三，县级政权在我国整个国家政权的组织系统中是一个承上启下的重要环节，加强县级政权的建设，就能推动乡、镇一级的政权建设；同时，各个县的直接选举搞好了，能为省级和全国人民代表大会代表的选举奠定坚实的基础，有助于省和全国一级政权的建设。我国现行的直接选举与间接选举相结合的选举制度，是符合我国国情的，得到了广大人民群众的拥护。

间接选举原则指人民代表大会的代表，不经过选民的直接投票选举，而由下一级人民代表大会的代表投票选举产生的原则。间接选举是选民意志的间接表达。我国选举法规定，全国人民代表大会代表，省、自治区、直辖市、设区的市、自治州的人民代表大会的代表，由下一级人民代表大会选举产生，即间接选举出来。现阶段我国还不具备直接选举全国人民代表大会代表的各方面条件，就全国大多数地区而言，直接选举省级人民代表大会代表的条件也不具备。因此，我国还需要一个比较长的时期，只有各个方面的条件成熟以后，才能把直接选举扩大到省级，乃至最后扩大到全国一级。

三、秘密投票原则和差额选举原则

选举采取无记名投票进行就是秘密投票原则。我国选举法第 40 条规定："全国和地方各级人民代表大会代表的选举，一律采用无记名投票的方法。"差额选举原则是指候选人名额应该多于应选人名额的选举，差额选举是和等额选举相对而言的。

（一）秘密投票原则

秘密投票原则即无记名投票，是指选举人采取不公开的方式，在选票上只注明自己选中的人，而不签署自己的姓名，并亲自将选票投入密封的票箱。任何人不得在任何时候追查选举人的选举行为。无记名投票能使选民在填写选票时不受外界的干扰和影响，从而可以消除顾虑，真正按照自己的意愿挑选自己满意的人当代表。同无记名投票相对的是记名投票或者以起立、欢呼、举手等公开方式代替投票，这些公开表明自己意愿的方法有较大的局限性，只能在少数特定的情况下采用。

1953年选举法规定，乡、镇、市辖区和不设区的市人民代表大会代表和乡镇出席县人民代表大会代表的选举，采用以举手代替投票的方法，也可以采用无记名投票的方法；县以上各级人民代表大会的选举采用无记名投票方法。当时对基层选举作出这样灵活的规定，主要是考虑到群众中有大批文盲，如果一律采用无记名投票，只会给选举带来困难。后来，随着扫盲运动的展开和中小学教育的普及，人民群众的文化水平普遍提高，从1958年至1961年的几次基层选举中，大多数地区已采用无记名投票的方法。时至1979年，我国已基本具备一律采用无记名投票进行选举的条件。因此，新选举法明确规定："全国和地方各级人民代表大会代表的选举，一律采用无记名投票的方法。"这一规定使我国社会主义选举制度在民主程度上又前进了一大步。但是，鉴于我国一些农村，尤其是边远地区，至今仍有不少文盲，因此选举法同时规定："选民如果是文盲或者因残疾不能写选票的，可以委托他信任的人代写。"

无记名投票虽然是一种投票方式，但它却直接关系到人民群众自由表达自己的意愿这一重大问题，因而，它也成为我国社会主义选举制度的重要原则之一。

（二）差额选举原则

差额选举是指候选人名额多于应选人名额的选举。差额选举是和等额选举相对而言的。等额选举是指候选人名额与应选人名额相等的选举。因此,差额选举还称为不等额选举。我国选举法第31条明确规定:全国和地方各级人民代表大会代表实行差额选举,代表候选人的人数应多于应选代表的名额。同时,还规定了具体的差额比例。我国地方组织法第22条也明确规定,人民代表大会常务委员会主任、秘书长,乡、民族乡、镇的人民代表大会主席,人民政府正职领导人员,人民法院院长,人民检察院检察长的候选人数应进行差额选举。同时,也对提名候选人的人数作了明确的规定。这些规定都是差额选举原则在有关选举问题的法律中的具体体现。差额选举原则是我国社会主义选举制度中的一项重要原则,它较之等额选举原则有着极大的优越性。这是党的十一届三中全会后,我国社会主义选举制度的一个重大发展。坚持差额选举原则具有极为重要的现实意义。

第一,有利于发扬社会主义民主。民主选举的"选"字,包含着选择、挑选的意思,选举伴随着择优,是符合选举制度规律的。实行差额选举,候选人数多于应选人数为选民和代表创造了选择的空间,选民和代表可以对候选人进行比较,按照自己的意愿选举自己认为合适的人成为代表或者各级领导人,这就增强了选民和代表的主人翁责任感,有利于真正发扬民主。

第二,对代表候选人和各级领导候选人提出了新的更高的要求。实行差额选举,对代表候选人和各级领导候选人提出了新的要求,差额选举的过程对他们也是激励和鞭策的过程,有利于他们更好地发扬长处,克服不足,同时有利于现任代表和各级领导认真履行职责,接受群众监督,树立全心全意为人民服务的思想。

第三,有利于引入竞争机制,改进干部管理体制。实行差额选举,引入竞争机制,拓宽了提出候选人的渠道,可以扩大对代表和领导人的选择面,使优秀人才不被埋没,使所有人尽显才华。另外,实行差额选举,有利于改进干部管理体制,使干部管理部门对干部的考查更加认真负责,选拔干部更注重民意,有利于党的执政能力建设和社会主义政治文明建设。

第四节 社会主义民主选举制度的运作程序

社会主义民主选举制度的运作程序包括直接选举的程序和间接选举的程序。直接选举的程序包括成立选举委员会,划分选区与选民登记,提出、确定与介绍候选人,投票与宣布选举结果等。间接选举的程序相对直接选举的程序来说较为简单,它不存在划分选区、选民登记等问题。加之间接选举中选举人较少,工作量相对较轻,不必建立专门的选举机构,由县级以上的各级人民代表大会常委会主持本级人民代表大会代表的选举即可。

一、直接选举的程序

直接选举的程序包括成立选举委员会,划分选区与选民登记,提出、确定与介绍候选人,投票与宣布选举结果等。

(一)成立选举委员会

1953年选举法规定,从中央到基层各级都设立选举委员会,作为办理全国和地方各级选举事宜的机关。按照现行选举法的规定,从中央到基层分两种情况,即全国人民代表大会代表的选举由全国人民代表大会常务委员会主持,省、自治区、直辖市以及设区的市和自治州的人民代表大会代表的选举由本级人民代表大会常务委员会主持。不设区的市、市辖区、县、自治县、乡、回族乡、镇,设立选举委员会,主持本级人民代表大会代表的选举。简言之,直接选举由本级选举委员会主持,间接选举由本级人民代表大会常委会主持。

选举委员会就其性质而言,是主持和办理选举工作的临时性机构。选举工作一旦完成即行撤销。选举委员会主要有下列职权:(1)划分选举本级人民代表大会代表的选区,分配各选区应选代表的名额。(2)进行选民登记,审查选民资格,公布选民名单;受理对于名单不同意见的申诉,并作出决定。(3)确定选举日期。(4)了解核实并组织介绍代表候选人的情况;根据较多数选民的意见,确定和公布正式代表候选人名单。(5)主持投票选举。(6)确定选举结果是否有效,公布当选代表名单。

选举委员会可以设立办事机构,办理选举中的具体事务。在实践中,选举委员会一般都设立办公室,由有关部门派人参加,办公室通常包括秘书组、联络组、宣传组、组织组、选民登记及选举事务组等,分头负责有关选举的具体工作。

(二) 划分选区与选民登记

选举委员会成立后,即应拟订选举工作计划,规定选举日,并着手划分选区。所谓选区,是指选民进行直接选举、产生代表的基本单位,就是代表联系选民、开展经常性工作的基本单位。1953年选举法规定:"按居民居住情况划分选区。"当时的中央选举委员会还具体规定:"划分选区时,须照顾路程的远近。每一选区的大小,一般以直径不超过二十华里为原则,特殊情况者例外。"这一规定适合于新中国成立初期的实际情况。经过二十多年的发展,我国城镇就业人员大为增多,大多数选民都属于一定的工作或学习单位,其中不少人的居住地点与工作(学习)地点并不一致。他们对本单位的人事比较熟悉,而对居住地区的情况知之甚少。因而,1979年通过的选举法改为"选区应按生产单位、事业单位、工作单位和居住状况划分"。随着改革开放的深入,1986年年底进一步改为"选民可以按居住状况划分,也可以按生产单位、事业单位、工作单位划分"。

选区划定后,一般由选举委员会主持培训各选区的选举工作人员,并向选民宣传选举法。然后,按选区进行选民登记,选民登记是一项非常严肃的工作,它是对每一个选民予以法律上的认可,关系到公民能否享有选举权和被选举权的重大问题,关系到选民资格的合法确立,任何公民自称选民是无效的,必须依法进行登记,经过审查,被编入选民名单,加以公布,并且在领到选民证之后,才能成为选民。

对于公布的选民名单有不同意见者,可以向选举委员会提出申诉。选举委员会对申诉意见必须慎重研究,并应该按照选举法的规定,在3日内作出处理决定。申诉人如果对处理决定不服,可以在选举日的5日以前向人民法院起诉,人民法院应在选举日以前作出判决,人民法院的判决为最后决定。

(三) 提出、确定与介绍候选人

提出与确定候选人,是整个选举工作中极为重要的环节,是进行投票选举的基础,在这个环节上必须特别注意发扬民主,严格依法办事。按照现行选举法规定,县级以下人民代表大会代表候选人按选区提名产生。提名的途径有三种:(1)由各政党、各人民团体单独推荐代表候选人;(2)由以上各方面联合推荐候选人;(3)选民或者代表10人以上联名,也可以推荐代表候选人。各政党、各人民团体推荐代表候选人的数额,法律上未作统一规定。在实践中,有的省级人民代表大会常委会制定的选举实施细则规定,由各政党、团体推荐的代表候选人总数,不超过应选代表名额的15%,以保证由选民推荐的候选人占全部候选人名额的大多数。按照法律规定,每个选民或者代表参加联名推荐的代表候选人的人数,均不得超过本选区或者选举单位应选代表的名额。

各选区选民和各政党、各人民团体提名推荐的代表候选人,经选举委员会汇总后,都应列入代表候选人名单,选举委员会不得调换或增减。代表候选人名单须在选举日的20日以前公布。然后,由各选民小组对该名单进行反复酝酿、讨论和协商,选举委员会随时汇总情况。实践中,这一过程往往要反复多次。与此同时,选举委员会还要召开由各方面代表参加的协商会议,广泛听取选民的意见。最后,由选举委员会根据较多数选民的意见,确定正式候选人名单。正式代表候选人的名额应多于应选代表的名额,即实行差额选举。

在酝酿、协商、确定正式候选人的过程中,如果所提候选人名额过多,按照1979年选举法原来的规定,可以进行预选来确定正式代表候选人。2020年10月17日第十三届全国人民代表大会常务委员会第二十二次会议对选举法做了修改并规定,对正式代表候选人不能形成较为一致意见的,进行预选,根据预选时得票多少的顺序,确定正式代表候选人名单。但预选不是选举的必经阶段。此外，为了使选民了解、熟悉候选人情况，克服盲目投票的现象，必须认真做好对候选人情况的介绍工作。

（四）投票与宣布选举结果

投票是一件非常庄严的事情，它将最后决定谁当选为人大代表，由谁来代表人民组成行使国家权力的机关。从整个选举工作来说，投票是决定性的一个环节。从选民来说，投票是行使选举权的直接表现。

现行选举法规定：在选民直接选举人民代表大会的代表时，各选区应设立投票站或者召开选举大会进行。投票站或者选举大会由选举委员会主持。实践中，有一个选区设一个投票站或召开一次选举大会的，也有一个选区设几个投票站或召开几次选举大会的。由于选区多，又是同日投票，不可能做到所有投票站或选举大会都由选举委员会成员亲自到场主持，因此，一般由选举委员会派专人主持投票站或选举大会。投票之前，主持人应统计并宣布到站或到会的选民人数，讲明注意事项，当众检查票箱，并组织选民推选监票人员。现行选举法规定，在选民直接选举人民代表大会代表时，选区全体选民的过半数参加投票，选举有效。据此，如果参加投票的选民未达到这一法定人数，须改期进行选举。

各级人民代表大会代表的选举，一律采用无记名投票的方法，选举人对代表候选人，可以投赞成票，也可以投反对票，可以另选其他任何选民，也可以弃权。写好选票后，选举人应亲自将选票投入票箱。选民如果在选举期间外出，经选举委员会同意，可以书面委托其他选民代为投票。每一选民接受的委托不得超过3人。

投票结束后，由选举委员会根据选举法的规定，确认选举结果是否有效，并予以宣布。实践中，有些地方还发给当选者代表证。至此，人大代表正式产生，直接选举工作完成。主持选举工作的选举委员会需要对整个选举工作进行总结，并做好有关文书材料的立卷归档工作。然后，选举委员会即告撤销。

二、间接选举的程序

间接选举的程序,相对直接选举来说,较为简单一些。因为它不存在划分选区、选民登记等问题。正由于此,再加上间接选举中选举人较少,工作量相对轻些,就不必建立专门的选举机构,由县级以上的各级人民代表大会常委会主持本级人民代表大会代表的选举即可。

按照选举法规定,县级以上的地方各级人民代表大会在选举上一级人民代表大会代表(即间接选举)时,代表候选人按选举单位提名产生。所谓选举单位,指在间接选举中选举产生上一级代表机关的单位,它本身也是一级代表机关。间接选举的代表候选人由各政党、各人民团体单独或联合推荐,代表10人以上联名也可以推荐。代表候选人不限于本级人大的代表。候选人名单提出后,由选举单位的大会主席团汇总,并提交全体代表反复酝酿、讨论和协商,根据较多数代表意见,确定正式的代表候选人名单。间接选举中,正式的代表候选人名额,应多于应选代表名额1/5至1/2。

在实践中,间接选举中代表候选人确定后,一般也是由选举单位的大会主席团予以公布,以便代表熟悉候选人的情况。按照选举法规定,间接选举中,各政党、各人民团体、代表推荐候选人时,应向大会主席团介绍候选人的情况,而大会主席团应当向代表介绍候选人的情况。推荐代表候选人的政党、人民团体和代表可以在代表小组会上介绍所推荐的代表候选人的情况。但是,在选举日必须停止对代表候选人的介绍。

县级以上的地方各级人民代表大会在投票选举上一级人民代表大会代表时,由各该级人民代表大会主席团主持。投票之前,主持人应统计并宣布到会的代表人数,并组织代表推选出监票、计票人员。出席会议的代表人数超过各该级人民代表大会全体代表的半数,方能进行选举。代表候选人获得全体代表过半数的选票,始得当选。如获得过半数的候选人名额超过应选代表名额时,以得票多的当选。选举法关于间接选举中"重新投票""另行选举"的规定与前述直接选举的内容基本相同。2010年3月,十一届全国人大三次会议修改选举法相关规定,获得半数选票的当选代表的人数少于应选代表的名额时,不足的名额另行选举。

计票结束后,由人民代表大会主席团根据选举法的规定,确认本次选举结果是否有效,并予以宣布。至此,间接选举的工作完成。

根据现行选举法规定,由间接选举产生的各级人民代表大会代表,可以向选举他的人民代表大会的常委会提出辞职。县级以上的地方各级人民代表大会闭会期间,可以向本级人民代表大会常委会提出辞职。县级以上的地方各级人民代表大会闭会期间,可以由本级人民代表大会常委会补选上一级人民代表大会代表。

三、解放军选举人大代表的选举办法与程序

选举法规定,人民解放军单独选举,选举办法另定。2021年4月29日第十三届全国人民代表大会常务委员会第二十八次会议通过了关于修改《中国人民解放军选举全国人民代表大会和县级以上地方各级人民代表大会代表的办法》(以下简称《解放军选举办法》)的决定。根据这一决定,对《解放军选举办法》作了如下修改:

(一)参加军队选举的范围

人民解放军军人、文职人员,军队管理的离休、退休人员和其他人员,参加军队选举。驻地方工厂、铁路、水运、科研等单位的军代表,在地方院校学习的军队人员,可以参加地方选举;随军亲属参加地方选举有困难的,经选举委员会确认,或军人委员会批准,可以参加军队选举。凡年满18周岁,不分民族、种族、性别、职业、社会出身、宗教信仰、教育程度、财产状况、居住期限,都具有选民资格,享有选举权和被选举权。依照法律被剥夺政治权利的人没有选举权和被选举权。精神病患者不能行使选举权利的,经选举委员会确认,不参加选举。

(二) 选举委员会

人民解放军选举委员会由十一人至十九人组成,设主任一人,副主任一至三人,委员若干人。其他各级选举委员会由七至十七人组成,设主任一人,副主任一至二人,委员若干人。人民解放军选举委员会的人选,由全国人民代表大会常委会批准;其他各级选举委员会的人选,由上一级选举委员会批准。下级选举委员会受上级选举委员会的领导。选举委员会任期五年,行使职权至新的选举委员会产生为止。选举委员会的组成人员调离本单位或者免职、退役的,其在选举委员会中担任的职务自行终止;因职务调整或者其他原因不宜继续在选举委员会中担任职务的,应当免除其在选举委员会中担任的职务。选举委员会的组成人员出缺时,应当及时增补。

(三) 代表名额的决定和分配

人民解放军应选全国人大代表的名额,由全国人大常委会决定。中央军委会机关部门和战区、军兵种、军科院、国防大学、国防科技大学等单位应选全国人大代表的名额,由人民解放军选举委员会分配。中央军委会直属机构参加其代管部门的选举。各地驻军应选县级以上地方各级人大代表的名额,由驻地各该级人大常委会决定。

(四) 代表候选人的提出

人民解放军选举全国和县级以上各级人大代表,候选人按选区或选举单位提名产生。中国共产党在军队中的各级组织可以推荐代表候选人。选民或军人代表大会十人以上联名,也可以推荐代表候选人。推荐者应向选举委员会和军人委员会介绍候选人的情况,如情况不实,选举委员会和军委会应当向选民或者军人代表大会通报。

(五) 选举的程序

人民解放军选举全国和地方各级人民代表大会的代表,一律采用无记名投票的方法。选举时应当设有秘密写票处。选民因残疾等原因不能写选票的,可委托他信任的人代写。选举人可以对代表候选人投赞成票或反对票,也可以另选其他符合参加选举范围的选民,也可弃权。选民如在选举期间外出,经军人委员会或者选举委员会同意,可以书面委托他信任的人代为投票。

投票结束后,由大会推举的监票、计票人员和选举委员会的人员将投票人数和票数加以核对,作出记录,并由监票人签字。计票结束后,由选举委员会或军人委员会根据解放军选举办法,确认选举结果是否有效,并予以宣布。至此,选举工作终结,指导选举工作的选举委员会即行撤销。

我国社会主义选举制度是真正的民主制度,是从中国国情出发,着眼于实际民主,充分体现社会主义优越性,保障人民当家作主的一项法律制度。这一制度之所以具有优越性,就在于它始终坚持和不断完善其各项基本原则。我国社会主义民主选举制度始终坚持和不断完善普遍原则与平等原则、直接选举原则与间接选举原则、秘密投票原则与差额选举原则。这几项基本原则不仅是我国社会主义民主选举制度的根本,也是我国社会主义民主政治制度的必然要求。

总之,我国的选举制度是在马克思主义理论指导下,根据我国国情建立的具有中国特色的社会主义选举制度。随着我国经济、政治、文化、社会、生态等方面的不断发展,我国的社会主义民主选举制度将会更加成熟与完善。当然,我们在坚持和完善选举民主的同时,也要积极发展社会主义协商民主,推进社会主义协商民主广泛、多层、制度化发展。

思考题

1. 如何理解我国社会主义选举制度的性质与作用?
2. 我国社会主义选举制度的基本原则是什么?
3. 实行城乡按相同人口比例选举人大代表有什么意义?

第四章
中国共产党领导的多党合作和政治协商制度

所谓政党制度,是指由国家法律规定或在实际政治生活中形成的,关于政党的社会政治地位、作用、执掌政权或参与政治的方式、方法和程序等方面的制度性规定。现代政党起源于英国资产阶级革命时期,并随着资本主义政治的不断发展而形成较成熟的资本主义性质的政党议会制度。资本主义政党议会制度是资本主义国家内政党通过议会参与国家政权的管理、进行政治活动的制度性规定,其类型有两党制或多党制和一党制。现代无产阶级政党的出现要晚于资产阶级政党。当无产阶级在一些国家掌握政权后,也逐渐形成了社会主义性质的政党制度。社会主义政党制度是社会主义国家民主政治制度的重要组成部分;是无产阶级政党掌握国家政权,团结和领导人民进行社会主义革命和建设,保卫社会主义建设成果的政治制度。中国是社会主义国家,实行中国共产党领导的多党合作和政治协商制度,这种政党制度既不同于西方式的两党制或多党制,也有别于苏联的一党制,是中国特色的社会主义政党制度。

第一节 中国共产党领导的多党合作和政治协商制度的形成与发展

中国共产党是中国工人阶级的先锋队,同时是中国人民和中华民族的先锋队,是当代中国的执政党。其他八个合法政党(中国国民党革命委员会、中国民主同盟、中国民主建国会、中国民主促进会、中国农工民主党、中国致公党、九三学社和台湾民主自治同盟),一般统称为民主党派,它们是当代中国的参政党。我国社会主义的政党制度是在长期的新民主主义革命、社会主义革命和建设实践中逐步形成和发展起来的。

一、中国共产党领导的多党合作和政治协商制度的形成

一个国家实行什么样的政党制度,是该国的政治经济状况、民族文化传统和特定的社会历史条件等共同作用的结果。我国确立和实行中国共产党领导的多党合作和政治协商制度,是由中国的特殊国情决定的,是历史的必然选择。

辛亥革命后,中华民国临时政府颁布《临时约法》,全盘照搬西方的议会政治,允许人们结社组党。一时间,各类政治团体蜂拥而起,政党就达300多个。围绕国会选举,各党派展开了激烈的竞争,国民党最终获胜,这为中外反动势力所不容。随着袁世凯刺杀宋教仁,解散国民党,取消国会,恢复帝制,民族资产阶级及其政党热切向往的议会制和多党制彻底破产。国民党蒋介石集团建立的代表大地主大资产阶级利益的政权,实行一党专政,遭到全国人民的反对。中国共产党领导的多党合作和政治协商制度,是中国共产党在领导中国人民进行新民主主义革命,打倒国民党蒋介石集团,筹建新中国的斗争实践中逐步形成的。中国的民主党派,绝大多数出现于抗日战争的中后期。它们有反帝反封建的革命要求,在一个时期里,曾幻想在国共两党之间走"中间道路",希望建立英美式的资产阶级的政权,发展民族资本主义经济。民族资产阶级的经济力量弱小,长期生存在帝国主义和封建主义的夹缝之中,从未在中国的社会经济生活中占据主导地位。因此,民族资产阶级的社会地位决定了代表他们利益的民主党派不可能形成强大的政治力量,要进行反帝反封建、反对国民党独裁卖国政权的斗争,他们就不能不寻求工农群众的支持,与中国共产党合作。

中国共产党作为中国最广大人民根本利益的代表，高举反帝、反封建的旗帜，为了人民的解放与国家的独立而奋斗，在新民主主义革命时期，与民主党派有着团结合作的政治基础。中国革命的胜利也要求中国共产党建立革命统一战线，团结一切可以团结的力量，反对强大的国内外敌人。因此，自各民主党派成立之日起，中国共产党便主动与他们建立了程度不同的合作关系。由于中国共产党采取了正确的革命统一战线政策，使得以民盟为代表的民主党派在与国民党反动派斗争的过程中站到了革命阵营中，与中国共产党的合作和政治协商关系进一步发展。这种合作与协商的关系在抗日战争胜利后，中国人民为争取和平、民主的斗争中得到了充分的体现。

抗日战争胜利后，中国面临着建立一个什么样的国家的重大选择，全国各族人民和各界群众强烈要求结束国民党蒋介石的一党独裁统治，成立民主的联合政府，建设民主国家。1945年10月10日，国共两党通过会谈正式签署了《双十协定》，其中重要内容之一就是召开有各党派和社会贤达参加、讨论和平建国方案的政治协商会议。1946年1月10日，分别来自国民党、中国共产党、民主同盟、青年党和无党派人士等政治派别的38名代表出席了国民政府召开的政治协商会议。这是国民党统治时期召开的唯一的一次政协会议，史称"旧政协"。在"旧政协"召开期间，中国共产党与民盟等民主党派经常商讨有关议题、协调立场。经过中国共产党和民盟等民主党派的共同努力，会议通过了政府组织案、国民大会案、和平建国纲领、军事问题案、宪法草案案五项协议。这些协议的内容较多地吸收了国共两党以外的中间人士的意见，在相当程度上有利于冲破国民党的独裁统治，有利于人民，有利于和平建国，有利于实行民主。因此，协议受到了全国各界人士的普遍欢迎。

国民党统治当局表面上表示接受协议，暗中却不甘心权力被人民获取，积极准备内战，于1946年6月悍然撕毁政协五项决议和停战协定，发动了自绝于人民的全面内战。以民盟为代表的民主党派坚决反对国民党独裁、卖国和内战政策，坚决主张民主与和平，要求停止内战，故遭到国民党政权的迫害和镇压。1947年11月民盟被迫解散后，他们就更加坚定地与中国共产党团结在一起。

1948年3月,以民盟为代表的民主党派发表倒蒋反美宣言,公开宣布同中国共产党一起为推翻国民党的反动统治、建立新中国而奋斗。1948年5月,中国共产党发出召开新政治协商会议、成立民主联合政府的号召。各民主党派领袖纷纷接受中共中央的邀请,前往华北和东北解放区,参加新政协的筹备工作,并公认中国共产党为新政协的领导,基本上形成了全国范围内的大团结和大联合的政治局面。1949年9月,在中国人民政治协商会议第一届全体会议上,各民主党派和中国共产党合作协商,通过了《中国人民政治协商会议组织法》《中国人民政治协商会议共同纲领》《中华人民共和国中央人民政府组织法》三个重要的历史性文件。这次会议的召开,标志着中国共产党领导的多党合作和政治协商制度正式确立。

二、中国共产党领导的多党合作和政治协商制度的初步发展

随着我国社会主义革命和社会主义建设事业的不断发展,中国共产党领导的多党合作和政治协商制度也在不断发展和完善。其间虽然有过曲折,但中国共产党无论在理论上还是在实践中,都对社会主义革命和建设时期的政党制度进行了积极的探索。

新中国成立初期,各民主党派参加中央和地方各级政府的工作,与中国共产党共同协商决定和管理国家事务。中国人民政治协商会议在全国人民代表大会召开之前代行了全国人民代表大会的职权,在国内各项民主改革运动,抗美援朝,维护世界和平,反对帝国主义侵略的斗争,以及对农业、个体手工业和资本主义工商业进行社会主义改造的过程中,人民政协集聚了各界群众的智慧和力量,各民主党派都积极配合中国共产党做好与其相联系的群众的工作,对恢复和发展国民经济,促进全国人民的大团结,巩固新生的人民民主专政,推动我国从新民主主义向社会主义的转变,发挥了极其重要的作用。在社会主义改造基本完成后,我国的民主党派并没有失去其存在的条件。他们的社会阶级基础发生了根本变化,民族资产阶级和上层小资产阶级的成员将变成社会主义的劳动者的一部分,各民主党派也将变成这部分劳动者的政党。建

设和发展社会主义事业已成为各民主党派的共同愿望和要求。

　　1954年9月,第一届全国人民代表大会第一次会议在北京召开。中国人民政治协商会议代行全国人大职权的功能终止了,这并不意味着政治协商会议的终止。按照《中国人民政治协商会议共同纲领》第13条规定,在普选的全国人民代表大会召开以后,中国人民政治协商会议可就有关国家建设事业的根本大计及其他重要措施,向全国人民代表大会或中央人民政府提出建议案。1954年12月召开的全国政协二届一次会议制定了《中国人民政治协商会议章程》,其中明确指出,中国人民政治协商会议作为团结全国各族人民、各民主阶级、各民主党派、各人民团体、海外华侨和其他爱国民主人士的人民民主统一战线的组织,仍然需要长期存在。这些为中国共产党领导的多党合作和政治协商制度的发展与完善奠定了基础。1956年4月,毛泽东在总结中国革命成功经验和吸取苏联东欧社会主义国家政党制度教训的基础上,提出了处理共产党和民主党派关系的方针。他说:"究竟是一个党好,还是几个党好?现在看来,恐怕是几个党好。不但过去如此,而且将来也可以如此,就是长期共存,互相监督。"①1957年2月,毛泽东又指出:"凡属一切确实致力于团结人民从事社会主义事业的,得到人民信任的党派,我们没有理由不对它们采取长期共存的方针。"②刘少奇在党的八大的政治报告中郑重宣布,在今后,我们认为,应当采取共产党和各民主党派长期共存、互相监督的方针。这是中国特色社会主义政党制度建设所取得的重大理论成果,为以后坚持和完善中国共产党领导的多党合作和政治协商制度奠定了重要的理论基础和实践基础。

　　虽然从1957年"反右运动"起,中国共产党领导的多党合作和政治协商制度就受到"左"的错误的影响,但仍然发挥重要的政治作用。然而,在"文化大革命"期间,中国共产党领导的多党合作和政治协商制度的建设与党和政府的其他工作一样,遭到前所未有的挫折,全国政协机关被迫从1966年8月30日停止办公,全国政协各级机关的工作也都陷入停顿之中,多党合作和政治协商

---

① 《毛泽东文集》第7卷,人民出版社1999年版,第34页。
② 同上书,第235页。

制度遭到严重破坏。直到1971年林彪反革命集团的夺权阴谋破产后,人民政协的工作才部分得以恢复。

三、中国共产党领导的多党合作和政治协商制度的不断完善

经过20世纪六七十年代多党合作和政治协商制度的曲折发展历程,特别是党的十一届三中全会后,中国共产党对多党合作和政治协商制度有了更深刻的认识,在实践中丰富和深化了中国共产党领导的多党合作和政治协商制度。

以邓小平同志为主要代表的中国共产党人,恢复和发展了多党合作和政治协商制度。首先,对民主党派的性质和作用作了科学的分析,指出各民主党派都已成为各自所联系的一部分社会主义劳动者和一部分拥护社会主义的爱国者的政治联盟,都是在中国共产党领导下为社会主义服务的政治力量。他们在社会主义初级阶段仍具有重要地位,对巩固安定团结的政治局面,对促进社会主义现代化建设、实现现代化建设"三步走"战略目标,对发扬社会主义现代化建设、加强社会主义法制建设和促进台湾与祖国大陆实现统一等方面,仍将发挥不容忽视的作用。因此,党的十二大在总结历史经验的基础上,将"长期共存、互相监督"八字方针发展为"长期共存、互相监督、肝胆相照、荣辱与共"的十六字方针。其次,加强了中国人民政治协商会议的制度化、规范化建设。1982年年底,五届全国人大五次会议通过了新的《中华人民共和国宪法》,首次确定了人民政协的性质、地位和作用;同时召开的全国政协五届五次会议通过了人民政协的第三部章程,规定了新时期人民政协的组织原则和任务。这两部重要的法律文件为健全中国共产党领导的多党合作和政治协商制度,开创政协工作的新局面,防止"左"和右的错误的干扰,发挥了重要的指导作用。再次,1987年召开的中共十三大把中国共产党领导的多党合作和政治协商制度与人民代表大会制度并列为中国特色的社会主义政治制度,使中国共产党领导的多党合作和政治协商进入了制度化建设的新阶段。

以江泽民同志为代表的中国共产党人,高度重视多党合作和政治协商制度的建设。在广泛征求民主党派和无党派爱国人士等各方面意见的基础上,1989年12月,中共中央发布了《关于坚持和完善中国共产党领导的多党合作和政治协商制度的意见》。该意见全面系统地阐述了中国共产党领导的多党合作和政治协商理论,充分论证了中国共产党领导的多党合作和政治协商制度的重要性,第一次从理论上明确了中国共产党领导的多党合作和政治协商制度是我国一项基本的政治制度及各民主党派是参政党的政治地位。其中特别指出:"人民政协是我国爱国统一战线组织,也是共产党领导的多党合作和政治协商的一种重要组织形式。人民政协应当成为各党派、各人民团体、各界代表人物团结合作、参政议政的重要场所。"1992年,中共十四大将完善中国共产党领导的多党合作和政治协商制度,列为建设有中国特色社会主义理论的重要内容;1993年,八届全国人大一次会议把"中国共产党领导的多党合作和政治协商制度将长期存在和发展"写入宪法的序言中,从国家根本法律的角度确定了中国共产党领导的多党合作和政治协商制度是我国一项基本政治制度。1994年,政协第八届全国委员会在集中各界意见的情况下,修改了政协章程,扩充了政协的职能,在"政治协商和民主监督"的基础上,增加了"参政议政",使政治协商和民主监督落到实处,极大地提高和发挥了人民政协在社会主义民主政治建设中的地位和作用。1997年,中共十五大把中国共产党领导的多党合作和政治协商制度纳入了党在社会主义初级阶段的基本纲领。2000年,全国政协九届三次会议通过了《中国人民政治协商会议章程修正案》,确定了人民政协在新世纪的工作方针和任务。2002年,党的十六大报告提出要发展社会主义政治文明,把坚持和完善中国共产党领导的多党合作和政治协商制度作为社会主义政治文明建设的重要内容。

以胡锦涛同志为代表的中国共产党人高度重视发挥参政党在国家政治生活和经济社会发展中的作用。在2003年2月召开的民主协商会上,胡锦涛强调,中国共产党将进一步加强与各民主党派的合作共事,进一步巩固和发展最广泛的爱国统一战线。2005年2月,中共中央颁发了《关于进一步加强中国共产党领导的多党合作和政治协商制度建设的意见》,提出加强和改善中国共产党领导与发扬社会主义民主两条主线,促进了中国共产党领导的多党合作和政治协商的制度化、规范化和程序化。2006年2月,中共中央颁发了《关于加强人民政协工作的意见》,第一次明确提出了人民政协与构建社会主义和谐社会的内在本质联系,对坚持和完善中国共产党领导的多党合作和政治协商制度具有积极的推动作用。2007年10月,党的十七大进一步强调,通过中国共产党领导的多党合作和政治协商,扩大有序政治参与。

2012年10月,党的十八大以来以习近平同志为核心的党中央创造性地发展了中国共产党领导的多党合作和政治协商制度,提出了社会主义协商民主、加强政党协商和新型政党制度等思想。2018年3月4日,习近平在看望参加全国政协十三届一次会议的委员时指出,中国共产党领导的多党合作和政治协商制度作为我国一项基本政治制度,是中国共产党、中国人民和各民主党派、无党派人士的伟大政治创造,是从中国土壤中生长出来的新型政党制度。说它是新型政党制度,新就新在它是马克思主义政党理论同中国实际相结合的产物,能够真实、广泛、持久代表和实现最广大人民根本利益、全国各族各界根本利益,有效避免了旧式政党制度代表少数人、少数利益集团的弊端;新就新在它把各个政党和无党派人士紧密团结起来、为着共同目标而奋斗,有效避免了一党缺乏监督或者多党轮流坐庄、恶性竞争的弊端;新就新在它通过制度化、程序化、规范化的安排集中各种意见和建议、推动决策科学化民主化,有效避免了旧式政党制度囿于党派利益、阶级利益、区域和集团利益决策施政导致社会撕裂的弊端。它不仅符合当代中国实际,而且符合中华民族一贯倡导的天下为公、兼容并蓄、求同存异等优秀传统文化,是对人类政治文明的重大贡献。

2019年10月,党的十九届四中全会决定指出,要坚持和完善中国共产党领导的多党合作和政治协商制度。贯彻"长期共存、互相监督、肝胆相照、荣辱与共"的方针,加强中国特色社会主义政党制度建设,展现我国新型政党制度优势。这些重要思想和举措,对于促进新时代中国特色政党制度功能的发挥,具有重要的理论意义和现实意义。2022年6月13日,中共中央发布《中国共产党政治协商工作条例》。该条例坚持以习近平新时代中国特色社会主义思想为指导,坚持和加强党对政治协商工作的领导,提高政治协商工作科学化制度化规范化水平,是做好政治协商工作的基本遵循。对于坚持和完善中国共产党领导的多党合作和政治协商制度,巩固和发展爱国统一战线,具有重要意义。

第二节 中国共产党领导的多党合作和政治协商制度是我国一项基本政治制度

所谓基本政治制度,是指在国家政治制度中具有全局性战略地位,在社会各领域发挥不可替代的重要作用的政治制度。1989年12月30日,中共中央在《关于坚持和完善中国共产党领导的多党合作和政治协商制度的意见》中,开篇就明确提出:中国共产党领导的多党合作和政治协商制度是中国一项基本政治制度。这是中国共产党首次用"基本政治制度"来表述这一具有中国特色的社会主义政党制度,这也充分说明了中国共产党领导的多党合作和政治协商制度在我国的政治、经济和社会生活各领域具有的重要地位。

一、中国共产党领导的多党合作和政治协商制度是与国体相适应的政党制度

在我国新民主主义革命时期,人民民主专政是以工人阶级为领导(通过中国共产党)、工农联盟为基础的各革命阶级(包括小资产阶级和民族资产阶级)的联合专政,在政党关系上,表现为各民主党派所代表的革命阶级和进步势力与中国共产党建立合作关系并自觉接受中国共产党的领导,共同进行民主主义革命。新中国成立后,我国人民民主专政实质上已是无产阶级专政,人民民主专政(即无产阶级专政)成为我国的国体。中国共产党领导的多党合作和政治协商制度就是与这个国体相适应的政党制度。在向社会主义过渡时

期,由于民族资产阶级有拥护宪法、愿意接受社会主义改造的一面,因此,除工人阶级和农民阶级、小资产阶级的联盟外,还存在着工人阶级和民族资产阶级之间的联盟,这几个阶级都有参加国家政权的权利。在政党关系上,表现为各民主党派主动接受中国共产党的领导,积极参加社会主义革命,经受了政治上的考验。在我国民族资产阶级被改造成为社会主义的劳动者和爱国者的同时,各民主党派也经历了质的转变,成为为社会主义服务的政党。

在进入社会主义初级阶段之后,我国"人民"的范畴包括:工人阶级及知识分子、占人口绝大多数的农民阶级与一切拥护社会主义制度和拥护祖国统一的劳动者和爱国者。各民主党派就是这些劳动者和爱国者中间一部分人的代表。1979年,邓小平在全国政协五届二次会议上代表中共中央分析了各民主党派的政治属性并指出,他们"都已经成为各自所联系的一部分社会主义劳动者和一部分拥护社会主义的爱国者的政治联盟,都是在中国共产党领导下为社会主义服务的政治力量"①,肯定了各民主党派的社会主义性质。江泽民也深刻地指出,我国的民主党派一直具有进步性与广泛性相统一的特点。在现阶段,民主党派的进步性"集中体现在各民主党派同我们党通力合作,共同致力于建设有中国特色社会主义事业";其广泛性在于"各民主党派的成员来自不同的社会阶层和群体,负有更多地反映和代表它们所联系的各部分群众的具体利益与要求的责任"。② 正因为具有进步性和广泛性,各民主党派才有长期存在的理由,中国共产党领导的多党合作和政治协商才有在人民民主专政条件下实行的基础。

因此,在政党关系上,中国共产党先是提出"长期共存、互相监督"的方针,而后又发展为"长期共存、互相监督、肝胆相照、荣辱与共"的方针,生动体现了中国共产党领导的多党合作和政治协商制度中各政党之间的亲密合作关系。

---

① 《邓小平文选》第 2 卷,人民出版社 1994 年版,第 186 页。
② 中共中央文献研究室编:《十五大以来重要文献选编》(中),人民出版社 2001 年版,第 1496 页。

二、中国共产党领导的多党合作和政治协商制度符合民主集中制的要求

民主集中制,就是民主制和集中制的辩证统一和有机结合,是民主基础上的集中和集中指导下的民主相结合的制度,是马克思主义认识论和群众路线在中国共产党的政治生活和组织建设中的运用与发展。

在国家政权问题上,马克思、恩格斯主张建立统一而不可分割的人民共和国,提出过"集中制"和"民主制"的思想;列宁正式提出民主集中制的原则,用于指导无产阶级政党的建设。在中国革命的实践中,民主集中制既是中国共产党的根本组织制度和领导制度,也是国家政权的组织原则和活动原则。

早在1948年9月的中央政治局会议上,毛泽东讲到未来的政权制度时指出:我们采用民主集中制,而不采用资产阶级议会制。议会制,袁世凯、曹锟都搞过,已经臭了。在中国采取民主集中制是很合适的。我国按民主集中制原则建立了单一制的人民民主专政的国家;在政权组织形式上采取了民主集中制原则指导下的人民代表大会制度;在政党关系和体制上采取了民主集中制原则指导下的中国共产党领导的多党合作和政治协商制度,这是一种崭新的更高类型的社会主义政党政治制度。人民代表大会制度和中国共产党领导的多党合作和政治协商制度并存,既实现了人民当家作主,又避免了个人专制或一党独裁的不利影响,既吸收了国家权力集中统一、工作效率高的优势,又避免了多方争权、相互扯皮、办事效率低等弊端;既体现了马克思主义的基本原则,也体现了对中国近现代历史中政党关系的继承。中国共产党是中国革命的领导力量,是新中国的执政党,是国家政权和社会主义事业的领导核心;各民主党派是参政党,在中国共产党的领导下,参政议政,对国家政治、经济、社会等各领域实行政治协商和民主监督。中国共产党领导的多党合作和政治协商制度与人民民主专政的国体和人民代表大会的政体相一致,保证了国家的统一、民族的团结和社会的稳定。

中国共产党领导的多党合作和政治协商制度按民主集中制原则进行活

动。一方面,在中国共产党领导的多党合作制中,各党派在政治上平等相待,在民主的基础上通过中国共产党领导的爱国统一战线组织——中国人民政治协商会议,组成组织上具有广泛代表性、政治上具有包容性的高层次的政治群体,共同协商关系国计民生的大事。同时,各党派相互监督,特别是民主党派对共产党的监督可以进一步加强和改善中国共产党的领导,推动社会主义民主政治建设的发展。另一方面,通过民主、平等的协商,由中国共产党将意见建议集中,通过党的路线、方针,全国人民代表大会的决议,政府的法令、政策、措施等,将正确的意见和建议付诸实施。中国共产党领导的多党合作和政治协商的过程,就是民主与集中的过程,就是从群众中来、到群众中去的过程。每年,全国人民代表大会和中国人民政治协商会议同时举行,政协委员与人大代表共同审议政府工作报告,总结经验,提出提案议案,参与国家政策的制定。

2022年6月13日,中共中央发布的《中国共产党政治协商工作条例》明确提出,坚持民主集中制,严格执行重大事项请示报告制度,重要协商活动报经党委批准,执行落实情况及时向党委报告。民主集中制原则指导下的中国共产党领导的多党合作和政治协商制度实现了又有集中,又有民主,又有纪律,又有自由,又有统一意志,又有个人心情舒畅,生动活泼的政治局面。

三、中国共产党领导的多党合作和政治协商制度的特点和优越性

中国共产党领导的多党合作和政治协商制度是马克思主义政党学说的基本原理与中国革命和建设的实际相结合的产物,是中国共产党深刻总结国内外的历史教训,在长期的实践中,经过反复的比较和选择,同那些和衷共济、生死与共的各民主党派一起,共同创立和发展起来的社会主义政党制度,是中国人民政治经验和智慧的结晶。它既不同于苏联式的一党制,也不同于西方式的两党制或多党制。正如邓小平多次强调的那样,中国共产党领导的多党合作和政治协商制度体现了我国政党制度的特点和优点。

我国政党制度的显著特点是:"共产党领导、多党派合作,共产党执政、多党派参政,各民主党派不是在野党和反对党,而是同共产党亲密合作的友党和

参政党;共产党和各民主党派在国家重大问题上进行民主协商、科学决策、集中力量办大事;共产党与各民主党派互相监督,促进共产党领导的改善和参政党建设的加强。"①

这些特点使我国的政党制度在社会主义政治文明建设和现代化建设中具有极大的优越性,主要表现在:

第一,有利于发展社会主义民主,维护社会的长治久安。

中国共产党在社会主义初级阶段的基本政治纲领是:建设有中国特色社会主义的政治,就是在中国共产党领导下,在人民当家作主的基础上,依法治国,发展社会主义民主政治。建设社会主义民主政治已成为我国社会主义现代化建设的重要任务。社会主义民主的本质是人民享有管理国家事务和社会事务的所有权力。各民主党派作为参政党与共产党团结合作,代表各自所联系的那一部分群众履行政治协商、民主监督、参政议政三大职能,从而充分调动和发挥了全体人民当家作主的主动性和积极性,这是社会主义民主政治建设的基本条件。通过政治协商,中国共产党与民主党派就国家大政方针取得一致意见,避免西方式的多党制或两党制的轮流执政而造成政策多变、牵制太多的弊端,有利于保持国家的政策连贯性和稳定性。通过民主监督,有利于防止某个政党、组织或个人把自己的利益凌驾于人民利益之上,消除产生引发社会动乱的不稳定因素。通过参政议政,使各阶层的群众有参与国家政治生活的合法、顺畅的途径,有利于国家处理好整体与部分、部分与部分的利益关系,有利于更好、更全面地实现社会主义民主,为社会的稳定提供有力的保障。

第二,有利于坚持中国共产党的领导。

中国共产党是执政党,在新的历史条件下,如何进一步提高的党执政能力和领导水平是摆在全党面前的历史性课题之一。这就要求中国共产党必须始终保持与最广大人民群众的血肉联系,始终代表最广大人民的根本利益。通过中国共产党领导的多党合作和政治协商制度,中国共产党"经常就党和国家工作中的重大事项同各民主党派、全国工商联和无党派人士进行协商,充分发

---

① 中共中央文献研究室编:《十五大以来重要文献选编》(中),人民出版社 2001 年版,第 1494—1495 页。

扬民主,有利于推进决策的科学化、民主化,有利于中国共产党加强执政能力建设,更好地团结带领全国各族人民进行社会主义现代化建设"①。

中国共产党还可以了解各民主党派所联系的那部分群众的特殊利益和要求,帮助他们解决困难,密切与他们的关系,同时,对他们进行宣传和教育工作,让他们知晓共产党的路线、方针和政策,提高他们的政治觉悟,使共产党具有雄厚的群众基础,真正代表最广大人民的根本利益,实行民主决策,科学决策,以真正实现党对全社会的领导,使党的路线、方针、政策能化作广大人民群众的自觉行动。

第三,有利于调动各方面的积极因素,推进社会主义现代化建设和祖国的和平统一。

中华民族的伟大复兴离不开全体中国人民的团结奋斗,离不开中国的完全统一。各民主党派在国内所联系的那部分群众,绝大多数是具有较高文化科学知识和丰富实践经验的知识分子。他们是拥护社会主义的劳动者,有为国效力的强烈愿望。因此,中国共产党领导的多党合作和政治协商制度可以把这方面人才的积极性充分调动起来,为他们创造报效祖国的良好环境,推动我国社会主义现代化建设更快地向前发展。据不完全统计,党的十三届四中全会以来,各民主党派中央先后就三峡工程、西部大开发、抗击非典、宏观调控、科学发展观、建设社会主义新农村和构建和谐社会等事关国计民生的问题,向党中央、国务院及有关部门提出重大建议200多项,各民主党派地方组织提出各项建议9万多项,其中有许多意见和建议被采纳,产生了显著的社会效益。同时,积极开展智力支边,参与国家扶贫计划、贫困地区开发计划、星火计划的实施,共推广科技示范项目770多个,协助引进并实施经济项目1200个,帮助引进各类项目资金143亿元,为推动老少边穷地区经济社会全面协调可持续发展发挥了积极作用。特别是党的十八大以来,各民主党派中央坚持把为"十三五"和"十四五"规划实施建言献策作为工作主线。聚焦全面建成小康社会重大任务,紧扣重点难点问题集中开展调研议政活动。紧紧围绕农

---

① 《胡锦涛总书记在民主协商会上的讲话》,《人民日报》2003年2月28日,第1版。

村贫困人口脱贫这一突出短板,动员各级政协组织和广大政协委员响应中共中央号召,为脱贫攻坚积极贡献智慧和力量。开展贫困人口易地搬迁、武陵山片区精准扶贫、延安赣南等革命老区和民族地区扶贫开发、发挥农业科技园扶贫作用等系列视察调研,召开"精准扶贫、精准脱贫,提高扶贫实效"专题议政性常委会会议,共议扶贫脱贫大计。鼓励和支持政协委员对口帮扶贫困县、参与"万企帮万村"行动、结对帮扶贫困户、捐资助学,以及产业扶贫、就业扶贫、健康扶贫、生态扶贫综合运用,推动形成脱贫攻坚合力。

此外,各民主党派还在不同场合,通过不同的渠道和方式,宣传中国共产党的各项政策和我国现代化建设所取得的伟大成就,对团结海外华人、华侨,吸引人才和资金,对增进两岸之间的了解,团结海内外所有爱国分子,形成反对台湾独立、促进祖国统一的强大力量,也发挥了积极的作用。

总之,中国共产党领导的多党合作和政治协商制度适合中国的国情,能够实现广泛的民主与集中领导的有机统一,能够实现充满活力的政治气氛与富有效率的工作环境的有机统一,能够为我国改革开放和社会主义现代化建设提供一个良好的政治环境。

第三节 中国共产党领导的多党合作和政治协商制度的基本方针和主要形式

新中国成立以来,特别是改革开放四十年来,中国共产党和各民主党派长期共事,在中国社会主义革命、建设、改革的历史进程中逐渐形成了比较完备的中国共产党与各民主党派合作的基本方针,同时也创造性地探索出了符合中国国情并富有实质内容和积极成效的合作形式。

一、中国共产党同各民主党派合作的基本方针

中国共产党与各民主党派合作的基本方针是"长期共存、互相监督、肝胆

相照、荣辱与共",这十六字方针是在长期的多党合作实践中逐渐总结、完善起来的。中国共产党与各民主党派的关系在新中国成立后如何处理,是一个严肃的政治问题。在中共七届二中全会上,毛泽东代表中国共产党人以认真负责的精神,阐述了中国共产党对待党外民主人士,其中包括各民主党派人士的态度。他指出:"在革命胜利以后,迅速地恢复和发展生产,对付国外的帝国主义,使中国稳步地由农业国转变为工业国,把中国建设成一个伟大的社会主义国家。因为这样,同党外民主人士长期合作的政策,必须在全党思想上和工作上确定下来。我们必须把党外大多数民主人士看成和自己的干部一样,同他们诚恳地坦白地商量和解决那些必须商量和解决的问题,给他们工作做,使他们在工作岗位上有职有权,使他们在工作上做出成绩来。"[①]中共中央在这时候已经有一个长期共存、肝胆相照、荣辱与共的思路了。

1956年,社会主义三大改造正轰轰烈烈进行时,中国共产党内有人认为民主党派是"皮之不存,毛将焉附",是"可有可无"的党派。针对党内存在的这种观点,毛泽东提出要有两个万岁,一个是共产党万岁,一个是民主党派万岁。他说:"在我们国内是民主党派林立,我们有意识地留下民主党派,这对党、对人民、对社会主义很有利。打倒一切,把其他党派搞得光光的,只剩下共产党的办法,使同志们中很少不同意见,弄得大家无所顾忌,这样做很不好。"[②]随后,毛泽东在《论十大关系》中明确提出了中国共产党同民主党派合作的方针是"长期共存、互相监督"。他说:"我们有意识地留下民主党派,让他们有发表意见的机会,对他们采取又团结又斗争的方针。一切善意地向我们提意见的民主人士,我们都要团结。"[③]在《关于正确处理人民内部矛盾的问题》一文中,毛泽东提出各民主党派与共产党长期共存的原因,并对互相监督的内涵作了科学的界定,指出:"这是因为凡属一切确实致力于团结人民从事社会主义事业的、得到人民信任的党派,我们没有理由不对它们采取长期共存的方针","各党派互相监督的事实,也早已存在,就是各党派互相提意见,作批评。所谓

---

① 《毛泽东选集》第4卷,人民出版社1991年版,第1437页。
② 李维汉:《回忆与研究》(下),中共党史资料出版社1986年版,第813—814页。
③ 《毛泽东文集》第7卷,人民出版社1999年版,第34—35页。

互相监督,当然不是单方面的,共产党可以监督民主党派,民主党派也可以监督共产党。为什么要让民主党派监督共产党呢?这是因为一个党同一个人一样,耳边很需要听到不同的声音"。① 在中共八大上,刘少奇代表中共中央郑重宣布共产党与各民主党派"长期共存、互相监督"的合作方针,各民主党派受到极大的鼓舞,中国共产党领导的多党合作和政治协商制度得到了他们的热烈拥护。

在1957年"反右"和十年"文化大革命"中,中国共产党领导的多党合作和政治协商制度遭到破坏。直到1978年以邓小平同志为代表的中国共产党人重新强调贯彻"八字方针",民主党派于1979年起恢复了活动,得到了新的发展。邓小平在1979年会见各民主党派和全国工商联代表大会代表时,分析了各民主党派的社会政治性质,指出:"由于我们党的执政党的地位,我们的一些同志很容易沾染上主观主义、官僚主义和宗派主义的习气。因此,对于我们党来说,更加需要听取来自各个方面包括各民主党派的不同意见,需要接受各个方面的批评和监督,以利于集思广益,取长补短,克服缺点,减少错误。"②他强调"长期共存、互相监督"是一项长期不变的方针。1982年9月,党的十二大报告宣布,中国共产党要继续坚持"长期共存、互相监督、肝胆相照、荣辱与共"的方针,加强与各民主党派、各界、各族爱国人士的合作。至此,中国共产党的"八字方针"发展成"十六字方针"。该方针体现了中国共产党与各民主党派合作的诚心和决心,准确地表述了在中国共产党领导的多党合作和政治协商制度下,中国共产党与各民主党派、民主党派与民主党派之间政治关系的内涵,反映了这一制度已建立在成熟的理论基础上。"十六字方针"的提出,完全符合我国在社会主义初级阶段发展最广泛的人民民主统一战线的要求。

以江泽民同志为代表的中国共产党人多次强调坚持"长期共存、互相监督、肝胆相照、荣辱与共"的方针,并且在领导社会主义民主政治建设的实践中加以贯彻,在我国政治生活中发挥了重要的作用。以胡锦涛同志为代表的中

---

① 《毛泽东文集》第7卷,人民出版社1999年版,第235页。
② 《邓小平文选》第2卷,人民出版社1994年版,第205页。

国共产党人,在中共中央召开的民主协商会上多次强调,中国共产党领导的多党合作和政治协商制度是我国的一项基本政治制度,在新世纪和新阶段必须进一步坚持和完善。党的十八大以来,以习近平同志为核心的党中央特别强调坚持和完善中国共产党领导的多党合作和政治协商制度,必须充分发挥人民政协作为协商民主重要渠道作用,必须在"十六字方针"的指导下,坚持和发扬中国共产党的优良传统,把各方面的智慧和力量都凝聚起来,带领全国各族人民毫不动摇地坚持和发展中国特色社会主义。

二、中国共产党领导的多党合作和政治协商制度的主要形式和任务

所谓形式,是指把属于内容的诸要素统一起来的结构和表现事物内容的方式。中国共产党领导的多党合作和政治协商制度的主要形式就是把中国共产党领导的多党合作和政治协商的各项具体措施、办法统一起来的政治结构和表现方式。主要体现在四个方面:

(一)中国人民政治协商会议

在社会主义初级阶段,中国共产党领导的爱国统一战线是由各民主党派、无党派、人民团体、少数民族和宗教界等爱国人士组成的,由全体社会主义劳动者、社会主义建设者、拥护社会主义和拥护祖国统一的爱国者组成的,包括港、澳、台同胞和海外侨胞在内的最广泛、最具代表性的统一战线。中国人民政治协商会议就是这爱国统一战线的具体组织形式,它是党派性的、是党派的联合。人民政协章程的总纲中明确指出,中国人民政治协商会议是中国人民爱国统一战线组织,是中国共产党领导的多党合作和政治协商的重要机构,是发扬社会主义民主的重要场所。这充分表明人民政协是实现中国共产党领导的多党合作这一基本政治制度的载体。

中国人民政治协商会议在中华人民共和国的历史上,一直发挥着统一战线的组织作用。它不是可有可无或是临时性的组织机构,而是中国共产党联

系各界群众的重要桥梁,是建设社会主义政治文明的重要机关,在当代中国的政治生活中有着不可替代的重要地位。

(二) 政治协商

政治协商的内涵是:对国家和地方的大政方针以及政治、经济、文化、社会生活中的重要问题,在决策之前进行协商和就决策执行过程中的重要问题进行协商。中国共产党与各民主党派进行政治协商是中国共产党领导的多党合作和政治协商制度的一项重要内容。中国共产党作为执政党就国家重大方针、政策与各民主党派进行政治协商,以求达成共识,是新中国成立七十多年来社会主义民主政治建设的重要经验。经过几十年的实践,已经在中央一级形成了多种行之有效的政治协商形式。

民主协商会。这是中国共产党同各民主党派进行政治协商所采取的主要形式之一。在中央这一层系指中共中央主要领导人邀请各民主党派主要领导人和无党派的代表人士举行协商会,就中共中央将要提出的大政方针问题进行协商。每年至少举行一次。

高层次、小范围的谈心会。这是中共中央主要领导人根据国内外政治经济形势的需要,不定期地邀请各民主党派的主要领导人和无党派人士举行的活动。谈心主要就各方面共同关心的问题进行无拘无束的自由交流,沟通各方思想,征求各方的意见。

民主党派、无党派人士座谈会。这是中共中央每两月召开一次的会议。会议的内容主要是中国共产党向各民主党派通报或交流重要情况,传达重要文件,听取各民主党派和无党派人士提出的政策建议,也可约请中共中央和有关部门提交书面的政策性建议,也可约请中共中央负责人当面交谈提出意见和建议。

据统计,党的十三届四中全会以来,中共中央、国务院共召开民主协商会、座谈会、情况通报会200多次,其中党的十六大以来就有60多次。各地党委、政府也就当地经济社会发展问题广泛征求党外人士的意见和建议。特别是党的十八大以来,中共中央高度重视多党合作事业的发展。据新华网不完全统计,党中央、国务院以及中央委托有关部门召开党外人士协商会、座谈会和情况通报会70余次。这些都有力地推动了党和政府决策的科学化、民主化和程序化,对实现党的领导、人民当家作主和依法治国的有机统一起到了积极的作用。2022年6月13日,中共中央发布的《中国共产党政治协商工作条例》明确提出,政治协商是中国共产党领导的多党合作和政治协商制度的重要组成部分,是社会主义协商民主的重要形式,是凝聚智慧、增进共识、促进科学民主决策的重要途径。政治协商的基本方式是:中国共产党同各民主党派、无党派人士直接开展的协商,简称政党协商;中国共产党在人民政协同各民主党派和各界代表人士开展的协商,简称人民政协政治协商。条例准确把握了政治协商的定位,保证了政治协商正确的政治方向。

(三) 民主监督

民主监督就是对国家宪法、法律和法规的实施,重大方针政策的贯彻执行,国家机关及其工作人员的工作,通过建议和批评进行监督。中共中央高度重视民主监督,反复申明,在中国共产党领导的多党合作和政治协商制度中,各党派要相互监督,主要是民主党派监督共产党。因为中国共产党是执政党,责任重大。

发挥民主党派监督作用的总原则是:在四项基本原则的基础上,发扬民主、广开言路,鼓励和支持民主党派与无党派人士对党和国家的方针政策、各项工作提出意见、批评、建议,做到知无不言,言无不尽,并且勇于坚持正确的意见。

民主党派和无党派人士主要是通过参加人民代表大会工作,在各级政府和司法机关担任领导工作,通过中国人民政治协商会议等实行民主监督的。

人民代表大会是民主党派和无党派人士发挥民主监督作用的重要机构。人民代表大会常委会委员和人民代表大会常设专门委员会委员中,民主党派和无党派人士有适当比例、在人民代表大会组织的关于特定问题的调查委员会中,也有民主党派和无党派代表人士参加。还可聘请民主党派和无党派的专家参与工作。

中国人民政治协商会议是民主党派对国家政治生活进行民主监督的又一重要场所。民主党派和无党派人士通过政协全国委员会全体会议、常务委员会或主席会议向中共中央提出建议案,各专门委员会提出建议或相关报告,委员通过视察、提案或举报等方式提出批评和建议,参加中共中央及国家有关部门组织的调查和检查活动、提出意见等,都是积极有效的民主监督形式。

同时,各级政府部门和司法机关还聘请党外人士担任特邀监察员、检查员、审计员、教育监督员、党风监督员等各类"特约人员"。他们围绕党和政府重要方针政策的制定和执行等情况,积极发挥民主监督作用,促进各级党政部门转变思想作风和工作作风,帮助中国共产党不断提高拒腐防变和抵御风险的能力。

(四)参政议政

参政议政是中国共产党领导的多党合作和政治协商制度的重要内容,也是重要形式之一。

民主党派参政议政的基本点是:参加国家政权,参与国家大政方针和国家领导人选的协商,参与国家事务的管理,参与国家方针、政策、法律、法规的制定执行。即"一个参加,三个参与"。我国是通过人民代表大会、中国人民政治协商会议、民主党派成员和无党派人士在政府部门担任领导职务等形式来发挥民主党派成员参政议政作用的。人民代表大会是我国人民行使国家权力的机关,是民主党派、无党派人士参政议政的重要机构。民主党派成员以人大代表的身份,依照我国《宪法》《全国人民代表大会组织法》《全国人民代表大会议事规则》进行参政、议政活动。在全国各级人民代表大会及其各委员会中,民主党派成员都有适当比例。据统计,目前全国各级人大代表中有党外人士18万多人。

中国人民政治协商会议是我国爱国统一战线组织,也是实现中国共产党领导的多党合作和政治协商制度的重要载体。各民主党派在政协会议上可用本党派名义就国家大政方针、地方重要事务、政策法令的贯彻、群众生活和统一战线中的重大问题发言,提出提案。同时,在政协领导和政协常委中,民主党派成员和无党派人士也占一定比例。他们是有职、有权、有责的专职领导干部。据统计,目前全国各级政协委员中有党外人士35万多人。

民主党派成员和无党派人士担任国家和政府的领导职务,是实现中国共产党领导的多党合作和政治协商的一项重要内容。在从国务院到地方县级以上各级政府部门中,都有民主党派成员担任领导职务。据统计,目前在各级政府和司法部门担任县处级以上领导职务的党外干部有3万余人,31个省(自治区、直辖市)人民政府基本上都有民主党派或无党派人士担任副省长、副主席、副市长或助理。

各民主党派除选派合适人员参加国家和地方的领导工作外,还积极参与中国特色社会主义各方面的建设。改革开放以来,各民主党派举办了各类学校和培训班,培养了各类人才,多次派出专家、学者到老少边穷地区,帮助完成扶贫开发项目;利用海外联系广泛的优势,积极帮助地方引进资金、技术和人才,促进了各地经济建设的快速发展。同时,各民主党派积极向国家建言献策,在各民主党派向中共中央和国务院有关部门提出涉及国家建设各方面的重大建议中,有许多建议已被采纳,并取得了巨大成效。各民主党派还协助中国共产党加强对台湾工作,深入广泛地开展与台胞的联谊活动,促进了两岸的经济、文化等方面的交流,对尽早完成祖国统一大业起到了不可替代的积极作用。

上述这些富有成效的形式,在中国共产党领导的多党合作和政治协商制度下发挥了积极的作用,表明我国的社会主义政党制度已渐成熟,呈现出前所未有的团结、稳定、严肃、活泼的良好政治局面;表现出执政党与参政党之间肝胆相照、荣辱与共的社会主义国家政党关系的本质。

中国共产党领导的多党合作和政治协商的主要任务就是依法保障全国各级人民政协工作的组织和开展,巩固和加强中国共产党领导的爱国统一战线,实现最广泛的大团结、大联合,为完成中国共产党和国家在不同的历史时期的总目标、总任务而奋斗。21世纪的头二十年是我国社会主义现代化建设承上启下的重要发展机遇期,也是我国全面建成小康社会的阶段,事关推进中国特色社会主义事业的战略全局。到2050年,即新中国成立百周年之际,我国要建成富强民主文明和谐美丽的社会主义现代化强国。人民政协作为中国共产党领导的多党合作和政治协商的重要机构,在当前的主要任务是:高举爱国主义、社会主义的旗帜,紧紧围绕团结和民主两大主题,坚持自身的性质和特点,充分发挥代表性广、包容性大的优势,积极做好团结各界、凝聚人心的工作,努力为全面建成小康社会,实现中华民族伟大复兴的中国梦,作出应有的贡献。

第四节　坚持和完善中国共产党领导的多党合作和政治协商制度

实现真正的民主是人类社会进步的要求。每个国家都有权选择和建立适应自己国情的民主制度。在一些人的眼里,当代西方国家的两党制或多党制是最能体现民主的完美制度。他们以为两个或多个政党轮流执政就是民主的表现。实际上西方式的两党或多党制度体现的是资产阶级的民主,不可能真正实现广大人民群众的民主。习近平指出:"讲我们党、我们国家的制度优势和特点,中国共产党领导的多党合作和政治协商制度是很重要的一个方面。几十年的实践证明,这个制度是适合我国国情的,已植根于我国土壤,构成了中国特色社会主义制度的一个鲜明特色。"[①]中国的最大国情就是中国共产党的领导。

一、坚持中国共产党的领导

中国共产党领导是中国特色社会主义最本质的特征,是中国特色社会主义制度的最大优势,党是最高政治领导力量。中国共产党的领导是包括各民主党派、各团体、各民族、各阶层、各界人士在内的全体中国人民的共同选择。2021年11月,党的十九届六中全会审议通过的《中共中央关于党的百年奋斗

[①] 中共中央文献研究室编:《习近平关于社会主义政治建设论述摘编》,中央文献出版社2017年版,第74页。

重大成就和历史经验的决议》指出,党的十八大以来,在坚持党的全面领导上,党中央权威和集中统一领导得到有力保证,党的领导制度体系不断完善,党的领导方式更加科学,全党思想上更加统一、政治上更加团结、行动上更加一致,党的政治领导力、思想引领力、群众组织力、社会号召力显著增强。2022年6月13日,中共中央发布的《中国共产党政治协商工作条例》明确提出,政治协商工作应当遵循的原则是:坚持党的全面领导;坚持围绕中心、服务大局;坚持发扬民主、坦诚协商;坚持政治引领、凝聚共识。该条例把坚持党的全面领导作为四项原则之首,充分体现了中共中央对政治协商工作实行集中统一领导,统一制定政治协商工作大政方针,研究决定事关政治协商工作全局和长远发展的重大事项,保证政治协商始终沿着正确的政治方向不断健康发展。

(一) 多党合作的前提是坚持中国共产党的领导

坚持中国共产党的领导,是坚持和完善中国共产党领导的多党合作和政治协商制度的关键所在。我国多党合作和政治协商的前提是坚持中国共产党的领导。当今世界正经历百年未有之大变局,我国正处于实现中华民族伟大复兴的关键时期。越是接近目标,越是形势复杂,越是任务艰巨,越要发挥中国共产党领导的政治优势和中国特色社会主义的制度优势。特别是在充满希望和挑战的新时代,坚持中国共产党的领导,是一个重大的政治问题。中国共产党要实现对民主党派的领导,一是要有正确的路线、方针、政策;二是要能发挥先锋模范的带头作用;三是要牢记中国共产党的宗旨,全心全意为人民服务,以最广大人民群众的根本利益为最高标准;四是要不忘初心、牢记使命、砥砺前行,全面提高党的领导水平和执政能力;五是要进一步完善民主集中制的各项制度和党的领导制度以及工作机制,从制度体系上保证民主集中制的正确执行。

坚持中国共产党的领导,是坚持和完善中国共产党领导的多党合作和政治协商制度的重要内容。随着中国特色社会主义进入新时代,面临实现中华民族伟大复兴的历史任务,对各民主党派自身素质提出了更高的要求。民主党派要积极主动接受中国共产党的政治领导,进一步加强自身建设,重点加强政治建设、思想建设和组织建设。在政治思想领域,各民主党派中央应当组织成员学习马克思列宁主义、毛泽东思想、邓小平理论、"三个代表"重要思想、科学发展观以及习近平新时代中国特色社会主义思想,及时掌握国内外时事与中共中央及国家的重大方针、政策。还应注意对民主党派成员进行国情教育和社会主义、爱国主义教育,不断提高自身的政治素质和参政议政能力,增强对国家、对人民的责任心和使命感。

(二)坚持中国共产党的领导,健全相互监督机制

中国共产党与民主党派之间互相监督,是中国共产党领导的多党合作和政治协商制度的重要制度安排。由于中国共产党处于领导和执政地位,更加需要自觉接受监督。中国共产党要以谦虚、谨慎的态度,坦诚与民主党派合作共事,广纳群言,共同制定、健全多党合作和政治协商的具体法律和制度,妥善处理好共产党和民主党派的政治关系。这不仅有利于各民主党派建言献策,更有利于中国共产党接受来自党外的监督和批评,从而不断提高中国共产党的社会影响力和凝聚力;不断增强中国共产党的阶级基础和扩大群众基础;不断提高中国共产党的执政能力和领导水平。邓小平说:在中国,谁有资格犯大错误?就是中国共产党。习近平也多次强调,能听意见、敢听意见特别是勇于接受批评、改进工作,是有信心、有力量的表现。从 2016 年起,受中共中央委托,各民主党派中央对口八个脱贫攻坚任务重的中西部省区,连年开展脱贫攻坚民主监督工作,并取得积极成效。

2019 年,中共十九届四中全会决定明确指出,健全相互监督特别是中国共产党自觉接受监督、对重大决策部署贯彻落实情况实施专项监督等机制,完善民主党派中央直接向中共中央提出建议制度,完善支持民主党派和无党派人士履行职能方法,展现我国新型政党制度优势。

二、加强政党协商及推动执政党参政党建设

政党协商是中国共产党领导的多党合作和政治协商制度的重要内容,是

社会主义协商民主体系的重要组成部分,是中国共产党提高执政能力的重要途径。中国共产党是执政党,是实现伟大梦想、进行伟大斗争、建设伟大工程和推进伟大事业的领导核心,各民主党派是参政党,是各自所联系的一部分社会主义劳动者和一部分拥护社会主义的爱国者的政治联盟,是建设社会主义可以依靠的力量。加强政党协商,有利于扩大民主党派和无党派人士有序政治参与、畅通意见表达渠道,有利于增进政治共识、广泛凝心聚力,有利于促进科学民主决策、推进国家治理体系和治理能力现代化,也有利于全面从严治党,推动执政党和参政党的建设。

(一)加强政党协商

加强政党协商能够有效提高中国共产党的执政能力,实现国家治理体系和治理能力现代化。习近平指出:"只有以提高党的执政能力为重点,尽快把我们各级干部、各方面管理者的思想政治素质、科学文化素质、工作本领都提高起来,尽快把党和国家机关、企事业单位、人民团体、社会组织等的工作能力都提高起来,国家治理体系才能更加有效运转。"[1]2015年12月,中共中央办公厅印发了《关于加强政党协商的实施意见》。意见明确提出,政党协商是中国共产党同民主党派基于共同的政治目标,就党和国家重大方针政策和重要事务,在决策之前和决策实施之中,直接进行政治协商的重要民主形式。政党协商的主要内容包括:中共全国代表大会、中共中央委员会的有关重要文件;宪法的修改建议,有关重要法律的制定、修改建议;国家领导人建议人选;国民经济和社会发展的中长期规划以及年度经济社会发展情况;关系改革、发展、稳定等重要问题;统一战线和多党合作的重大问题;其他需要协商的重要问题。政党协商的形式主要有会议协商、约谈协商、书面协商。政党协商必须坚持中国共产党的领导。各级党委要切实加强领导,把握正确方向,充分发扬民主,广泛集智聚力,确保政党协商规范有序、务实高效、充满活力。

加强政党协商能够扩大中国共产党的执政基础。中国共产党的执政基础

---

[1] 《完善和发展中国特色社会主义制度 推进国家治理体系和治理能力现代化》,《人民日报》2014年2月18日,第1版。

包括阶级基础与群众基础两方面。在新的历史条件下,中国共产党要提升执政能力就必须在巩固党的阶级基础的同时不断扩大党的群众基础。而在政党协商中,作为参与主体的各民主党派能够吸纳不同的社会人群,特别是在社会主义现代化建设中能够发挥重要作用的高素质人群,就成为扩大中国共产党执政基础的政治资源。同时,政党协商还为各民主党派和无党派人士参与政治协商提供了制度化的渠道和平台,对加强党的阶级基础和扩大党的群众基础发挥了重要的作用。

（二）推动执政党和参政党的建设

加强政党协商能够积极推动执政党和参政党的建设。在中国共产党领导的多党合作和政治协商制度中,共产党是执政党,民主党派是参政党。参政党的概念是在建设中国特色社会主义的伟大实践中提出的。1987年召开的中共十三大,把中国共产党领导的多党合作和政治协商制度上升为中国特色社会主义政治制度,使多党合作和政治协商进入了制度化建设的新阶段。1989年12月颁布的《中共中央关于坚持和完善中国共产党领导的多党合作和政治协商制度的意见》,首次提出参政党这个概念。1993年八届全国人大一次会议通过的宪法修正案将"中国共产党领导的多党合作和政治协商制度将长期存在和发展"写入宪法,成为国家意志。这一制度还写进了中国共产党章程和各民主党派章程。2013年2月8日,习近平同党外人士共迎新春,发表的讲话提出各民主党派是"与共产党通力合作的中国特色社会主义参政党"。2015年5月实施的《中国共产党统一战线工作条例（试行）》规定了民主党派是"接受中国共产党领导、同中国共产党通力合作的亲密友党,是中国特色社会主义参政党"。这是对民主党派性质的最新界定,标志着民主党派的性质又一次实现历史性转变。民主党派成为社会主义性质的参政党,这就标志着政党协商的性质发生了变化,即中国共产党和民主党派之间的合作变成了社会主义政党之间的合作。2020年12月,中共中央印发了修订后的《中国共产党统一战线工作条例》,条例不仅肯定了民主党派参政党的地位,还提出民主党派是中国共产党的好参谋、好帮手、好同事。

坚持和发展中国特色社会主义,要求中国共产党加强自身建设,也要求各参政党加强自身建设。一方面,中国共产党作为执政党,要以勇于自我革命的精神打造和锤炼自己,把党建设成为有创造力、凝聚力、战斗力的马克思主义执政党。另一方面,民主党派作为参政党,作为中国共产党的"好参谋、好帮手、好同事",要以思想政治建设为核心,引导广大成员增进对中国共产党和中国特色社会主义的政治认同、思想认同、理论认同、情感认同;以组织建设为基础,加强领导班子建设,提高组织发展质量;以履职能力建设为支撑,发挥自身人才智力优势和界别特色,着力提升参政议政、民主监督、政治协商的能力;以作风建设为抓手,改进思想作风、工作作风,严格纪律要求;以制度建设为保障,完善议事规则和决策程序,建立健全理论学习、述职和民主评议、内部监督等制度,构建适合自身特点、系统规范、运行有效的制度体系。

中国共产党领导的多党合作和政治协商制度与西方竞争性政党制度性质不同,是非竞争性的政党制度。我国民主党派作为参政党,是参与国家政权建设和国家日常政治运转的政党,它不谋求执政地位,并与执政的中国共产党积极开展合作,民主党派在积极主动接受中国共产党的政治领导的同时,保持法律地位平等和组织独立。中国特色的参政党要服务于中国特色社会主义制度,接受中国共产党的领导,绝不同于西方的反对党和在野党。

三、西方两党制或多党制在中国行不通

政治制度是一种上层建筑,它是由一定的经济基础决定并为其服务的。西方的两党制或多党制只是伴随着资本主义经济的发展而产生的,是一种为资本主义经济基础服务的政治制度。资本主义的私有制造成了资产阶级内部为了追逐高额垄断利润而不断进行激烈的竞争。为了平衡利益的分配,于是形成了资产阶级的不同利益集团。这些集团因为共同的利益而联系在一起,但又因各自不同的特殊利益而彼此争权夺利。这种状况反映在政治上就会形成以不同利益集团为后盾的资产阶级政党及政党关系模式,即两党制或

多党制。

西方两党制或多党制也是垄断资产阶级用来调和劳资矛盾、缓和国内阶级斗争的一种手段和方法。这些资产阶级政党表面上扮演着相互对立的两个基本角色或多个角色,打着为民的旗号,对国家事务品头论足,给资本主义国家的政治生活涂抹上一层"民主"的色彩,起到了掩盖资产阶级专政的阶级实质、转嫁国内阶级矛盾的作用。邓小平曾经一针见血地指出:"资本主义国家的多党制有什么好处?那种多党制是资产阶级互相倾轧的竞争状态所决定的,它们谁也不代表广大劳动人民的利益。"[①]因此,从本质上讲,资产阶级多党或两党的轮流执政并没有改变国家政权的阶级实质,无论哪个政党上台执政,都是代表资产阶级的根本利益,实行的是资产阶级的专政。

中国共产党领导的多党合作和政治协商制度是中国人民长期奋斗的成果,也是中国人民政治经验和智慧的结晶。在半殖民地半封建社会,帝国主义支持下的封建买办势力是不允许任何政治力量同它分庭抗礼的。中国民族资产阶级由于软弱性和妥协性,他们没有强大的政治号召力,提不出彻底的民主革命纲领,也无力组织一个强有力的政党来完成反帝反封建的任务。1919年五四运动,无产阶级登上历史舞台,并发挥决定性作用。1921年7月,中国共产党成立,之后领导中国人民取得了新民主主义革命的胜利,建立了新中国。历史证明,在中国只有共产党有十分深厚的群众基础,有巨大的号召力和凝聚力;有十分丰富的领导革命和社会主义经济建设的经验;有驾驭任何复杂形势应对各种艰难险阻的能力;能够准确把握时代发展的要求,带领中国人民实现中华民族伟大复兴的中国梦。

总之,民主党派与中国共产党、全国人民的政治目标和根本利益是一致的,与中国共产党建设社会主义现代化强国的奋斗目标是一致的。只有坚持中国共产党的领导,民主党派才能够实现自己的政治意愿,发挥自己的特色和优势。所以,在我国不存在搞西方两党制或多党制的经济基础和阶级基础。在中国共产党的领导下,随着我国社会主义法治体系的不断完善和社会主义

[①] 《邓小平文选》第2卷,人民出版社1994年版,第267页。

第四章　中国共产党领导的多党合作和政治协商制度

民主政治的不断发展,人民内部的各种矛盾都可以通过社会主义民主法治的各种方式和途径来解决,其中中国共产党领导的多党合作和政治协商制度就是一条重要途径,而不需要通过西方式的政党之间的争斗去解决。

思考题

1. 如何理解中国共产党领导的多党合作是中国历史发展的必然?
2. 中国共产党领导的多党合作和政治协商制度的特点和优越性是什么?
3. 如何理解政党协商?政党协商的内容和形式是什么?
4. 为什么说西方的两党制或多党制不适合中国的国情?

第五章

民族区域自治制度

我国是一个统一的、多民族的社会主义国家。由于汉族占人口的绝大多数,其他民族所占人口比例很小,故在习惯上,汉族以外的各民族一般被称为少数民族。少数民族人口虽然较少,但在国家安全上却发挥着举足轻重的作用。当今世界,民族问题是一个普遍且十分敏感的问题。由于绝大多数国家都是多民族(种族)的国家,民族(种族)关系处理得好坏是该国能否保持社会稳定、经济发展、国家统一的基本条件。一些国家用联邦制的方法解决国内的民族问题;一些国家采取民族同化政策,国内少数民族被迫接受主体民族的语言文化,甚至宗教。我国则实行了民族区域自治制度。

民族区域自治制度是指,在国家的统一领导下,各少数民族聚居的地方实行区域自治,设立自治机关,行使自治权的一种制度。该制度是中国共产党在马克思主义关于民族问题理论的指导下,根据我国多民族的历史与现状,为解决民族问题而创造出来的。民族区域自治制度,符合中国民族关系的实际情况,有利于国内各民族团结,是人民民主专政在我国少数民族聚居地区的一种实现形式,其核心是保障少数民族同胞当家作主。少数民族具有管理本民族、本地方事务的权利。新中国成立以来的民族区域自治实践使中国共产党积累了解决民族问题的丰富经验,形成了较完整的关于民族区域自治的理论体系和法律体系。民族区域自治制度已成为中国特色社会主义民主政治的重要组成部分,是我国的一项基本政治制度。

第一节　民族区域自治制度的形成和发展

我国的民族区域自治制度是历史形成的,它是民族自治和区域自治的有机结合,也是历史因素、经济因素和文化因素共同作用的结果。自古以来,我国就是一个多民族的国家,解决国内民族问题始终是关系到国家统一、社会稳定、各民族经济文化共同发展的大事。1840年鸦片战争爆发后,内忧外患接踵而至。在西方列强的插手下,国内民族问题更加突出。在中华人民共和国成立之前,我国的民族问题始终未能得到真正的解决。新中国成立后,"我们党采取民族区域自治这个新办法,既保证了国家团结统一,又实现了各民族共同当家作主。实践证明,民族区域自治制度符合我国国情"①。

一、中国共产党探索建立民族区域自治制度的历程

中国共产党是中国各族人民根本利益的忠实代表。中国共产党一成立,就把解决国内民族问题、实现民族平等作为新民主主义革命的一项重要内容,作为党的任务和奋斗目标之一明确规定下来。为此,中国共产党在理论和实践方面进行了长期的探索,经历了从主张自由联邦制到确定用民族区域自治制度来解决中国民族问题、实现各民族的平等和共同发展的艰辛历程。

在中国共产党成立初期,由于受当时共产国际和苏联共产党民族理论的影响,党的民族政策是民族自决自治,主张用自由联邦制统一中国。1922年7月,中国共产党在第二次全国代表大会宣言中提出,"统一中国本部(东三省在内)为真正民主共和国;蒙古、西藏、新疆三部实行自治,成为民主自治邦;用自由联邦制,统一中国本部、蒙古、西藏、新疆,建立中华联邦共和国"②。土地革

---

① 中共中央文献研究室编:《习近平关于社会主义政治建设论述摘编》,中央文献出版社2017年版,第151页。
② 魏宏运主编:《中国现代史资料选编》(1),黑龙江人民出版社1981年版,第393—394页。

命战争时期,中国共产党在坚持民族自决政策的同时,指出实行民族区域自治制度是一种选择。1931年11月,在当时中央根据地召开的中华工农兵苏维埃第一次全国代表大会上通过了《关于中国境内少数民族问题的决议案》,其中第2条提出:"中华苏维埃共和国绝对地无条件地承认这些少数民族自决权。"①中国共产党在土地革命后期就曾在少数民族聚居地区建立过民族区域自治政府。1936年8月成立的陕甘宁省豫海县回民自治政府,虽存在时间仅有半年,但这是一次有益的尝试。

抗日战争爆发后,随着对中国的民族问题有了更深的认识,中国共产党关于解决国内民族问题的方法和政策逐渐成熟。民族区域自治不论是在理论上还是在实践中都得到了发展。1938年,毛泽东在中共六届六中全会上从四个方面详细阐述了党处理民族问题的原则。他指出:"各少数民族与汉族有平等权利,在共同对日原则之下,有自己管理自己事务之权,同时与汉族联合建立统一的国家。"②1941年5月,由中共中央政治局批准的《陕甘宁边区施政纲领》第17条规定:"依据民族平等原则,实行蒙、回民族与汉族在政治经济文化上的平等权利,建立蒙、回民族的自治区,尊重蒙、回民族的宗教信仰与风俗习惯。"③这是中国共产党最早在法律上规定要在根据地范围内建立民族自治区。

抗日战争胜利后,周恩来代表中共中央向全国提出了《和平建国纲领草案》,其中就有在少数民族区域,应该承认各民族的平等地位及自治权的规定。

1945年9月和10月,中共中央分别就绥远地区和内蒙古地区的工作作出指示,明确提出可组织地方性的自治政府,实行区域自治。1946年,解放区政府在关中地区的正宁县和定边县、伊克昭盟的城川地区分别建立了回族自治乡和蒙民自治区。1947年,随着内蒙古地区解放,中国共产党建立了全国最早的省级民族自治区。这些地方民族区域自治的实践,为进一步发展民族区域自治制度和党的民族区域自治理论,为新中国成立后在全国范围内推行民族

---

① 魏宏运主编:《中国现代史资料选编》(3),黑龙江人民出版社1981年版,第218页。
② 中国人民解放军军事科学院编:《毛泽东军事文选》(内部本),中国人民解放军战士出版社1981年版,第176页。
③ 魏宏远主编:《中国现代史资料选编》(4),黑龙江人民出版社1981年版,第232—233页。

区域自治制度,提供了非常宝贵的经验。

1949年9月29日,中国人民政治协商会议通过的具有临时宪法性质的《共同纲领》明确规定:"各少数民族聚居的地区,应实行民族的区域自治,按照民族聚居的人口多少和区域大小,分别建立各种民族自治机关。"①这充分表明,中国共产党关于民族区域自治的政策得到了全国各族人民的认同,已转变为国家的基本政治制度。

二、民族区域自治制度的建立与发展

新中国成立后,先根据《共同纲领》,后依据1952年《中华人民共和国民族区域自治实施纲要》(以下简称《民族区域自治实施纲要》)和1954年《中华人民共和国宪法》,中国共产党和中央人民政府在全国少数民族聚居地方,稳步地建立起民族区域自治制度。1947年5月,内蒙古自治区最早成立,到1956年年底,内蒙古自治区基本涵盖了内蒙古各地,结束了内蒙古地区因长期战乱被分割的历史;1955年10月,成立了新疆维吾尔自治区;1958年3月,广西壮族自治区成立;1958年10月,宁夏回族自治区成立;1965年9月,西藏自治区成立。

在设立省级民族区域自治地方的同时,根据我国各民族居住的特点,由省、自治区政府向国务院报告,经国务院批准,我国又先后成立了一大批自治州、自治县(旗)。此外,一些地方又根据民族分布的实际情况成立了民族乡。据统计,到2000年年底,全国共建立5个自治区、30个自治州、120个自治县(旗),另外成立了1256个民族乡,在全国55个少数民族中有44个建立了自己的民族自治地方。实行区域自治的少数民族人口约占全国少数民族总人口的75%;民族自治地方行政区域约占全国总面积的64%。② 这些数据表明,我国建立民族自治地方的工作已基本完成。

在建立民族自治地方的同时,党和政府开始了有关民族区域自治法律的

---

① 魏宏运主编:《中国现代史资料选编》(5),黑龙江人民出版社1981年版,第454页。
② 敖俊德:《中华人民共和国民族区域自治法释义》,民族出版社2001年版,第4页。

制定和实施,有力地保障了民族区域自治制度的巩固与发展。《民族区域自治实施纲要》在1952年2月经政务院第125次政务会议通过后,于同年8月由中央人民政府委员会第十八次会议批准实施。纲要总结了新中国成立初期几年来实行民族区域自治的经验。它的颁布实施反映了中国共产党对少数民族同胞当家作主愿望的高度重视,使我国的民族区域自治建设走上了法律化、制度化的道路。

1954年9月,一届全国人大一次会议通过的《中华人民共和国宪法》,从国家最高法律的角度在根本上保障了民族区域自治制度的推进,并在法律上纠正了先前实行的《民族区域自治实施纲要》的某些缺陷,使民族区域自治更加符合我国的国情。

从1957年到1967年,我国民族区域自治制度的建设逐渐受到"左"的错误的严重干扰,尤其是在"文化大革命"期间,一些民族区域地方有的被撤,有的合并,有的名存实亡,这极大地阻碍了我国民族区域自治制度的实施。

1978年党的十一届三中全会召开后,中国共产党拨乱反正,重申民族区域自治政策,重新着手进行民族区域自治法规的建设,完善民族区域自治制度。在1981年6月通过的《中国共产党中央委员会关于建国以来党的若干历史问题的决议》中,党中央明确提出了"必须坚持实行民族区域自治,加强民族区域自治的法制建设,保障各少数民族地区根据本地实际情况贯彻执行党和国家政策的自主权"①的工作方针,为继续巩固和完善我国的民族区域自治制度指明了方向。

1982年12月4日第五届全国人民代表大会第五次会议通过并公布实施的《中华人民共和国宪法》,对民族区域自治作了较完备的规定,为以后制定民族区域自治法提供了法律依据,使民族区域自治制度的建设进入了新的历史阶段。

1984年5月,我国制定了《中华人民共和国民族区域自治法》,这是我国继1952年颁布实施《民族区域自治实施纲要》之后,第一次用基本法律的形式

---

① 中共中央文献研究室编:《三中全会以来重要文献选编》,人民出版社1982年版,第789页。

对我国的民族区域自治制度作了详细的规定。在经过17年的实践后,我国对民族区域自治法进行了修改,2001年2月依据九届全国人大常委会第二十次会议决议修正的《中华人民共和国民族区域自治法》(以下简称《民族区域自治法》)颁布实行。这部法律的颁布是坚持和完善民族区域自治制度的重要举措,为在发展社会主义市场经济的条件下,继续坚持和完善民族区域自治制度提供了重要的法律保证,这是我国民族区域自治制度发展的一个里程碑。党的十九大报告明确提出:坚持民族区域自治制度,深化民族团结进步教育,铸牢中华民族共同体意识,加强各民族交往交流交融,促进各民族像石榴籽一样紧紧抱在一起,共同团结奋斗、共同繁荣发展。

第二节 民族区域自治制度是我国的一项基本政治制度

中华人民共和国是全国各族人民共同缔造的、统一的、多民族的国家,民族问题始终是我国革命和建设全局中的一个重大战略问题。因此,民族区域自治制度是维护国家统一、保持社会稳定、促进各民族的团结和共同繁荣的不可动摇的基石。江泽民在党的十五大报告中首次把民族区域自治制度、人民代表大会制度、中国共产党领导的多党合作和政治协商制度并列为中国特色社会主义的三项基本政治制度。新修正的《民族区域自治法》在序言中对民族区域自治制度在国家政治生活中的重要性作了法律上的界定,指出:民族区域自治制度"是国家的一项基本政治制度"。

一、民族区域自治制度是马克思主义民族纲领在中国的实践

马克思主义的民族纲领有五个方面的具体内容:国家的集中统一和民主化是解决民族问题的基础;民族区域自治是统一的多民族国家的普遍原则;坚持在国家政治生活的一切方面保障杂居、散居少数民族的平等权利;坚持建立各民族统一的工人阶级的政党。民族自决权是民主集中制原则中的一个必要

的"例外"。

我国的民族区域自治制度是马克思主义民族纲领的具体内容在中国生动实践的重大成果。民主集中制是我们国家的政权组织原则,民族区域自治不仅体现了真正的民主,而且反映了集中的要求,是民主和集中在国家政权建设上的有机结合。民主集中制与民族区域自治制度并不矛盾。列宁指出:"民主集中制不仅不排斥地方自治以及有独特的经济和生活条件、民族成分等等的区域自治,相反,它必须既要求地方自治,也要求区域自治。"[①]建立在民主集中制基础上的多民族国家,符合社会历史发展的总趋势,反映了人类社会的发展在民族问题上的根本趋势,这就是各民族日趋接近与各民族隔阂逐渐消除。

实行民族区域自治是多民族国家民主化的真正表现,如果不能让各少数民族聚居地区或在经济、文化上有较大特点的地区享有真正的自治权利,就谈不上有真正的民族平等,也就不可能有国家的民主化与各民族的自愿联合。马克思、恩格斯以及列宁都提出,解决民族问题的根本原则是各民族平等的联合。他们从社会发展趋势和无产阶级的根本利益出发,一直坚持民主集中制原则和建立单一的且不可分的大规模民主共和国的原则。他们认为大国比小国更能顺利完成发展经济的任务,完成无产阶级同资产阶级斗争的任务。这一点在当今世界经济全球化汹涌澎湃的浪潮中已得到了证明,民主的目的是集中力量发展经济,提高各民族人民的生活水平,提高国家和民族的国际地位。我国民族区域自治制度保障了各少数民族的根本利益,是民族自治和区域自治的有机结合,实现了各民族,无论是聚居的还是散居的或是杂居的,在国家政治生活中一律平等,进而实现了中华各民族的空前团结,维护了国家的统一。

20世纪80年代后,由于东欧事件的影响,境外又有一些人别有用心地打出了"民族自决"的旗号,蛊惑人心,想用来达到其不可告人的目的。民族自决是资产阶级民主主义性质的问题,反映了资产阶级的利益,在反封建、反民族压迫的斗争中具有历史的合理性。马克思主义承认和坚持民族自决权,认为

---

① 《列宁选集》第2卷,人民出版社1995年版,第359页。

它是民主集中制总原则中的一个必要的"例外",就是为了用它去反对帝国主义对殖民地民族的剥削、压迫,反对大民族主义,从而达到各民族在社会主义的基础上的自愿联合。民族分离和一切民族都可以无条件地建立自己的小国家,绝不是马克思主义承认和坚持民族自决权的目的。列宁在解释民族自决权时十分明确地说:"这种政治民主要求并不就等于要求分离、分裂、建立小国,它只是反对任何民族压迫的斗争的彻底表现。"[①]

中国共产党在建党后相当长的时间里坚持民族自决,目的就是要消除由历史原因造成的民族剥削和民族压迫,给少数民族以平等的权利。当中国人民推翻三座大山,实现了民族独立与国家解放后,民族自决权成为必要"例外"的条件就丧失了。这时,再强调民族自决就不利于民族的团结和先进生产力的解放与发展。1949年10月,中共中央在发给二野前委并告各中央局、分局及各前委的电报中指出:"关于各少数民族的'自决权'问题,今天不应再去强调,过去在内战时期,我党为了争取少数民族,以反对国民党的反动统治(它对各少数民族特别表现为大汉族主义)曾强调过这一口号,这在当时是完全正确的。但今天的情况,已有了根本的变化,国民党的反动统治基本上已被打倒,我党领导的新中国业经诞生,为了完成我们国家的统一大业,为了反对帝国主义及其走狗分裂中国民族团结的阴谋,在国内民族问题上,就不应再强调这一口号,以免为帝国主义及国内各少数民族中的反动分子所利用,而使我们陷于被动的地位。"[②]这反映了中国共产党以中国各族人民的最大利益为最高标准,是坚持马克思主义原则性的具体表现。

二、民族区域自治制度是四项基本原则在民族地区的体现

四项基本原则是我们的立国之本。民族地区作为中国不可分割的组成部分,必须同样毫不动摇地坚持人民民主专政、坚持中国共产党的领导、坚持马克思主义、坚持社会主义道路。民族区域自治制度就是四项基本原则在民族

[①] 《列宁全集》第27卷,人民出版社1990年版,第257页。
[②] 龚育之:《党史札记》,浙江人民出版社2002年版,第44—45页。

地区的体现。

我国的国体是人民民主专政,即一方面在人民内部实行民主,一方面对人民的敌人实行专政。在社会主义建设时期,一切赞成、拥护和参加社会主义建设事业,维护祖国统一、民族团结的阶级、阶层和社会集团都属于人民,在人民内部实行民主,就是要保证占人口绝大多数的劳动人民当家作主,充分享有各项自由和民主;同时对人民的敌人,一切敌视、破坏社会主义建设、破坏民族团结、分裂国家的社会势力和社会集团,实行专政。

民族区域自治制度是人民民主专政在少数民族地区的落实。民族区域自治制度,一方面保障了少数民族人民群众的自由、民主权利,促进了少数民族地区先进生产力的发展,另一方面自治机关也对极少数反社会主义、破坏民族团结的敌人实行镇压,维护国家的统一、民族的团结。

中国共产党是全国各族人民的领导核心。中国共产党以马克思主义及其中国化的理论成果为指导,反对任何民族间的歧视和压迫。各族人民在中国共产党的领导下,消灭了几千年来民族间存在的不平等的制度,建立了统一的多民族国家,实现了各民族人民当家作主的愿望,在民族地区实行了人民民主专政,建立并在实践中不断完善民族区域自治制度。因此,坚持中国共产党的领导,坚持人民民主专政,在少数民族地区就是坚持民族区域自治制度,确保政权牢牢掌握在广大人民群众手中。

民族区域自治制度在保障少数民族同胞的政治、经济、文化等权利的同时,也将少数民族地区引向社会主义,从而使各少数民族摆脱了封闭、落后的桎梏,走上了快速发展、赶超先进民族的宽广大道。实践证明,只有走社会主义道路,才是中国各民族共同发展、共同繁荣的唯一正确的途径。

民族区域自治制度是在马克思列宁主义、毛泽东思想、邓小平理论、"三个代表"重要思想、科学发展观以及习近平新时代中国特色社会主义思想的指导下建立和发展起来的,是科学社会主义民族观的具体反映。通过民族区域自治制度,我们宣传普及马克思主义关于民族的基本理论,反对各种狭隘的、落后的民族观念,抵制西方国家的"西化和分化"的战略图谋。

三、民族区域自治制度是中华民族根本利益的保障

毛泽东指出:"国家的统一,人民的团结,国内各民族的团结,这是我们事业必定要胜利的基本保证。"①民族区域自治制度保证了国内各民族的大联合,实现了人民团结和国家的统一。这是中华民族根本利益之所在。

中国历史上形成的各民族呈大杂居、小聚居的分布状态,各民族的相依共存是实行民族区域自治的有利条件。民族区域自治不仅使聚居的少数民族能够享受到自治的权利,而且使杂居的民族也能享受到自治权利,各民族的根本利益通过自治权利的实现得到了保障。中华民族的根本利益就是国家的统一、各民族的团结。历史上中华民族向来以团结为主流,分裂割据是暂时的,是支流。中国的历史也反复说明了民族团结则国家兴旺,人民生活幸福,民族分裂,矛盾冲突不断,各民族人民生活就困苦的道理。

少数民族的根本利益就是经济上要发展,政治上要掌握本民族的命运。民族区域自治制度,不仅让少数民族人民在政治上摆脱了民族剥削和民族压迫,而且在经济上为少数民族群众发展先进的社会生产力开辟了广阔的道路,本民族的文化也会得到提高,逐步赶上先进民族。新中国成立前,我国绝大多数少数民族的经济形态落后,以农耕和畜牧为主,极少数还处于原始社会末期的刀耕火种时代。1949年后,我国因地制宜,在少数民族自治地区兴办了大批现代化工业企业,引导少数民族群众逐步走上了社会主义工业化的道路。伴随着经济的发展,其文化也有了突飞猛进的提高。这增强了少数民族的民族自尊心、自豪感,同时也增强了中华民族的向心力和凝聚力,使国家的利益与各民族的利益有机结合了起来,在国家的发展中照顾了各民族的利益,在民族的发展中增强了国家的综合实力。

我国的资源分布和经济发展的不平衡性及少数民族居住的地理位置决定了我国实行民族区域自治制度的重要性。少数民族地区资源丰富,尽管经济

---

① 《毛泽东文集》第7卷,人民出版社1999年版,第204页。

相对落后,但战略地位却十分重要。他们大都居住在边疆地区,边防安全需要少数民族的参与。"少数民族问题解决得不好,国防问题就不可能解决好。"①民族区域自治成功地解决了这个问题,新中国成立以来,我们进行了几次大的边境自卫作战,少数民族群众积极参加到保家卫国的行列中,为祖国的领土完整和国家的安全做出了巨大的贡献。

由此可见,民族区域自治制度作为我国一项基本的政治制度,对保障中华民族的根本利益发挥了重大作用。

第三节 民族区域自治制度的基本内容和原则

民族区域自治制度的基本内容和原则是由宪法和民族区域自治法具体规定的。根据2001年2月28日第九届全国人民代表大会常务委员会第二十次会议《关于修改〈中华人民共和国民族区域自治法〉的决定》,新修正的《民族区域自治法》在序言中指出:"民族区域自治是在国家统一领导下,各少数民族聚居的地方实行区域自治,设立自治机关,行使自治权。实行民族区域自治,体现了国家充分尊重和保障各少数民族管理本民族内部事务权利的精神,体现了国家坚持实行各民族平等、团结和共同繁荣的原则。"这是根据我国宪法而明确界定的民族区域自治制度的基本内容和应遵循的原则。

一、民族区域自治制度的基本内容

我国宪法规定:"各少数民族聚居的地方实行区域自治,设立自治机关,行使自治权。各民族自治地方都是中华人民共和国不可分离的部分。"通过这条规定,我们可以看到我国的民族区域自治制度有如下三项基本内容:

第一,在各少数民族聚居的地方实行区域自治。新修正的《民族区域自治

---

① 《邓小平文选》第1卷,人民出版社1994年版,第161页。

法》第12条规定:"少数民族聚居的地方,根据当地民族关系、经济发展等条件,并参酌历史情况,可以建立以一个或者几个少数民族聚居区为基础的自治地方。"由此可见,我国的民族区域自治不是单纯以民族作为自治单位,也不是单纯地以地域作为自治单位,而是两者的有机结合。没有少数民族的区域,不存在民族自治;有少数民族而无聚居情况的区域,也不能成为自治地方。

《民族区域自治法》同一条还规定:"民族自治地方内其他少数民族聚居的地方,建立相应的自治地方或者民族乡。民族自治地方依据本地方的实际情况,可以包括一部分汉族或其他民族的居民区和城镇。"这是对前面内容的补充,使民族区域自治制度的内容体现得更加完整。这个补充符合我国民族大杂居、小聚居的实际情况,为正确处理民族自治地方内的民族关系、维护各民族团结合作、保持社会稳定、促进地方和民族的经济文化发展创造了条件。

第二,设立自治机关,行使自治权。在宪法和《民族区域自治法》的保障下,民族区域自治制度规定:民族区域自治地方应设立自治机关。这是民族区域自治地方的政权形式。自治机关的设置是实行民族区域自治、保障少数民族平等权利的基础和前提。我国宪法第112条规定,"民族自治地方的自治机关是自治区、自治州、自治县的人民代表大会和人民政府"。因为是民族区域自治,故不仅要有区域自治民族代表,而且其他居住在本行政区域内的民族也应该有适当比例的代表名额,以充分实现自治机关的民族化,体现各族人民共同管理本地方事务的民族精神。

对于地方自治权,宪法第三章第六节作了原则性规定,《民族区域自治法》第三章共27条,从政治、经济、文化、社会生活等方面详细阐述了其内容。这些权利是各民族自治地区应该具备的,也是国家应该赋予的,完全符合少数民族自治地方和全国人民的共同利益。有了这些自治权,民族区域自治机关就能更好地、更有效地加强民族团结,巩固祖国统一,发展本地区各少数民族的政治、经济和科学文化事业。

第三,各民族自治地方都是中华人民共和国不可分离的部分。这里有两层意思:其一是民族自治地方是在少数民族聚居的地区建立起来的地方自治单位,其行政单位分别是自治区、自治州和自治县(旗)三级,它们在接受中央政府或省或地市级政府的领导的同时,依法享有管理本地方、本民族事务的自治权利;其二是各民族自治地方都有义务维护宪法和民族区域自治法的尊严,参与国家事务的管理,服从中央政府和上级机关的领导,维护中华人民共和国的统一。

二、民族区域自治制度的基本原则

《宪法》和《民族区域自治法》都明确规定了我国民族区域自治制度的基本原则。

第一,尊重和保障少数民族当家作主权利的原则。民族区域自治制度的核心就是尊重和保障民族自治的权利。中国共产党在中国实行民族区域自治制度就是要让各少数民族都享有当家作主、管理本民族自己的事务、管理国家大事的平等权利,体现主权在民的民主精神。

我们实行民族区域自治的实质就是坚持国家的民主化。国家赋予民族自治地方的自治机关依法解决少数民族特殊问题的权利,这是解决民族问题的基础。因此凡是宪法规定的民族自治权利,以及根据宪法制定的有关民族自治权利的各种法规、法令,都应该受到尊重。如果我们不采取这些措施切实保障少数民族的自治权利,对其自治不尊重,则少数民族同胞当家作主的愿望就不能实现,权利也得不到保障,民族区域自治制度也就成了一纸空文。

第二,坚持民族平等、团结和共同繁荣的原则。我国宪法规定,中华人民共和国各民族一律平等。只有平等,才能真正实现各民族团结,民族团结是马克思列宁主义处理民族问题的根本原则,也是中国共产党处理中国民族事务的根本出发点和落脚点。我们实行民族区域自治制度,就是要求各民族不论大小,经济文化不管是发达还是落后,一律平等,只要条件具备都可建立自治地方,享有本民族自己的事务自己管理,同时参与国家事务管理的平等权利。共同繁荣是民族平等、团结的基础,没有各民族的共同繁荣,民族的平等、团结也是表面的和暂时的,不能持久。另外,民族平等、团结是共同繁荣的前提,民族之间若存在恃强凌弱的不平等现象,就没有民族间的团结,也就不会有各民族的共同繁荣。所以,宪法规定:"禁止对任何民族的歧视和压迫,禁止破坏民族团结和制造民族分裂的行为。"

第三,维护祖国统一的原则。《宪法》和《民族区域自治法》还明确规定:"中华人民共和国是全国各族人民共同缔造的统一的多民族国家。"民族区域自治制度是我国基本政治制度之一,是人民民主专政在我国少数民族地区的具体体现。民族区域自治地方与中华人民共和国的关系是部分与整体、地方与中央的关系,不能分离。民族区域自治地方一方面要维护国家版图的统一,另一方面要维护政令的统一,遵守国家宪法。只有在国家的统一领导下,各少数民族的根本利益才能得到切实保护。

第四节 民族区域自治制度的特点和优越性

由于民族区域自治制度是中国共产党把马克思主义关于民族问题的基本理论与中国民族的实际情况相结合,与全国各族人民一道在长期的革命和建设实践中逐渐形成和发展起来的,所以,与其他国家为解决民族问题而实行的制度如联邦制等相比,我国的民族区域自治制度具有鲜明的特点和极大的优越性。

一、民族区域自治制度的特点

党的十九届四中全会指出,坚定不移走中国特色解决民族问题的正确道路,坚持各民族一律平等,坚持各民族共同团结奋斗、共同繁荣发展,保证民族自治地方依法行使自治权,保障少数民族合法权益,巩固和发展平等团结互助和谐的社会主义民族关系。根据我国宪法和民族区域自治法的有关规定,我国的民族区域自治有以下几个特点:

一是我国是多民族的国家,凡实行民族区域自治的地方都是中华人民共和国不可分割的一部分,国家和各民族自治地方的关系是中央和地方的关系。

二是我国是人民民主专政的社会主义国家,一切权力属于人民。这就决定了我国民族区域自治的性质是以工农为主体的少数民族人民自治,是人民民主专政在少数民族地区的具体体现。

三是由于一切国家机关都实行民主集中制,所以,作为国家的一级地方政权,民族自治地区设立的自治机关也必须实行民主集中制。

四是我国宪法是全国各族人民必须遵守的根本法律,因此,一切民族自治地方都必须遵守宪法所规定的总原则,坚定地接受中国共产党的领导,走社会主义道路,贯彻执行国家的政策、法令,履行宪法所规定的各项义务。

五是各级民族自治地方都是以少数民族聚居的地区为基础而建立的,是区域自治与民族自治的有机结合,所以,各项政策都是在有利于自治地方的社会经济、文化发展和民族团结的原则下制定的。

习近平指出,我国五十六个民族是历史形成的客观存在,是不以人的意志为转移的存在。我国少数民族有一亿多人,处理好民族关系始终是国家政治生活极为重要的内容。"多民族、多文化恰恰是我国的一大特色,也是我国发展的一个重要动力。"[①]我们伟大的祖国是五十六个民族共同开发的,中华民族的未来也要靠五十六个民族共同来创造。

二、民族区域自治制度的优越性

民族区域自治制度建立以来,尤其是党的十一届三中全会以来,我国已形成了平等、团结和互助的社会主义新型民族关系。与当今世界上一些国家因民族纷争而战乱不断、分裂瓦解相比,我国的民族团结、经济发展、社会稳定、各民族共同进步的事实充分说明了民族区域自治制度所具有的强大生命力和巨大的优越性。

第一,民族区域自治制度的实行保障了少数民族同胞在政治上的平等地

[①] 中共中央文献研究室编:《习近平关于社会主义政治建设论述摘编》,中央文献出版社2017年版,第147页。

位和应享有的平等权利。民族区域自治制度是我国的一项基本政治制度,是我国各民族平等团结的标志,该制度的实施有利于调动广大少数民族同胞参加国家政治生活的积极性,实现少数民族同胞当家作主的愿望。

第二,民族区域自治制度的实施有利于消除历史遗留下来的民族矛盾和民族隔阂,抵制形形色色的民族沙文主义,尤其是大汉族主义和狭隘的民族主义,树立江泽民提出的"汉族离不开少数民族,少数民族离不开汉族,各少数民族相互也离不开"的思想;有利于在各民族间建立真诚互信和互助合作的兄弟关系。民族区域自治"使所有少数民族不论聚居或者杂居都能实行真正的自治。这就有利于少数民族普遍行使自治权利。也有利于民族之间的合作互助"[1],使汉族同各少数民族及各少数民族之间能够和睦相处,互相借助对方的优势,实现取长补短,共同发展,消除历史造成的各民族间经济、文化、科技发展不平衡状态,达到共同发展、共同繁荣的目的。

第三,民族区域自治制度的实施有利于民族地方的经济和科技文化的发展。少数民族同胞管理本民族、本地区的事务,使他们的民族语言文字成为人们交往和执行公务的工具;众多的民族干部,包括科技、文化干部在自治地方担任各级国家机关和社会团体领导职务,他们熟悉地方事务和民族习俗,能比汉族干部更好地注意将本地区、本民族的特点同现代化生产力的发展需要相结合,因地制宜采取措施,推动本地区、本民族的发展。更重要的是,民族区域自治制度强调各民族的合作互助。各民族的发展一方面要靠本民族自己的努力;另一方面也要靠其他民族的帮助,要靠国家的整体力量,这是由我国的民族历史和发展现状决定的。单靠一个民族的人力、物力与财力是无法取得进步的。

第四,民族区域自治制度的实行,有利于巩固我国的人民民主专政政权与国家领土主权的完整统一,有利于粉碎西方敌对势力分化瓦解中国的阴险图谋,加强民族团结,促进共同繁荣,巩固国防,维护国家的主权和领土完整。

民族区域自治是中国共产党创造性地运用马克思列宁主义民族理论解决

---

[1] 《周恩来选集》下卷,人民出版社1984年版,第260页。

我国民族问题的一项重要政策,民族区域自治制度的实施,不仅充分证明了马克思主义民族理论的科学性,也体现出自身的优越性。实践证明,民族区域自治制度是适合中国国情的基本政治制度。

第五节　坚持和完善民族区域自治制度

我国的民族区域自治制度经历了风雨的考验,事实已经证明,我国是当今世界上成功解决民族问题的国家之一。面对新世纪出现的民族方面的新情况和新问题,我们要全面贯彻党的民族政策,坚持和完善民族区域自治制度,切实加强民族工作,巩固和发展平等、团结、互助的社会主义民族关系,促进各民族共同繁荣进步。2022年10月,党的二十大报告再次强调指出,要坚定不移走中国特色解决民族问题的正确道路,坚持和完善民族区域自治制度,加强和改进党的民族工作,全面推进民族团结进步事业。

一、"联邦制"不适合中国的国情

国家的统治阶级在处理中央与地方、整体与局部的关系时采取的方法一般有两种,一种是国家结构形式的单一制,一种是联邦制。

世界上第一个社会主义国家苏联为解决民族问题采用了联邦制的形式,但经验教训说明,联邦制并不是解决民族问题的最佳手段。一个国家采用什么国家结构形式来解决国内的民族问题,要从该国的民族实际情况出发,制定符合国情、民情的政策。我国不实行联邦制,而实行单一制下的民族区域自治制度,是由我国的国情决定的。

首先,苏联的少数民族人口众多,占全国人口总数的47%,与俄罗斯族人口相差不多,且他们大多举族聚居。我国的少数民族只占全国人口的8%左右,并且呈现出大分散、小聚居的状态。几千年来,汉族和少数民族及少数民族与少数民族之间交往、迁徙所形成的各民族杂居和交错聚居是我国民族分布的重要特点,中华民族悠久、灿烂的文化是各族人民共同创造的。

其次,苏联实行联邦制是由当时的民族形势决定的,从理论上讲,马克思、恩格斯、列宁、斯大林依据无产阶级革命的理论,从世界无产阶级的根本利益出发,都坚持实行民主集中制,坚持建立统一而不可分割的共和国,对国家结构形式的联邦制持否定或反对的态度。他们认为联邦制共和国或者是一种例外,是发展的障碍,因为它削弱经济联系,对于一个国家来说是一种不合适的形式;或者是由君主国向集中制共和国的过渡,是在一定的特殊条件下"前进一步"。他们基本上都主张在统一的国家内实行地方或民族区域自治。从实践方面看,在俄国1917年"二月革命"爆发后,俄国境内各民族纷纷摆脱了沙皇的专制统治,原来的沙俄帝国处于分崩离析的状态。十月革命后,西方帝国主义列强联合干涉俄国无产阶级革命,俄国国内相继出现了一些民族共和国。列宁和俄国布尔什维克党考虑到本国的历史、政治、宗教、经济、文化和民族分布等复杂因素,认为暂不适合建立单一制的民主共和国,为了使俄国境内各民族重新统一起来,才把联邦制作为俄国各民族从分裂走向团结联合的过渡形式加以肯定。

再次,沙皇俄国的民族历史与我国的民族历史不同。沙皇俄国对内实行大俄罗斯主义,歧视、压制非俄罗斯民族;对外采取极野蛮的武力扩张和兼并政策。俄罗斯边疆的许多民族地区原本大都是独立的,在沙俄军队的武力征讨下,这些独立的民族地区才被吞并了。有些地区甚至是在19世纪中叶以后才被征服的。因此,俄国境内各民族要求摆脱沙俄残暴统治的愿望十分强烈。而我国自秦汉以来一直就是一个统一的多民族国家。虽然在历史上,汉族和少数民族之间存在着斗争,其间既有汉族对少数民族的压迫,也有少数民族对汉族的压迫,但这些都是各民族的奴隶主或封建统治阶级对各族人民的压迫,中国历史上的主流则是维护各民族间的和睦关系和维护祖国的统一、完整。例如,蒙古族和满族对中国的统一就做出过巨大的贡献,现在中国的版图基本上就是在元朝至清朝时确定下来的。在近代抵抗西方列强入侵的斗争中,中国各族人民团结一致,为维护国家主权和领土完整而浴血奋战。新疆各族人民配合清军于1878年初基本收复新疆,沉重打击了英、俄等西方帝国主义的侵略势力,遏制了民族分裂主义者的活动;1888年西藏军民在隆吐山战役中,奋勇抵抗英军的入侵。

此外，近代中国是一个半殖民地半封建社会的国家，中国各族人民都受帝国主义的侵略和压迫，都是被压迫民族，有共同的命运和遭遇，都有追求中华民族解放的共同目标。在新民主主义革命过程中，各族群众在中国共产党的领导下，团结得更加紧密，为了共同的奋斗目标浴血奋战，所以，到新中国诞生时，我国就不需要用"联邦制"这种过渡形式，而是直接采用民族区域自治制度来建立集中统一的人民民主共和国。

由此可见，中华民族有几千年的交融历史，各族人民在相互交往中，特别是在近百年反对共同敌人的斗争中，同呼吸、共命运、心连心，发展了休戚与共、互相依存、谁也离不开谁的亲密关系。这是我国民族关系的一个重要特征，是我国实行民族区域自治制度的重要原因。列宁曾明确指出："在各种不同的民族组成一个统一的国家的情况下，并且正是由于这种情况，马克思主义者是决不会主张实行任何联邦制原则，也不会主张实行任何分权制的。"[①]

总之，民族区域自治是符合中国国情的制度，是马克思主义关于统一的民主集中制国家的普遍原理同中国民族实际相结合的产物。中国共产党关于民族区域自治的理论和成功解决中国民族问题的实践经验，丰富和发展了马克思主义的民族理论。

二、坚持和完善民族区域自治制度

1987年10月，邓小平曾这样评价我国的民族区域自治制度。他说："解决民族问题，中国采取的不是民族共和国联邦的制度，而是民族区域自治的制度。我们认为这个制度比较好，适合中国的情况。我们有很多优越的东西，这是我们社会制度的优势，不能放弃。"[②]随着我国社会主义现代化建设的不断深入，民族区域自治制度作为一种上层建筑必须适应经济基础的变化而发展。

第一，进一步完善民族法制建设是坚持和完善民族区域自治的基础。经过几十年的实践，我国的民族法制建设已经取得较好成绩，在宪法和民族区域

---

① 《列宁选集》第2卷，人民出版社2012年版，第358页。
② 《邓小平文选》第3卷，人民出版社1993年版，第257页。

自治法等有关民族问题的法律和法规实施过程中,民族法制工作不断得到充实和完善,初步形成了民族自治法律体系。进一步完善民族法制建设,是依法治国总要求在民族地区的具体落实。

我们要进一步完善各级地方的法规,将民族区域自治具体落实。这些具有民族性和地方性特点的法规的制定有力地促进了民族区域自治法的贯彻实施。但我们应注意,在完善民族自治地方立法的过程中,要保持民族自治地方的行政法规与国家基本法的一致性。民族自治地方的行政法规不能违背国家的基本法,或不能与国家基本法相矛盾,民族自治机关必须承担国家法律规定的责任,履行应尽的义务。

另外,要完善民族法制建设的监督工作,建立由中央到地方的民族法制建设的监督机制。我们要从民族立法的专业性、规范性和系统性等方面着手,加强民族立法工作和执法力度,严肃惩处违法行为。我们还要动员少数民族同胞和民族自治地区的舆论媒体参加监督;要普及法律知识,提高各民族人民的法律意识,使他们能运用法律的武器来保障自己的正当权益。一句话,通过完善民族自治的法律、法规,加强立法和执法的监督工作,使各级地方和行政部门能够切实依法尊重和保障民族自治地方的自治权,民族自治机关依法行使自治权。

第二,培养和使用少数民族干部是坚持和完善民族区域自治制度的重要组织保证。少数民族干部是解决民族问题的关键。他们成长在本民族群众之中,熟悉民族地区的风俗习惯和宗教信仰,通晓本民族的语言,了解本民族群众的利益和要求,与民族群众息息相通。他们不仅能够代表广大少数民族群众的利益,而且能忠实地执行党的政策。对于改善民族地区的落后面貌,民族干部有着迫切的愿望和强烈的责任感。近年来,国际风云变幻,不少国家和地区的民族矛盾日益突出。我国之所以能始终保持民族地区的总体稳定,在建设中国特色社会主义事业中不断推进民族团结,根本原因之一就是我们培养了一批又一批坚决执行党的路线、方针、政策,能和整个中华民族同呼吸、共命运、心连心的少数民族干部。

在新民主主义革命时期,我们需要大量合格的少数民族干部,在改革开放和社会主义现代化建设进程中,我们更需要大量政治合格、业务过硬的少数民族干部。中国共产党十分重视少数民族干部的培养,把它看成一件关系全局、具有战略意义的大事。毛泽东指出:"要彻底解决民族问题,完全孤立民族反动派,没有大批从少数民族出身的共产主义干部,是不可能的。"[①]刘少奇在党的第八次全国代表大会上提出:"凡是在少数民族地区的工业,无论是中央国营工业或者是地方工业,都必须注意帮助少数民族形成自己的工人阶级,培养自己的科学技术干部和企业管理干部。只有这样,少数民族在各方面的发展才能比较快地达到现代的水平。"[②]当代中国共产党人高度重视21世纪少数民族干部的培养,要求各级党委以更大的力量,进一步加强对少数民族干部,特别是中高级干部和各种科技、管理人才的培养;既要在数量上有计划地扩大,更要在提高素质、改善结构方面下功夫,以适应新世纪社会主义现代化建设和改革开放的需要。

随着西部大开发战略的实施和我国对外开放的进一步深入,党中央对少数民族干部的培养提出了更高的要求。要求他们牢固树立马克思主义的民族观和宗教观,掌握辩证唯物主义与历史唯物主义的世界观和方法论,善于从理论和全局高度把握民族工作;联系国际局势的发展变化来观察民族问题;增强政治鉴别力、战略思维能力和世界眼光,增强维护祖国统一和民族团结的自觉性。只有一大批立场坚定、头脑清醒,能够应对和驾驭各种复杂局面,经得起各种风险考验的高素质的少数民族年轻干部不断成长、成熟起来,我们坚持和完善民族区域自治制度,巩固民族团结的伟大事业才有坚强的组织保障。

第三,建立适应社会主义市场经济体制的民族经济和文化是巩固和完善民族区域自治制度的前提条件。中华民族能否在21世纪实现伟大的复兴,中华民族能否对世界作出较大的贡献,关键在于全国五十六个民族的共同发展和共同繁荣。加快中西部地区少数民族地区的经济、文化发展,提高他们的科技水平,提高他们经济的竞争能力,这是中国在21世纪要解决的大事之一。邓小平在新中国成立初期就指出:"实行民族区域自治,不把经济搞好,那个自

[①] 《毛泽东文集》第6卷,人民出版社1999年版,第20页。
[②] 《刘少奇选集》下卷,人民出版社1985年版,第251页。

治就是空的。少数民族是想在区域自治里面得到些好处,一系列的经济问题不解决,就会出乱子。"①在当前社会主义市场经济体制逐步完善的过程中,我们应充分注意民族地区的经济文化发展,在实践中遵循如下的原则:适应社会主义市场经济体制;有利于维护民族团结和国家统一;有利于促进地区经济发展;有利于提高少数民族的竞争能力;有利于实现社会公平,促进各民族共同繁荣;加强基础教育,推动民族语言文字与现代化、信息化接轨。

中国特色社会主义进入新时代,既为少数民族地区的进一步开放和快速发展提供了机遇,又带来了挑战。习近平指出:"发展是解决民族地区各种问题的总钥匙。关键是实现什么样的发展?"②要多办一些顺民意、惠民生的实事,多解决一些各族群众牵肠挂肚的问题。对口支援的项目和资金,要着力提供基本公共服务和改善民生。我们应抓住机遇,迎接挑战,以西部大开发为契机,促进少数民族的经济文化实现跨越性的飞跃,赶上东部发达地区的经济文化水平,为民族区域自治制度的巩固和完善打下坚实的物质基础。

第四,正确处理宗教信仰问题,巩固与扩大民族区域自治制度的群众基础。民族、宗教无小事,积极正确地解决这两个既相互关联又完全不同的复杂问题,是保持社会稳定、加强民族团结、维护国家统一的大事。我国既是一个多民族国家,又是一个宗教多元化的国家,宗教在少数民族同胞中有广泛的影响。要巩固和完善民族区域自治制度,不仅需要广大少数民族群众的积极参与,而且需要少数民族宗教界人士的积极参与。

当前,国际敌对势力企图利用民族、宗教问题作为对我国实行"分化"的突破口。面对渗透和反渗透、分裂和反分裂的严峻斗争,我们必须充分认识到民族与宗教方面进行斗争的复杂性、长期性和艰巨性,正视存在的问题与挑战,切实加强宗教工作和民族工作,比以往任何时候都更加重视民族的团结。

我国《宪法》第36条对尊重和保护宗教信仰自由有明确的规定,公民享有充分的宗教信仰自由的权利。认真全面地贯彻党和国家的宗教信仰自由政策,

---

① 《邓小平文选》第1卷,人民出版社1994年版,第167页。
② 中共中央文献研究室编:《习近平关于社会主义政治建设论述摘编》,中央文献出版社2017年版,第155页。

对于民族团结、社会安定及民族地区的经济、文化、政治发展都具有积极意义。

坚持和贯彻宗教信仰自由政策,要进一步巩固和发展党同宗教界的爱国统一战线,加强对各类宗教组织和成员的爱国主义和社会主义教育,积极引导宗教与社会主义制度相适应。宗教是一种历史现象,在社会主义社会中将长期存在。如果宗教不能与社会主义社会相适应,那么就会产生矛盾,引发社会的动荡,破坏民族的团结。我们所讲的宗教与我国社会主义社会相适应,就是要求宗教信徒在政治上热爱祖国、拥护社会主义制度、拥护中国共产党的领导。

坚持和贯彻宗教信仰自由政策,就是要求国家机关、社会团体和个人都不得歧视信教的公民,保护信教群众的正常宗教活动。由于少数民族群众中信教人数相对比较多,对信教公民的歧视就是对少数民族的歧视。民族、宗教问题无小事,国家机关和社会团体要严格自律,认真落实党的民族宗教政策,不信教的人尤其要注意尊重信教群众的宗教信仰及相关的生活习俗。

坚持和贯彻宗教信仰自由政策,必须强调政教分离的原则。宗教不得干预国家行政和司法工作,任何人不得利用宗教进行破坏社会秩序、损害公民身体健康、妨碍国家教育制度,以及挑拨民族矛盾、分裂祖国的活动。中华人民共和国的公民有不信教的自由。由于某些民族曾经有过全民信教的历史,随着科技文化知识的普及和唯物主义教育的深入,一些群众已不再信教,因此,任何团体和个人都不能强迫别人信教。

坚持和贯彻宗教信仰自由政策,就是要求有关部门对有关宗教的法律、法规和政策的实施进行监督,各级政府要依法管理和保护正常的宗教事务,使宗教界的合法权益得到有效的保障。此外,我们还要坚持独立自主、自办教会的原则,贯彻宗教团体和宗教事务不受外国势力支配的方针。这是我国保持政教分离、维护社会稳定、防止教派冲突的成功经验。现在,我国的对外开放正向深层次发展,宗教界的国际交往也日益增多。我们必须警惕国际上的敌对势力借用宗教渠道进行渗透,坚决抵制极端宗教势力的消极影响。

党的十九大报告强调,要"全面贯彻党的宗教工作基本方针,坚持我国宗教的中国化方向,积极引导宗教与社会主义社会相适应"。总之,我们要高举维护人民利益、维护法律尊严、维护民族团结、维护祖国统一的旗帜,严格区分两类不同性质的矛盾,正确处理宗教信仰问题。让少数民族的宗教界和信教群众切实感受到民族区域自治制度维护了他们的合法权利,使他们能够自觉为坚持和完善民族区域自治制度贡献力量,为我国进一步坚持和完善民族区域自治制度奠定广泛的群众基础。

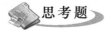

1. 我国民族区域自治制度的特点和优越性是什么?
2. 联邦制为什么不适合中国国情?
3. 如何坚持和完善我国民族区域自治制度?

第六章

基层群众自治制度

当代中国基层民主制度,是社会主义民主制度的重要组成部分,是社会主义民主最广泛的伟大实践。在中国特色社会主义政治制度的建立过程中,围绕着最终实现人民当家作主这个核心命题,中国共产党进行了两方面的探索。一方面是保证人民通过民主选举的方式产生各级国家权力机关,并通过各级国家权力机关产生各级国家执行机关,以实现对国家和社会事务的管理。这就是建立高层的民主制度。另一方面是保证人民通过各种政治组织和社会团体,实现全面的、广泛的、直接的民主参与和群众自治,从而行使自己的民主权利。这就是建立基层的民主制度。中国特色社会主义民主,在制度上最为核心的内容是基层民主制度。这种制度经过长期的实践和探索,已经形成较为独特的内容和形式。在农村中建立了村民自治制度,在城市中建立了居民自治制度,而在基层企事业单位则建立了职工代表大会制度。当代中国基层群众自治制度,在建设富强民主文明和谐美丽的社会主义现代化强国的进程中,必将发挥积极的作用。

第一节 村民自治制度

改革开放以来,经过四十多年的探索和发展,我国农村村民自治制度已逐步形成以竞争性选举产生的村民委员会为工作机构,以村民会议和村民代表会议为议事决策机构,以村民监督委员会和民主理财小组等为监督机构,以村民小组为联系村民的联络机构的民主自治体系。在村民自治的实践过程中,广大村民采用"民主选举、民主协商、民主决策、民主管理、民主监督"等民主方式,共同讨论决定村内重大事务,实现村里的事务村民自己决策,村里的事情由村民自己来管理。村民自治制度是人民当家作主在我国农村基层的充分体现。

一、村民自治制度的产生和发展

从中华人民共和国成立到"文化大革命"结束的二十多年间,农村村级组织大致有过三种形式。第一种是村级政权组织。新中国成立初期,为了适应农村土地改革和加强人民基层政权的需要,1950年国家颁布了《乡(行政村)人民代表会议组织通则》和《乡(行政村)人民政府组织通则》,规定行政村属于人民政权的基层组织,村人民政权由村人民代表会议与村人民政府组成。在村级建立的政权,显然是一种过渡性质的组织。第二种是居民小组。1954年中华人民共和国第一部宪法颁布后,我国取消了村级政权,规定乡镇为农村基层政权单位,必要时再在自然村或选举区下划分若干居民小组。这个规定中有乡村自治的一些雏形,但还缺乏宪法和法律的基础。第三种是生产队。1958年全国农村普遍实行了人民公社制度,建立了政社合一、三级管理的体制,最基层的一级是按照自然村组建的生产队,重大事项均由生产队社员大会讨论决定,生产队设队长、会计及其他管理委员和监察委员。农村村级组织的三种形式,使农民的民主权利得到一定程度的体现,但总体而言,农民基本上被纳入各级政权组织的管理之下,他们的民主权利体现得并不充分。例如,当时在城市居民中实行的群众性自治组织就一直没有推广到广大农村。

1978年党的十一届三中全会后,我国进入改革开放的新时期。以家庭联产承包责任制为主要内容的改革迅速展开,直接触发农村生产关系的重大变革。农村上层建筑不可避免地受到冲击,人民公社体制开始解体。为了应对人民公社解体后出现的管理问题,一些地方的农民自发地创造了自我管理的村民自治组织形式。这种组织形式首先出现在广西壮族自治区罗城县和宜山县一些农村中,当时叫"村管会",也有的叫"村治安领导小组",负责维护地方治安、提供某些福利、管理公共设施、调解民间纠纷等事务。1981年春天起改称为"村民委员会"。

村民委员会这种组织形式一出现,立即得到中共中央领导的高度重视及肯定。1980年5月,邓小平在同中央负责同志的谈话中回顾了人民公社体制的演变过程,认为人民公社体制变化太快,而且把生产队的规模搞得太大,实践证明这样并不好。他指出:总的说来,现在农村工作中的主要问题还是思想不够解放。除表现在集体化的组织形式这方面外,还有因地制宜发展生产的问题。因此,"从当地具体条件和群众意愿出发,这一点很重要。我们在宣传上不要只讲一种办法,要求各地都照着去做。宣传好的典型时,一定要讲清楚他们是在什么条件下,怎样根据自己的情况搞起来的,不能把他们说得什么都好,什么问题都解决了,更不能要求别的地方不顾自己的条件生搬硬套"[①]。在中共中央的重视和支持下,村民委员会迅速地在农村发展起来。

从1982年至今,村民自治制度已经走过四十年的发展历程,经历了四个发展阶段。

1982年至1985年为建立阶段。1982年8月,中共中央转发《全国政治工作会议纪要》,提出在农村要有计划地进行建立村民或者乡民委员会的试点工作,发动群众制定乡规民约。1982年12月,新的宪法获得通过,其中取消了人民公社的建制,改为乡或镇,"这种改变将有利于加强农村基层政权建设,也有利于集体经济的发展"[②]。同时,宪法还对村民委员会的名称和任务作了原则规定:农村按居民居住地区设立的居民委员会是基层群众性自治组织。村民委员会的主任、副主任和委员由村民选举,村民委员会同基层政权的相互关系由法律规定。从此,村民委员会的法律地位得以确定。彭真在关于宪法修改草案的报告中还特别指出:"在基层社会生活中,还要加强群众性自治组织的

---

① 《邓小平文选》第2卷,人民出版社1994年版,第316—317页。
② 彭真:《论新中国的政法工作》,中央文献出版社1992年版,第322页。

建设,以便发动群众自己管理自己的公共事务和公益事业。"[1]1983年10月,中共中央、国务院发出了《关于实行政社分开、建立乡政府的通知》,正式宣告了人民公社体制的终结,从而为在全国范围内建立村民委员会铺平了道路。随着乡镇政府的普遍建立,原生产大队也都陆续改为村委会。到1985年2月,全国共设村委会948 628个。[2]

1986年至1989年为制度化运作阶段。1987年11月24日,《中华人民共和国村民委员会组织法(试行)》(以下简称《村民委员会组织法(试行)》)在全国人大常委会通过,对村民委员会的产生、任务和工作的开展都作了比较细致的规定,而且明确了村委会是村民自我管理、自我教育、自我服务的基层群众自治组织,乡镇政府与村民委员会的关系是指导和协助的关系。这个法律的出台使村民自治制度建设有法可依,按照法律来贯彻实施。这对村民自治制度起到了巨大的推动和规范作用。1989年年底,全国共有14个省、自治区和直辖市在试点的基础上依法选举了村委会干部。

1990年至1997年为规范阶段。1990年9月,民政部颁发《关于在全国农村开展村民自治示范活动的通知》;1994年2月,民政部又发布了《全国农村村民自治示范活动指导纲要(试行)》。这两个文件对村民自治示范活动的目标、任务、指导方针、具体措施等作了全面系统的规定,并首次明确提出建立民主选举、民主决策、民主管理、民主监督四项民主制度。此后,全国各地按照要求全面推开村民自治的工作。村民委员会选举形式不断地向民主化的方向发展,1995年出现了"秘密划票""海选""公推公选"等多种形式的竞选。全国绝大多数省份都已进行了两届选举,其中有18个省、自治区、直辖市基本上完成了第三届选举,个别省份进行了第四届的选举。村民代表会议制度也建立起来,到1997年年底,全国50%左右的村建立了村民代表会议制度。

1998年至今为进一步发展完善阶段。党的十五大对村民自治制度作了充分的肯定,极大地推动了村民自治制度的进一步发展。村民自治政策得到强

---

[1] 彭真:《论新中国的政法工作》,中央文献出版社1992年版,第324页。
[2] 《当代中国的民政》(上),当代中国出版社1994年版,第142页。

化和完善,1998年中共中央、国务院一系列重要文件,对村民自治制度提出一系列政策性的要求。1998年11月4日,九届全国人大常委会第五次会议在总结十多年村民自治经验的基础上,修改了原有的《村民委员会组织法(试行)》,以97%的赞成票正式通过了《中华人民共和国村民委员会组织法》(以下简称《村民委员会组织法》),实现了村民自治制度法律化的历史性飞跃。在这个法律的规范下,全国村民自治制度的建设有重大进展。全国各省份相继颁布相关法律,截至1999年12月底,全国有14个省颁布了新的村委会组织法实施办法或村民委员会选举办法,全国有19个省份组织了村民委员会的选举。2010年10月,修订后的《村民委员会组织法》公布,其中第4条特别强调,中国共产党在农村的基层组织,按照中国共产党章程进行工作,发挥领导核心作用。2018年12月,修正后的《村民委员会组织法》强调村民依法办理自己的事情,健全了民主议事制度。

从总体上看,村民自治实施以来,发展还是比较顺利的,也是比较成功的。这充分反映了中国农民对民主的渴望和要求,也充分反映了这条道路的可行性和正确性。村民自治制度是中国人民特别是中国农民的一项伟大创举,是中国特色社会主义民主政治制度中最具活力的内容。党的十八大以来,村民自治制度得到了进一步的发展和完善,进入了制度化、规范化、法制化的新阶段。

二、村民自治制度的构成和内容

村民自治制度是一项具有中国特色的农村基层民主政治制度,即农村居民依照宪法和村民委员会组织法的规定,直接选举村民委员会,设立村民自治组织,行使自治权,实现村民自我管理、自我教育、自我服务的制度。2013年11月,党的十八届三中全会通过的《中共中央关于全面深化改革若干重大问题的决定》指出,建立健全村民监督机制,促进群众在城乡社区治理、基层公共事务和公益事业中依法自我管理、自我服务、自我教育、自我监督。

村民委员会是以农民自我管理、自我教育、自我服务、自我监督为特征的

基层群众性自治组织,其任务主要包括以下几个方面:

(1)办理本村的公共事务和公益事业。(2)调解民间纠纷,协助维护社会治安。(3)向人民政府反映村民的意见、要求和提出建议。(4)支持和组织村民依法发展各种形式的合作经济和其他经济,承担本村生产的服务和协调工作,促进农村生产建设和经济发展。(5)维护以家庭承包经营为基础、统分结合的双层经营体制,保障集体经济组织和村民、承包经营户、联产或者合伙的合法财产权和其他合法权益。(6)依法管理本村属于农民集体所有的土地和其他财产,引导村民合理利用自然资源,保护和改善生态环境。(7)宣传宪法、法律、法规和国家的政策,教育和推动村民履行法律规定的义务,爱护公共财产,维护村民的合法权益,发展文化教育,普及科技知识,促进男女平等,做好计划生育工作,促进村与村之间的团结、互助,开展多种形式的社会主义精神文明建设活动。(8)在多民族村民居住的村,还应当教育和引导各民族村民增进团结、互相尊重、互相帮助。

村民委员会根据村民居住状况、人口多少,按照便于群众自治的原则设立。村民委员会的设立、撤销、范围调整,由乡、民族乡、镇的人民政府提出,经村民会议讨论同意后,报县级人民政府批准。村民委员会由主任、副主任和委员共三至七人组成。村民委员会成员中,应当有妇女成员,多民族村民居住的村应当有人数较少的民族的成员。对村民委员会成员,根据工作情况,给予适当补贴。

村民委员会根据需要可设人民调解、治安保卫、公共卫生与计划生育等委员会。村民委员会成员可以兼任下属委员会的成员。村民委员会可根据居民居住状况、集体土地所有权关系等分设若干村民小组。

村民自治的基本原则是自我管理、自我教育、自我服务、自我监督,在实践中又具体化为村民的民主选举、民主协商、民主决策、民主管理与民主监督五项权利和制度。这五项权利的行使和制度的运行,构成了村民自治的基本内容。

民主选举是村民自治制度的前提,是指由村民直接选举村委候选人。它又可细分为几种方式:村民联名提名、村民小组推荐、村委会选举领导小组提名、党的基层组织与群众团体联合或单独推荐、村民自荐。联合提名的做法有个酝酿过程,比较稳妥一些。

至1997年年底,全国共有91万个村委会的378万名村干部由村民直接选举产生,全国大部分村有90%以上的村民参加了选举,每届村委会选举有近六亿农民参加投票。通过选举,不仅选出了一批有政治觉悟、有经济头脑、有服务热情、有群众威信的农村精英进入村委会,提高了村委会的组织管理能力,更重要的是培养和提高了农民的民主意识和民主素质,大大加快了中国特色社会主义民主政治的整体进程。

民主协商是中国共产党的十九大报告新增加的内容,并且把它放在民主决策之前,充分体现了"有事好商量,众人的事情由众人商量,是人民民主的真谛"的思想。党的十八大以来,以习近平同志为核心的党中央非常重视社会主义协商民主理论与实践。强调指出,协商民主是实现党的领导的重要方式,是我国社会主义民主政治的特有形式和独特优势。要推动协商民主广泛、多层、制度化发展,统筹推进政党协商、人大协商、政府协商、政协协商、人民团体协商、基层协商以及社会组织协商。加强协商民主制度建设,形成完整的制度程序和参与实践,保证人民在日常政治生活中有广泛持续深入参与的权利。

民主决策是村民自治的根本,就是按照《村民委员会组织法》的规定在农村设立村民会议或村民代表会议,让农民和村干部一起讨论决定村内大事。民主决策的核心是开好村民会议。村民会议由本村十八周岁以上的村民组成。法律赋予村民会议决策、罢免、监督、建章立约四种权力。村民会议由村民委员会召集,应当有本村十八岁以上村民的过半数参加,或者有本村三分之二以上的户的代表参加,所作决定应当经到会人员的过半数通过。一年之内村民会议至少召开一次,在特殊情况下还可以召开临时会议。另外还有村民代表会议,由每五户至十五户农民推出一名代表,参加村民代表会议。村里重大问题以及村民关心的问题都拿到村民会议和村民代表会议上讨论,真正体现农民当家作主。

民主管理是村民自治的实体,就是发动和依靠村民,共同管理村内的各项事务,维护村内的社会秩序。实行民主管理,要借助制度,制度是由全体村民共同参与,根据国家的法律、法规,结合本村实际制定出来的村规民约和村民自治章程。村规民约是有关村风民俗、社会公共道德、公共秩序、治安管理等方面的综合性规定;自治章程是有关村民组织、经济管理、社会秩序等的规定,是较之村规民约内容更加广泛,规定更加具体,结构更加完整规范,可操作性更强,权威性更大的制度。规章制度制订出来之后,村民委员会必须遵守,全体村民共同监督。

民主监督是村民自治的保障,是指村民对村委会的工作及村干部的行为实施监督的权利和制度。村委会工作中凡涉及村民利益的有关事项,都必须提请村民会议讨论决定,方可办理。村委会决定问题,采取少数服从多数的原则,村委会开展工作,应当坚持群众路线,充分发扬民主,认真听取不同意见,坚持说服教育,不得强迫命令,不得打击报复。民主监督的重点是抓好村务公开,包括政务公开、财务公开和事务公开。以下事项应当及时公布:(1)村民会议、村民代表会议讨论决定的事项及其实施情况;(2)国家计划生育政策的落实方案;(3)政府拨付和接受社会捐赠的救灾救助、补贴补助等资金、物资的管理使用情况;(4)村民委员会协助人民政府开展工作的情况;(5)涉及本村村民利益,村民普遍关心的其他事项。这种公开不能仅仅在事后公开,而且应该在事前、事中、事后都公开。要有公开的时间、程序。民主监督还包括进行民主评议、听取村委会工作报告等。

三、村民自治制度存在的问题

我国村民自治制度是农村经济体制改革的必然要求,也是发展中国特色社会主义民主政治的基础性工程。这项工程虽然已经取得了很大成就,但具体实践中仍存在许多问题。这些问题可以大致归纳为三类。

第一类,村民自治与党的领导和乡镇基层政权领导的关系问题。《村民委员会组织法》对村民委员会和村党支部的职责、权限都有明确规定:中国共产党在农村的基层组织,按照中国共产党章程进行工作,发挥领导核心作用;依照宪法和法律,支持和保障村民开展自治活动、直接行使民主权利。这就是说,村党支部和村委会是领导与被领导的关系,党支部要领导村委会开展工作,但要保证村委会依法独立行使职权;村委会有自己的行政权力,但是必须主动、自觉地接受党支部的领导,不能"平起平坐",更不能对着干。但是,在具体实践中经常出现"两委"不协调的情况。另外,村民委员会与乡镇政府的关系也不好处理。按照规定,乡镇政府对村民委员会的工作要给予指导,但不得干预依法属于村民自治范围内的事项。两者是指导与被指导的关系。但事实上,乡镇政府常常把二者看成领导与被领导的关系,近年来这些情况有所改善。

第二类,村委员会干部选举的问题。《村民委员会组织法》规定村委会干部由村民直接选举。这当然是最直接的民主形式。但是,从目前情况看,村民自治发生在这方面的问题最多,情况也相当复杂。如选民资格认定、候选人资格认定、选举方式、选举时间、选举场点、选举监督等方面都存在着问题;特别是选举过程中,假选举、贿选、操纵选举、包办选举、伪造选票、选举失败等问题较为严重。为了防止此类问题的发生,近年来村民不断创造新的选举形式,使选举更有竞争性和透明性,如取消选举大会,不再设立选举中心会场,而是以村民小组为单位设立投票站;不提候选人,直接"海选"村委会干部;取消委托投票,严格限制流动票箱,或者取消流动票箱;还有电视竞选、函投和电话投票等。

第三类,村委会干部当选后的问题,主要是村民的监督、罢免权的履行。村委会干部当选之后,意味着他得到了广大群众的支持。能不能忠实地履行竞选时的承诺,全心全意为村民办实事,不仅在于他本人的素质,更在于监督机制对他的约束。现在,村委会干部当选后,实际上并没有受到有力的监督,对其进行罢免更为困难。

造成以上问题的原因很多,主要有这样几个方面。首先是村民及干部的民主意识和民主观念有待提高。由于村民的民主意识和观念的淡薄,对村民自治制度关注程度不够,参与的自觉性和主动性较差。村委会干部及乡镇干部民主意识和民主观念也不高,也使村民自治的执行掺了许多水分。其次是乡镇政府干部作风以及素质有待改善。干涉选举、包办代替、指挥命令的现象还时有发生。最后就是有关村民自治的法律和法规还有待进一步制定和完善。

党的十九大提出了实施乡村振兴战略,必将推动农村治理转型,促进政府职能转变和农村经济发展。在乡村振兴背景下,进一步解决村民自治存在的问题,健全完善村民自治的制度机制,提升新时代乡村治理水平,不仅是实施乡村振兴战略的重要保障,也是完善村民自治制度建设的路径选择。

第二节　城市居民自治制度

我国居民自治制度的发生要比村民自治制度早得多。彭真回忆:"早在一九五三年,决定建立城市街道居民委员会的时候,即提出并经中央批准:街道居民委员会的性质是群众自治组织,不是政权组织。它的任务,主要是把工厂、商店和机关、学校以外的街道居民组织起来,在居民自愿原则下,办理有关居民的共同福利事项,宣传政府的政策法令,发动居民响应政府的号召和向基层政权反映居民的意见。居民委员会应由居民小组选举产生,在城市基层政权或其派出机关的统一指导下进行工作,但它在组织上并不是基层政权的'腿',不应交付很多事情给它办。居民委员会就是这样在城市办起来的。"[①]从那时起,居民自治制度与共和国一道走过了漫长岁月。

一、居民自治制度的形成与发展

20世纪50年代初,我国城市开展了一场民主建政运动,这次运动的一项重要内容就是广泛发动群众,肃清反动政权的流毒,在提高广大居民政治觉悟的基础上建立具有自治性质的基层居民组织的试点。在这一活动中,一些城市的街道建立了街公所或者街政府,然后在街公所和街政府下又建立了居民委员会。居民委员会设主任、副主任、治保委员、调解委员、卫生委员等职务,

---

① 彭真:《论新中国的政法工作》,中央文献出版社1992年版,第426页。

均由居民中产生,正副主任为专职干部。1952年8月11日,经政务院批准,公安部公布了《治安保卫委员会暂行组织条例》,根据这个条例,各城市在街道政府和派出所下面设了治安保卫委员会。在尚未建立居委会的街道,治保会受派出所的具体领导,在已经建立居委会的街道,治保会受派出所和居委会的双重领导。1954年3月22日政务院颁布了《人民调解委员会暂行组织通则》,各城市又根据规定在街政府下设立了人民调解委员会,受基层政府和人民法院及居委会领导。应该说,这是我国居民自治制度的雏形。

1954年12月,一届全国人大常委会第四次会议制定并通过了《城市居民委员会组织条例》。条例第一次以法令的形式宣布居民委员会是"群众自治性的居民组织";并规定,在市辖区、不设区的市的人民委员会或者它的派出机关指导下,可以按照居住地区成立居民委员会。主要任务是:办理有关居民的公共福利事项;向有关机关反映居民的意见和要求;动员居民响应政府号召并遵守法律;领导群众性的治安保卫工作;调解居民间的纠纷。居民委员会每届任期一年。机关、学校和较大的企业等单位一般不参加居民委员会,但应当派代表参加居民委员会召集的与它们有关的会议。居民应当遵守居民委员会有关居民公共利益的决议和公约。居民委员会工作时,应当根据民主集中制和群众自愿的原则充分发扬民主,不得强迫命令。居民委员会委员的公杂费和居民委员会的生活补助费,由省、直辖市人民委员会统一拨发。与此同时,还颁布了《城市街道办事处组织条例》,其中规定街道办事处作为市辖区的派出机构,它"指导居民委员会的工作"[①]。1956年开始全国性的建立居民委员会的工作,一直到1958年,居民自治制度的发展十分顺利。这是居民自治制度发展的"黄金时期"[②]。

1958年到"文化大革命"结束,居民自治制度走过一段曲折的历程。1958年,在"政社合一""政企合一"思想的指导下,一些城市将街道办事处和居委会合为一体,从事工业和商业活动,居民委员会的自治性质被改变。"文化大革命"期间,居民自治制度受到严重破坏,绝大多数居委会被解散,一些被改为

---

① 《中华人民共和国国史通鉴》第1卷第2册,红旗出版社1993年版,第75页。
② 浦兴祖主编:《中华人民共和国政治制度》,上海人民出版社1999年版,第761页。

革命委员会，成为一级政权机关组织，以配合阶级斗争，结果居住区内两类不同性质的矛盾被混淆，居民民主权利被践踏，正常的社会人际关系被搞乱，居民生活受到极大影响。

党的十一届三中全会以后，居民委员会得以重新恢复和发展。1980年重新公布了《城市居民委员会组织条例》、《人民调解委员会暂行组织通则》和《治安保卫委员会暂行组织条例》，居民委员会重新建立起来并开展工作。1982年12月，新宪法颁布，第一次以根本大法形式规定了居民委员会的性质、组织机构和基本任务。1989年12月26日，七届全国人大常委会第十一次会议通过了《中华人民共和国城市居民委员会组织法》（以下简称《城市居民委员会组织法》），对居民委员会的性质、任务、组织结构等作了详尽的规定。2018年12月29日，十三届全国人大常委会第七次会议表决通过修改《城市居民委员会组织法》的决定，居民委员会每届任期五年，届满应当及时举行换届选举。村民委员会成员可以连选连任。

20世纪90年代以后，居民自治制度得到党和政府的高度重视，强调居民委员会是密切政府与群众联系的重要桥梁，可以协助党和政府解决居民群众中存在的许多问题和困难，化解人民内部矛盾。在相关部门的关注下，居民自治健康、顺利地发展起来。据统计，截至2001年年底，全国共建立了11.5万个居民委员会，直接面对数亿居民，在维护居民的民主权利和服务居民的生活等方面积极开展工作。目前全国共建立了近百万个居民委员会。党的十八大以来，居民自治制度得到了进一步的发展和完善，进入了制度化、规范化、程序化、法制化的新阶段。

二、居民自治制度的机构和内容

居民委员会是居民自我管理、自我教育、自我服务、自我监督的基层群众性自治组织。不设区的市、市辖区的人民政府或者它的派出机关对居民委员会的工作给予指导、支持和帮助。居民委员会协助不设区的市、市辖区的人民政府或者它的派出机关开展工作。

居民委员会按居住状况、便于群众自治的原则,在基层人民政府或派出机构的指导下,由居民户组成。一般在一百户至七百户的范围内设立。居民委员会由主任、副主任和委员共五至九人组成,多民族居住地区,居民委员会中应当有人数较少的民族的成员。居民委员会主任、副主任和委员,由本居住区有选举权的居民或由每户派代表选举产生;根据居民意见,也可以由每个居民小组选举代表二至三人选举产生。居民委员会每届任期五年,其成员可以连选连任。

居民委员会的主要任务是:(1)宣传宪法、法律、法规和国家的政策,维护居民的合法权益,教育居民履行依法应尽的义务,爱护公共财产,开展多种形式的社会主义精神文明建设活动;(2)办理本居住地区居民的公共事务和公益事业;(3)调解民间纠纷;(4)协助维护社会治安;(5)协助人民政府或者它的派出机关做好与居民利益有关的公共卫生、计划生育、优抚救济、青少年教育等各项工作;(6)向人民政府或者它的派出机关反映居民的意见、要求和提出建议。

居民委员会开展工作,应当采取民主的方法,不得强迫命令。居民委员会决定问题,采取少数服从多数的原则。居民委员会的成员应当遵守宪法、法律、法规和国家的政策,办事公道,热心为居民服务。

居民委员会根据需要可以设立人民调解、治安保卫、公共卫生等委员会。居民委员会成员可以兼任上述下属委员会的成员。居民较少的居民委员会可以不设下属委员会,由居民委员会的成员分工负责有关工作。居民委员会还可以分设若干居民小组,小组长由居民小组推选。居民小组可选举代表二至三名参加居民会议。居民小组在居委会的指导下开展基层的自治工作。

居民会议是城市基层群众自治组织的最高组织形式,是群众自治组织的权力机构。居民委员会组织法规定:居民会议由十八周岁以上的居民组成。居民会议可以由全体十八周岁以上的居民参加,也可以每户派代表参加,或者由每个居民小组选举代表二至三人参加,必要时,可邀请所在地机关、团体、部队、企事业单位代表参加。居民会议由居委会召集和主持。有五分之一以上的十八周岁以上居民、五分之一以上的户或者三分之一以上的居民小组提议,应当召集居民会议。居民会议必须有全体十八周岁以上的居民、户的代表或居民小组会议代表的过半数出席,才能举行。会议的决定由出席人的过半数通过。居民会议有权撤换和补选居委会成员。居民会议可以讨论制定居民公约,报不设区的市、直辖市的人民政府或者它的派出机关备案,由居民委员会监督执行。居民应当遵守居民会议的决议和居民公约。公约内容不得与宪法、法律、法规和国家政策相抵触。

三、城市社区居民自治制度的构建和发展

随着我国城市数量的不断增加和城市化进程的加快,基础设施日趋完善,城市社区于20世纪80年代开始出现。社区是指聚居在一定地域范围内的人们所组成的社会生活共同体。城市社区的范围,一般是指经过社区体制改革后作了规模调整的居民委员会辖区。

城市社区出现后,对城市管理提出了新的要求。由于社会成员固定地从属于一定社会组织的管理体制被打破,大量"单位人"转为"社会人",同时大量农村人口涌入城市,社会流动人口增加。而且随着国有企业深化改革、转换经营机制和政府机构改革、转变职能,企业剥离出来的社会职能和政府转移出来的服务职能,大部分要由城市社区来承接。建立一个独立于企事业单位之外的社会保障体系和社会化服务网络,也需要城市社区发挥作用。同时,随着人民群众生活水平的不断提高和住房、医疗、养老、就业等各项制度改革的深入,城市居民与所在社区的关系愈来愈密切。他们不仅关注社区的发展,参与社区的活动,而且对社区的服务和管理、居住环境、文化娱乐、医疗卫生等方面提出多层次、多样化的要求。这样,原来的城市管理和服务与现有社区的实际发生了严重脱节,城市基层社会管理功能显得十分薄弱。因此,建立一种新的社区管理模式,实行社区民主已经成为广大城市居民的迫切要求。

所谓社区民主,是一种新型的,以群众自治为基础的,社会群众、社会自治组织与基层政权机关合作互动的基层社会治理体系。其核心是人民群众通过创设和实践民主选举、民主协商、民主决策、民主管理、民主监督的运行机制,

直接参与社区公共事务和公益事业的治理。社区民主实质上是一个"双重民主"的过程：一方面，广大居民通过群众自治制度，直接参与社区公共事务的治理和公益事业的建设；另一方面，社区居民自治需要具备良好的体制环境，需要逐步实现政府部门与社区自治组织关系的协调化，探寻政府依法行政与社区依法自治相结合的互动机制。

20世纪80年代，民政部开始倡导在城市基层开展以民政对象为服务主体的社区服务。但随着改革的深化，原有的社区服务项目已不能满足群众的要求，特别是不能满足城市居民的民主自治的要求。1999年，民政部开展了"全国社区建设实验区"的试点工作，选择社区服务和城市基层工作基础比较好的北京市西城区、青岛市市南区、南京市玄武区和鼓楼区、西安市新城区、武汉市江汉区、海口市振东区、哈尔滨市道里区和南岗区等26个城区作为社区建设实验区。同时，有20多个省、自治区、直辖市确定了近100个省（市）级社区建设实验区。各实验区加强了城市社区居民自治组织的建设，建立起自我管理、自我教育、自我服务、自我监督的社区居民委员会。

社区居民委员会和原来的居民委员会相比有一些变化。第一，人员的数量比以前有所增加，地域范围也有所扩大，往往是由原来的几个居委会组成一个社区居民委员会；第二，过去的居民委员会许多是由同一单位的居民组成，也称为家属委员会，现在的社区居民委员会打破这个限制，一个社区居民委员会往往由几个单位的居民组成；第三，城市社区居民委员会在一些地方重新划分的时候，还将所在地的企业、机关、学校等也划入委员会的范围，一同参加居委会的管理。由于这些变化，社区居委会就有了进一步实施自治、实行民主选举和民主管理的可能性和必要性。

从1999年到2001年，社区居民自治制度建设不断发展，在"四个民主"方面取得了重大进展。2017年党的十九大报告增加了协商民主，即"五个民主"。首先，社区民主选举由间接选举进入直接选举。2001年4月6日，青岛市浮山新区的9000多户居民选出了自己的社区居民委员会，主要负责处理社区代表会议的各种日常事务，履行协商议事、自我管理、自我服务的职责，涉及居民利益的事情要通过社区代表会议集体决策。其次，社区民主决策进入制度化轨道。社区居民委员会建立了议事委员提案制度、决策项目的选定制度、决策项目的通告制度,以及议事委员会全体会议决策制度和社区居委会干部分工负责制度。再次,社区居民委员会的自治管理功能有所强化。全国26个国家级实验区和一百多个省级实验区,都通过省、市、区、街的文件原则上规定了社区居民自治的各种权利,包括民主选举权、社区事务决策权、社区事务管理权、社区财务自主权、社区对政府部门的监督权。最后,社区公共事务管理手段进一步民主化和自治化。社区居民通过民主方法和自治手段直接管理社区公共事务。具体形式有:居民小组自治、居民论坛、居民公决、社区文明建设督导委员会等。

2001年12月,民政部发布《关于在全国推进城市社区建设的意见》,要求:加强社区居民自治组织建设,要以改革创新精神,按照便于服务管理、便于开发社区资源、便于社区居民自治的原则,并考虑地域性、认同感等社区构成要素,对原有街道办事处、居民委员会所辖区域作适当调整,以调整后的居民委员会辖区作为社区地域,并冠名社区。在此基础上,建立社区居民自治组织。2010年8月26日,经党中央、国务院同意,中共中央办公厅、国务院办公厅正式下发了《关于加强和改进城市社区居民委员会建设工作的意见》。这是我国城市居民委员会建设历史上第一次以党中央、国务院名义下发的政策性文件,充分体现了党中央对城市基层社会建设的高度重视,是指导城市社区居民委员会建设工作的纲领性文件,对城市居民自治将产生积极的促进作用。

2022年2月10日,国务院办公厅印发了《"十四五"城乡社区服务体系建设规划》,明确提出推进基层治理现代化,不断强化社区为民、便民、安民功能。总之,社区居民自治制度是我国经济社会发展到一定阶段的必然产物,是中国共产党在新形势下扩大基层民主、巩固基层政权的重要途径。

第三节　企事业单位的民主管理制度

中国共产党是中国工人阶级的先锋队,同时是中国人民和中华民族的先锋队,代表着最广大人民的根本利益,当然也代表着工人阶级的根本利益。如何在社会主义制度下最大限度地使工人阶级以及其他职工享有充分的民主权利,能够更直接地参与对企事业单位的各项事务的管理,这是中国共产党长期努力探索的方向。在这个过程中,逐渐摸索出一套企事业单位民主管理制度,这个制度的最重要组织形式就是职工代表大会制度。职工代表大会制度是指职工通过民主选举,组成职工代表大会,在企事业单位内部行使民主管理权力的一种制度。这个制度是工人阶级实现当家作主民主权利的重要体现,也是中国特色社会主义民主制度在基层的延伸。

一、职工代表大会制度的形成和发展

早在新中国成立之初,在一些城市的国营企业里就出现了各种民主管理形式,如职工代表会议、职工代表大会、班组群众管理等。经过实践检验,职工代表大会被证明最富有生机和活力,逐渐成为企业民主管理的基本形式。第一个五年计划期间,受苏联的影响,我国企业中曾推行过"一长制",削弱了企业内部的民主管理,事实证明这种制度不适合中国国情。1956年,党的八大召开,对企业领导体制提出了新的改革思路,就是建立党委领导下的厂长负责制和党委领导下的职工代表大会制。

1957年初,中共中央在《关于处理罢工罢课问题的指示》《关于研究工人阶级的几个重要问题的通知》等文件中,特别强调在实行党委领导下的厂长负责制时,必须加强党委领导下的群众监督,并把企业中现行的由工会主持的职工代表会议改为常任制,作为职工群众参加企业管理和监督行政的权力机构。1957年9月,邓小平在党的八届三中全会上指出:党委领导下的职工代表大会,是扩大企业民主、吸收职工群众参加企业管理、克服官僚主义的良好形式,是正确处理人民内部矛盾的有效方法之一。他要求,在总结试点经验之后,全面推广。此后,全国各地相继以部分企业为试点,建立了职工代表大会。1961年中央颁布了《国营工业企业工作条例(草案)》(即"工业七十条"),对职工代表大会的性质、职权、组织、任务作了具体规定。提出企业必须实行政治民主、技术民主和经济民主,保证职工行使当家作主的权利,并要求所有企业都实行职工代表大会制度。职工代表大会有了一个良好的发展势头。但是,"文化大革命"开始后,"工业七十条"遭到批判,职工代表大会制度也被破坏。

"文化大革命"结束后,1978年10月,邓小平在中国工会第九次全国代表大会上的致词中,特别强调了企业应当实行民主管理和建立职工代表大会的主张。此后,中央通过各种方式重申:从一切基层单位起,认真实行有广大人民群众参加的民主管理,把党委领导下的职工代表大会制度作为企业的基本制度之一。这样,职工代表大会制度得到恢复。

1981年7月31日,中共中央、国务院批准颁布中国第一个关于职工代表大会制度的专门性法规《国营工业企业职工代表大会暂行条例》。1982年修订的《宪法》第16条作出规定:"国有企业依照法律规定,通过职工代表大会和其他形式,实行民主管理。"1984年10月,中共中央《关于经济体制改革的决定》强调,在实行厂长负责制的同时,必须健全职工代表大会制度和各项民主管理制度。1986年9月15日,国务院正式颁布《全民所有制工业企业职工代表大会条例》,对职工代表大会的性质、地位、职权、组成、组织制度及其与工会的关系作了明确规定,并将原来的"党委领导下的职工代表大会"改为"职工代表大会",同时肯定"职工代表大会接受企业党的基层委员会的思想政治领导"。1988年4月13日,七届全国人大一次会议通过的《中华人民共和国全民所有制工业企业法》,又以法律的形式肯定了职工代表大会的性质和职权,其中还规定了职工有参加民主管理的权利,确立了职工代表大会制度是职工实行民主管理的基本形式。职工代表大会有权审议有关企业的经营方针、长远规划、年度计划等企业生产经营的重大事项以及涉及职工的工资、福利、劳动保护等与职工切身利益相关的事项;评议、监督企业各级领导干部,提出奖惩和任免的建议;在一定条件下民主选举厂长。到1992年年底,全国有37万个基层企事业单位建立了职工代表大会制度,18万个工业企业建立了厂、车间和班组三级民主管理网。职工代表大会在发扬民主、促进生产方面发挥了巨大的作用。[①]

[①] 方丹:《在建立现代企业制度中完善职工代表大会制度》,《中国劳动关系学院学报》1994年第3期。

1992年以后,职工代表大会制度建设进入了一个新的阶段。党的十四届三中全会通过的《中共中央关于建立社会主义市场经济体制若干问题的决定》中指出:工会与职工代表大会要组织职工参加企业民主管理,维护职工的合法权益。它们是组织协调关系,调动职工积极性,办好社会主义企业的有效形式。1996年10月,八届全国人大常委会第二十二次会议通过《中华人民共和国乡镇企业法》,规定乡镇企业依法实行民主管理,乡镇企业的投资者在确定企业经营管理制度和企业负责人,作出重大经营决策和决定职工工资、生活福利、劳动保护、劳动安全等重大问题时,应当听取本企业工会或职工的意见,实施情况要定期向职工公布,接受职工的监督。1997年9月,党的十五大报告进一步指出:"坚持和完善以职工代表大会为基本形式的企事业民主管理制度,组织职工参与改革和管理,维护职工合法权益。"1999年9月,党的十五届四中全会作出了《关于国有企业改革和发展若干重大问题的决定》,把全心全意依靠工人阶级作为国有企业改革的指导方针确定下来,明确指出要"发挥工会和职工代表大会在民主决策、民主管理、民主监督中的作用。坚持和完善以职工代表大会为基本形式的企业民主管理制度,实行民主评议企业领导人和厂务公开"。《中共中央关于国有企业改革和发展若干重大问题的决定》对国有企业改革和完善企业民主管理制度,起到了积极的作用。

二、职工代表大会的机构与职权

企事业单位职工代表大会的构成和职权在《全民所有制工业企业职工代表大会条例》《中华人民共和国全民所有制工业企业法》中都有较为明确的规定。

职工代表大会由以班组或工段为单位经职工直接选举产生的职工代表组成。职工代表选出后,按分厂、车间、科室(或若干科室)组成若干代表团(组),推选出团(组)长。按照法律规定享有政治权利的企业职工,均可当选为职工代表。职工代表实行常任制,每两年改选一次,可以连选连任。职工代表的权利是:在职工代表大会上,有选举权、被选举权和表决权;有权参加职工代表大会及其工作机构对企业执行职工代表大会决议和提案落实情况的检查,有权参加对企业行政领导人员的质询;因参加职工代表大会组织的各项活动而占用生产或者工作时间的,有权按照正常出勤享受应得的待遇。职工代表也必须履行相应的义务:努力学习党和国家的方针、政策、法律、法规,不断提高政治觉悟、技术业务水平和参加管理的能力;密切联系群众,代表职工合法利益,如实反映职工群众的意见和要求,认真执行职工代表大会的决议,做好职工代表大会交给的各项工作;模范遵守国家的法律、法规和企业的规章制度、劳动纪律,做好本职工作;对选举单位的职工负责,接受选举单位的监督和撤换。

职工代表大会是职工行使民主管理的权力机构,拥有五项职权:(1)定期听取厂长的工作报告,审议企业的经营方针、长远和年度计划、重大技术改造和技术引进计划、职工培训计划、财务预决算、自有资金分配和使用方案,提出意见和建议,并就上述方案的实施作出决议。(2)审议通过厂长提出的企业的经济责任制方案、工资调整计划、奖金分配方案、劳动保护措施方案、奖惩办法及其他重要的规章制度。(3)审议决定职工福利基金使用方案、职工住宅分配方案和其他有关职工生活福利的重大事项。(4)评议、监督企业各级领导干部,并提出奖惩和任免的建议。对工作卓有成绩的干部,可以建议给予奖励,包括晋级、提职。对不称职的干部,可以建议免职或降职。对工作不负责任或者以权谋私,造成严重后果的干部,可以建议给予处分,直至撤职。(5)主管机关任命或者免除企业行政领导人员的职务时,必须充分考虑职工代表大会的意见。职工代表大会根据主管机关的部署,可以民主推荐厂长人选,也可以民主选举厂长,报主管机关审批。

职工代表大会实行民主集中制。这不仅体现在它的组成基于民主选举,而且体现在它必须通过会议的方式集体行使法定的各项职权。按照职工代表大会条例规定,职工代表大会至少每半年召开一次会议。每次会议必须有三分之二以上的职工代表出席方为有效。遇重大事项,经厂长、企业工会或三分之一以上职工代表的提议,可召开临时会议。职工代表大会的正式会议,由主席团主持。会议进行选举和作出决议,必须经全体职工代表过半数通过。职工代表大会在其职权范围内决定的事项,非经职工代表大会同意不得修改。

职代会闭会期间,需要临时解决的重要问题,由企业工会委员会召集职工代表团(组)长和专门小组负责人联席会议,协商处理,并向下一次职代会报告,予以确认。

职工代表大会的工作机构是企业的工会委员会,企业工会委员会负责职工代表大会的日常工作。工会是党领导下的工人阶级的群众性组织,虽然它与职代会不同,但工会的基本职责是在维护国家利益和企业利益的同时,维护职工的民主权利和物质利益,二者之间又有着必然的联系。因此,基层工会作为职代会的工作机构是适宜的,而且工会也应该把搞好职代会作为自己的工作重点。职工代表大会的工作怎么样,在很大程度上取决于工会的工作成效。

职工参与基层单位的民主管理,是宪法赋予的基本权利,也是社会主义制度的本质要求。而保障职工主人翁地位和维护劳动者的合法权益,是全心全意依靠工人阶级的核心内容。从目前情况看,在这方面还存在着比较多的问题,主要是法律上的主人翁地位和权益与现实生活中的地位和权益差距较大,一些法律、法规明确规定的职工的民主权利并没有完全落实,许多民主管理制度并没有建立和健全。因此,还要做大量工作,使职工的各项权利得到真正的实施。

在国有企业要全面落实企业法规定的职代会各项职权。法律规定的国有企业领导体制的原则是:"充分发挥党组织的政治核心作用,坚持和完善厂长负责制,全心全意依靠工人阶级。"按照这个原则,企业内部劳动人事、工资分配、劳动保障等重大改革方案,要提交职代会审查同意;实施过程中,要组织职工代表搞好民主监督;上级委任或招标选聘企业承包人,须征求职代会的意见;所有企业都应开展民主评议干部的工作,评议结果应作为考核、聘用、任免、奖惩干部的重要依据。

乡镇集体企业的职工代表大会要真正成为权力机构,选举和罢免企业管理人员,决定经营管理的重大问题。从法律程序责任上作出具体规定,使职工代表大会在民主管理权受到侵犯时可投诉有关部门,纠正一些企业任意侵犯职工利益的现象。

在以公有制为主体的有限责任公司和股份公司,要保障职工民主管理企业的权利。这些企业的社会主义性质并没有改变,职工在企业的主体地位没有改变,职工民主管理企业的权利也必须得到保证。这些企业的股东大会、董事会与职工代表大会的性质、职能不同,不能用股东大会取代职工代表大会。应该由工会和职工代表大会推选一定数量的职工代表参加董事会和监事会,特别是有关劳动关系的问题应实行企业与职工代表大会共同决定,坚持职工代表大会评议监督干部的制度。

在非公有制企业、事业单位要建立职工参与管理的制度。在三资企业、私营企业和非公有制的事业单位,为了保障劳动者合法权益,应该建立劳资协商制度或集体谈判制度,对关系职工切身利益的劳动用工、工资福利、劳动保险、劳动保护等问题,由工会代表职工与厂方进行集体谈判,取得一致意见后,用劳动合同或谈判协议的形式确定下来,不能只由厂方单方面决定。

在职工代表大会的各项民主管理权利中,最重要的是维护职工选举、评议、监督的权利。民主评议制度是一种把职工的民主权利落到实处的制度,是职工对领导监督的一种较好的形式。坚持领导干部向职代会述职制度,各代表严格按一定的程序进行评议,并把评议结果向职代会和领导干部进行反馈,作为对领导干部考核、奖惩的重要依据。这样,职工的民主监督就落到了实处,有利于企业权力的高效运行,减少腐败现象的发生。

正确处理联席会议与职工代表大会的职权,直接关系到职代会的生命力。要分清主次,联席会与职代会并非平等关系。职代会是企业职工实现民主管理的最主要的管理形式,而联席会议仅是一种应急的形式,目的是要解决一些急需解决的问题,问题解决后,还得向下次职代会报告,予以确认。如果一个企业的大多数事项都经过联席会议而不是职代会讨论通过,企业职工的民主权利就很难得到实现。

加强职工代表大会召开后的日常活动,维护职工当家作主的权利。职代会开完后,并不意味着职工代表的职权就此终止,要改变目前一部分企业职工代表一年只参加一两次职代会,一年仅当三四天代表的现状。职工代表享有一定的权利,但同时要做好代表,履行一定的义务。所以职工代表应像人大代表一样,必须保证有一定时间,了解企业各方面的情况。要建立职工代表联系制度,使身处基层一线的和各个岗位的职工代表能及时反映生产经营中出现的问题;要建立职工代表定期巡视制度、检查工作制度、值班制度,了解生产经营中的热点、难点等问题。

第四节　坚持和完善群众自治的基层民主制度

我国群众自治的基层民主制度经过几十年的建设和发展,已经形成了一套比较完整的体系,具有鲜明的中国特色。应该说,这是中国人民在中国共产党领导下坚持一切从实际出发,独立自主,走自己的路,在政治制度上的重大创新。事实证明,在社会主义市场经济条件下,群众自治制度是一项可以使人民群众充分地行使自己的民主权利的政治制度,是完全适合中国国情的基层民主政治制度。

一、基层群众自治制度与西方地方自治制度的本质区别

我国群众自治的基层民主制度与西方国家的地方自治制度是完全不同的两种制度,绝不能混为一谈。

西方国家的地方自治最早起源于罗马的自治城市,后成为资产阶级反对封建专制、实现政治参与和人权保障的表现形式。所谓地方自治,即在一定的领土单位内全体居民组成法人团体,在宪法规定的范围内按照自己的意志组成自治机关,管理本地区经济、社会和政治事务的自治形式。一般来说,地方自治不包括法律、防务、秩序和外交事务。在西方,地方自治有英美法系国家和大陆法系国家的两种模式。英美法系国家的地方自治以人民自治的理论为基础,其主要内容和特点为:(1)认为自治是人民所固有的,先于国家而存在,中央无权过问由法律赋予地方自治体的权利;(2)地方自治机关由居民选举产

生,在形式上独立于中央政府,中央政府无权撤换;(3)中央政府对地方政府的监督以立法监督为主。在大陆法系国家,地方自治以团体自治的理论为基础,其主要内容和特点有三:一是认为地方自治的权利不是天赋的,而是国家赋予的,国家随时可收回,中央政府对地方自治体的事务有最终决定权;二是地方自治机关的官员,无论是中央任命的还是选举产生的,均具有中央政府的官员代表和地方自治体官员代表的双重身份,中央政府有权撤换他们;三是中央政府对地方自治体的监督以行政监督为主。[①]

无论是英美派以人民为主体的个人自治,还是大陆派的团体自治,二者虽然有一定的区别,但本质是相同的,它们都是一种地方政权制度,是中央与地方政府权力的分配形式,自治主体主要是少数民族团体和区域性组织,都与一定的地域相联系。自治意味着自治体的自决和自我管理,因而自治地方与其上级具有明显的对抗性。根据法律规定,地方自治机关应该享有许多管理本地区事务的大权,但一般没有处理政治问题的权力,只限于地方性的经济、教育、卫生、福利等方面的事务,在许多方面受到国家机关的控制和监督,它所代表的并不是人民相对于国家的自治关系,而是地方行政机关相对于中央行政机关的自治关系。西方自治的形式主要是代议制。

我国群众自治的基层民主制度与西方的地方自治制度是完全不同的。首先,它们所依据的社会基础是不同的。西方的地方自治是从西方特定的社会状况出发建立的,而我国群众自治是从中国特定的社会状况出发建立的。其次,它们所依据的根本社会制度是不同的。西方自治是建立在生产资料的资本主义私人所有制和资产阶级国家的基础上,而我国的群众自治是建立在以生产资料公有制为主体、多种所有制经济共同发展的基本经济制度的基础上。再次,两种"自治"所依据的政治制度的基本原则也不同。西方的地方自治是按照西方的民主政治制度的基本原则确定的,而我国的群众自治是按照人民民主专政的国家制度的基本原则确定的。最后,两种"自治"维护的阶级利益也是不同的。从根本上讲,西方的地方自治不可能是人民管理国家,它在本质

---

① 《中国大百科全书·政治学》,中国大百科全书出版社 2002 年版,"地方自治"条,第 57—58 页。

上是符合西方资产阶级利益的,是为维护资产阶级统治服务的;而我国的群众自治是人民管理国家,本质上符合最广大人民的根本利益。

从自治制度的内容和形式上看,我国的群众自治制度与西方的地方自治制度相比,有以下几个明显的特点:

第一,主体的群众性。人类社会的历史发展,社会形态的更替,最终取决于生产力的发展,而在生产力诸要素中,人是最活跃的因素。正因为如此,在世间万物中,只有人才能够真正成为主体。然而,人的能动性、创造性和自主性是在一定的条件下形成的。影响和制约人的主体性的因素很多,其中生产方式作为人类最基本的活动方式,它从本质上铸造着主体,培植着人的主体性。社会主义社会实现了生产资料公有制和人民民主专政,广大劳动群众成为国家和社会的主人,他们不仅享有对生产资料不同形式的所有权和支配权,而且享有管理政治、经济、文化和社会事务的权利,这就为充分地、最大限度地调动劳动者的积极性和自主性,提供了极大的可能性和广阔的前景。因此,在我国的群众自治制度中,广大人民群众已经成为民主政治实质上的主体。在农村,村民是主体,一切权力属于村民,村民通过村民委员会行使其村务管理权;在城市,居民是主体,一切权力属于居民,居民通过居民委员会行使其各种权利;在企事业单位,广大职工是主体,他们通过职工代表大会行使管理权。

第二,形式的直接性。形式作为内容诸要素结合起来的结构和表现形态,决定于内容,服务于内容。社会主义社会人民当家作主的本质内容要求与之相适应的形式予以保证。社会主义的实践证明,在发展和健全代表制民主的同时,必须大力发展直接民主。直接民主具有直接性、简捷性、覆盖面广、主体相对广泛、能够更加真实地体现民意、决策更为科学等特点,更有利于体现社会主义民主的本质,有利于提高人民群众的民主素质。因此,我国群众自治制度采取的是一种直接的民主形式,无论是村民委员会,还是居民委员会,村民和居民都有选举、罢免、决策、管理的权利。群众自治真正体现了"劳动人民当家作主"的民主目标,人民群众在这种民主形式中享受着充分的真实的民主权利,不仅能确认自己的主体意识,同时也能极大地激发自身的平等意识、政治热情和参与精神。另外,群众自治在形式上的直接性与人民代表大会的代表制的间接民主相结合,使我国人民的民主权利得到更好的体现。人民代表代表人民参与管理国家事务,管理经济和文化事业,管理社会事务。人民群众在基层直接参与管理经济、文化和社会事务。代表制民主和直接民主相结合,是我国社会主义民主政治的重要特征,也是一个重要创造。它符合中国的国情,是得到全国各族人民拥护的最民主的制度,它有利于反映与集中广大人民群众的意志和要求,有利于保证国家的长治久安和兴旺发达。

第三,任务的全面性。社会是一个时期的政治、经济、文化的有机统一体,基层是社会的细胞,是群众生息的地方。随着社会的发展,基层所具有的政治、经济、文化功能的全面性更为突出和明显,任何一个方面都成为不可缺少的重要组成部分,由此决定了群众自治的任务的全面性。我国群众自治制度的组织机构的任务就具有全面性、综合性的特点,《村民委员会组织法》规定的任务有五大项,《城市居民委员会组织法》规定的任务有六大项,《全民所有制工业企业职工代表大会条例》则规定了四大项任务。这些任务都是按照"民主选举、民主决策、民主管理、民主监督"的原则设置,体现在村民、居民和企事业单位职工的政治、经济、治安、法律等各方面的民主权利。

第四,范围的相对性和方法的多样性。群众自治组织作为具有中国特色的制度,尽管其任务具有全面性,但绝不意味着自治是不受控制的。首先,群众必须在国家宪法、法律、法规允许的范围内实行自治。其次,我国的群众自治是社会主义中国的基层自治,是社会主义民主的重要组成部分。因此,无论在任何时候、任何地方都要坚持四项基本原则,只有在坚持四项基本原则的前提下实行群众自治,才不会违背全国人民的共同利益和共同心愿。最后,群众自治组织所管理的范围、手段、方法也是有限制的,自治组织不应对其他经济组织乱加干涉,必须尊重各种经济组织的自主权和其他合法权益。方法是工作的手段和工具,并不是千篇一律、固定不变的,不同的工作需要采取不同的方法,不同的方法会产生不同的效果。作为基层的群众性自治组织,由于它不是一级政权组织,也不是一级行政组织,所以不具有强制性权力。因此,它的工作是多样性的,可以采取法律的手段,也可以更多采取民主的方法和讨论的方法来进行,不能强制或让少数人说了算。自治组织对经济组织和群众的各项公益事业、公共事务的管理手段和方法必须是合法、合理和科学的。

我国群众自治的基层民主制度是在中国这块土地上,经过几十年的探索逐渐形成和发展起来,说到底是中国人民的一种选择。

二、正确认识和处理基层群众性自治组织与基层政权的关系

基层民主包括两个方面的内容:一个就是基层群众自治组织,即村民委员会、城市居民委员会和企业单位的职工代表大会等;一个是基层政权,通常是指乡镇一级的政权组织,这是我国地方政治制度中的最低层次。宪法和地方组织法规定在乡镇这一级只设乡镇人民代表大会和人民政府两个部门。所以,基层政权就是指人民代表大会和人民政府。由于基层民主存在这两个方面的内容,也就存在着基层群众性自治与基层政权的相互关系问题。从理论上讲,这种关系就是基层群众性自治在实现群众自治与基层政权组织在行使职权的过程中所发生的关系,包括基层群众性自治与基层人民代表大会及基层人民政府的相互关系。从实践上看,这种关系处理起来并不是一件简单的事,往往表现得十分复杂,甚至有可能出现比较严重的冲突,从而影响人民群众民主权利的行使和社会的稳定。我国基层民主制度能不能很好地实行,在很大程度上取决于能否正确处理基层群众性自治组织与基层政权的关系。

(一)基层群众性自治组织与基层人民代表大会的相互关系

基层群众性自治组织与基层人民代表大会的相互关系,在我国宪法和有关组织法中没有明确的规定。因此,二者的相互关系只能从它们的性质、职权和任务中进行考察。

基层人大是我国基层的国家权力机关,也是人民代表大会制度的基础,是人民行使民主权利的基本形式。它在乡镇一级基层政权中处于首要地位,乡

镇政府是它的执行机关,向它负责,受它监督。人大的职权主要有五项,其一是保证权,即保证宪法、法律、地方性法规和各级人大及其常委会的决议在本乡镇的贯彻实施。其二是决定权,决定本乡镇内的重要事项。其三是选举权。其四是监督权。其五是罢免权。

从基层人民代表大会方面看,它与基层群众性自治组织的关系不是直接的,而是间接的,也可以表述为一种监督和帮助的关系。所谓监督,就是依法对基层群众性自治组织执行法律的情况进行监管,保证宪法、法律、法规以及有关决定、决议在基层群众性自治组织内实施。其中最主要的是对《村民委员会组织法》《城市居民委员会组织法》的实施情况,包括基层群众性自治组织的设立及组成人员的选举、居民公约和村规民约等是否合法进行监督检查,对基层群众性自治组织中出现的违法事件和行为负责调查,并依法进行处理。所谓帮助,就是基层人民代表大会要尽可能地支持基层群众性自治组织开展自治活动。当然,这种帮助也是间接的,一方面是对基层人民政府进行监督,督促它们依法对基层群众性自治组织的工作给予指导、支持和帮助;另一方面是对基层人民政府和其他有关机关和组织妨碍基层群众性自治组织依法进行群众自治的行为予以取缔,为基层群众性自治组织创造良好的开展群众自治的环境。

从基层群众性自治组织方面看,它与基层人大也没有任何直接的隶属关系。但是,基层人大是一级国家权力机关,因此,基层群众性自治组织与基层人大也必然发生一定的联系。首先,基层群众性自治组织必须严格遵守和贯彻基层人民代表大会及其常委会的决议、决定,而且应当向群众宣传这些决议和决定,教育和推动本区域群众履行有关决议和决定。其次,基层群众性自治组织可以依法参与有关基层人民代表大会的活动,主要有:协助选举组织安排选举工作;帮助基层人民代表大会加强同其代表的联系;帮助基层人大代表联系本地区的选民;为本地区选民向基层人民代表大会和基层人大代表反映民众的意见和要求提供帮助。最后,基层群众性自治组织要向基层人民代表大会反映民众的意见和要求。向人民代表大会反映意见和提出要求,是中华人民共和国公民的权利。基层群众自治组织与人民群众的联系更为直接和广泛,也更容易了解和掌握人民群众的想法。基层群众性自治组织要充分发挥上情下达、下情上达的作用,将居民的意见和要求及时、迅速、准确地反映给基层人民代表大会,为人民群众和人大之间架设一条更加便捷的信息桥梁和通道。

目前,我国基层人大与基层群众性自治组织之间的关系,总体上是正常的,两者基本上能够相互支持开展工作。这方面的问题,除了基层群众性自治组织应该主动地接受基层人大的监督,积极协调和配合基层人大开展工作,更主要的是通过加强基层人大制度建设来解决。

第一,完善地方人大对人民负责的机制建设。这有两方面,一是要提高信访制度在地方人大中的地位,把接待基层群众、为人民主持正义作为地方人大的主要日常工作之一。二是在实践中提高地方人大在地方国家机构体系中的地位。地方人大是地方国家权力机关,在地方国家机关中处于"最高"地位,这为宪法所规定,但在实际生活中,这方面的机制尚不完备。因此,要使地方人大的监督制度化、经常化、先行化,发现有问题或不称职的公务人员要及时罢免,而不能等到出了大案,上级纪检或司法机关已结案甚至定罪后才行使罢免权。第二,提高人大代表参政、议政的质量。一是增加人大代表的实质性功能,二是实现人大代表资格制度合理化,三是发挥人大代表的监督作用,注重监督的质量而不是形式。

(二)基层群众性自治组织与基层人民政府之间的关系

相对而言,基层群众性自治组织与基层人民政府的相互关系,更为直接一些,也更为复杂。因此,在相关法律中对它们的关系都作了具体和明确的规定。《村民委员会组织法》规定:"乡、民族乡、镇的人民政府对村民委员会的工作给予指导、支持和帮助,但是不得干预依法属于村民自治范围内的事项。村民委员会协助乡、民族乡、镇的人民政府开展工作。"《城市居民委员会组织法》第2条规定:"不设区的市、市辖区的人民政府或者它的派出机关对居民委员会的工作给予指导、支持和帮助。居民委员会协助不设区的市、市辖区的人民政府或者它的派出机关开展工作。"第20条规定:"市、市辖区的人民政府有关部门,需要居民委员会或者它的下属委员会协助进行的工作,应当经市、市辖区的人民政府或者它的派出机关同意并统一安排。市、市辖区的人民政府的有关部门,可以对居民委员会有关的下属委员会进行业务指导。"

从上述规定可以看出,基层群众性自治组织与基层人民政府的相互关系有两个方面的内容:一是基层人民政府与基层群众性自治组织是指导与被指导的关系;二是基层群众性自治组织与基层人民政府是协助与被协助的关系。两者之间的这种法定指导与协助关系的意义,主要在于从制度上保证了基层群众性自治组织在与基层人民政府的关系中作为自治组织应有的独立性。它表明:其一,基层群众性自治组织不是隶属于基层人民政府的下级行政机关,基层政府或者派出机关不应对其采取直接的行政命令;其二,基层人民政府有责任对基层群众性自治组织的工作给予指导,但这种指导不具有法律上的拘束力,基层群众性自治组织可以根据自己的需要有选择地接受和采纳;其三,基层群众性自治组织虽有责任协助基层人民政府或其派出机关或基层人民政府有关部门进行工作,但应以与其自治性相适应为前提。

三、扩大基层民主,坚持和完善群众自治制度

实践充分证明,我国群众自治的基层民主制度是符合中国国情的,在建设中国特色社会主义的历史进程中,必须积极稳妥地深化政治体制改革,进一步扩大基层民主,不断坚持和完善基层群众自治制度。

扩大基层民主,坚持和完善基层群众自治制度,必须做到:其一,努力提高社会生产力和科学文化水平。因为只有这样,才能从根本上提高人民群众的民主素质,才能为扩大基层民主打下牢固的物质基础。事实证明,任何民主制度,都与生产力发展水平和人民的文化素质有着密切的关系。没有高度发达的生产力,就没有高度发达的民主。其二,必须加强党的建设,特别是加强干部作风建设。基层民主建设是在党的领导下进行的,而且只有在党的领导下才能真正建立起来。因此,党的建设至关重要,党的干部的作风建设至关重要。其三,加强群众自治的有关法律和法规的立法工作,要根据情况制定新的

法律,修改和完善旧有的法律。基层群众自治出现的问题,必须通过法律来加以解决,这应该也是一个很重要的原则。其四,要重点抓好基层民主制度建设,依法健全三项制度。一是直接选举制度,让基层群众选举自己满意的人管理基层事务。二是议事制度,凡是与家家户户切身利益密切相关的事情,由群众讨论并表决,不能由少数人说了算。三是公开制度,凡是群众关注的问题,都要定期向群众公开,接受群众监督。其五,要理顺自治组织和同级党支部的关系。要加强教育工作,引导和帮助党支部正确认识自治组织和党的关系,努力适应新的形势,用改革的精神研究新情况和新问题,不断地改进领导方法、工作方法和活动方式,对基层群众性自治组织进行政治领导。同时要引导和帮助群众自治组织牢固树立党的观念,自觉接受党组织的领导,任何摆脱党的领导的思想和行为都是错误的。其六,要进一步改进基层干部选拔任用方式,逐步建立、健全在党领导下的群众自治和运行机制。要积极探索新形势下基层干部选人用人机制,把有理想、有情操、有能力、有责任、有担当,热心为群众服务的人选上来。要加强以党支部为核心的基层组织建设,推进全面从严治党向基层延伸,强化基层党组织的政治功能,使每个基层党支部都成为坚强的战斗堡垒。

党的十九届四中全会决定指出,要进一步扩大基层民主,健全基层党组织领导的基层群众自治机制,在城乡社区治理、基层公共事务和公益事业中广泛实行群众自我管理、自我服务、自我教育、自我监督,拓宽人民群众反映意见和建议的渠道,着力推进基层直接民主制度化、规范化、程序化。2022年10月,党的二十大报告进一步明确指出:基层民主是全过程人民民主的重要体现。要健全基层党组织领导的基层群众自治机制,加强基层组织建设,完善基层直接民主制度体系和工作体系。

思考题

1. 我国村民自治制度的主要内容是什么?
2. 社区居民委员会和原来的居民委员会相比有哪些变化?
3. 职工代表大会和工会是什么关系?
4. 如何坚持和完善基层群众自治制度?

第七章

社会主义司法制度

司法是人类社会特有的一种活动,它是伴随着国家和法律的产生而产生的。现代司法有狭义和广义之分。狭义的司法专指法院的审判活动。广义的司法泛指一切司法机关以国家的名义处理各类社会争议的活动。在我国,广义的司法不仅包括人民法院的审判活动,还包括人民检察院的审查起诉活动和公安机关的侦查活动。本书所称司法指广义的司法。此外,与司法密切相关的活动和制度,如仲裁、调解、公证、狱政管理、法律援助、法律服务等,往往被视为"准司法",也在本书讨论范围。

司法制度是司法机关及其他司法性组织的性质、任务、组织体系、组织与活动的原则以及工作制度等方面规范的总称。司法制度是一种重要的社会制度,是人类社会发展到一定阶段的产物,是阶级社会里一种特有的社会现象。它由经济基础决定,并为经济基础服务。司法制度也受国体和政体的制约,是国家制度和政治制度的重要表现。我国处于社会主义初级阶段,坚持以公有制为主体、多种所有制经济共同发展,实行人民民主专政的国家制度和民主集中制的组织制度。这就决定了我国的司法制度是一种建立在社会主义市场经济基础之上的,为社会主义服务的,具有鲜明阶级性和广泛人民性的司法制度。它的根本原则和根本任务是,以马克思主义关于国家和法的理论为指导,以我国宪法为依据,以巩固和发展人民民主专政为己任,从我国实际情况出发,保护人民,打击敌人,预防和惩治违法犯罪,调整司法关系,维护社会秩序,保障和促进社会主义现代化建设。

第一节　社会主义司法制度的确立

我国社会主义司法制度是建立在新民主主义司法制度的基础之上的。在漫长的革命战争时期,中国共产党就已经在各革命根据地建立了人民司法制度。1949年2月,全国解放前夕,中共中央发布了《关于废除国民党的六法全书与确定解放区司法原则的指示》。这个指示,深刻揭露了国民党六法全书及一切反动法律、法令的阶级实质,并宣布彻底予以废除;提出了解放区司法工作的依据和原则,"在人民新的法律还没有系统地发布以前,应该以共产党政策以及人民政府与人民解放军所发布的各种纲领、法律、条例、决议作依据。目前,在人民的法律还不完备的情况下,司法机关的办事原则应该是:有纲领、法律、命令、条例、决议规定者,从纲领、法律、命令、条例、决议之规定;无纲领、法律、命令、条例、决议之规定者,从新民主主义的政策";确定了新中国司法建设的指导原则,司法机关应该经常以蔑视和批判六法全书及国民党其他一切反动的法律、法令的精神,以蔑视和批判欧美日资本主义国家一切反人民法律、法令的精神,以学习和掌握马克思列宁主义、毛泽东思想的国家观、法律观及新民主主义政策、纲领、法律、命令、决议的办法,来教育和改造司法干部。根据指示,各解放区人民政府相继废除了旧的法律和法令,彻底摧毁了旧的司法机关,建立了新的人民民主司法机构,颁布了各种法律和法令。这就为新中国人民司法制度的建立扫除了障碍,积累了经验,奠定了坚实的基础。

从中华人民共和国成立到1956年社会主义改造基本完成,是我国社会主义司法制度的确定时期。在这个时期,我国社会主义司法制度建设又经历了两个阶段,即国民经济恢复时期的"破旧立新"阶段和社会主义改造时期的确立阶段。

一、国民经济恢复时期我国司法制度初步建立

新中国成立之初,司法工作最重要和最紧迫的任务是彻底在全国范围内废除旧的司法制度,迅速建立新的人民司法制度。这就"必须彻底粉碎旧的政权机构,建立崭新的与群众密切联系的人民政权机构"[①]。为此,1949 年至 1953 年的四年内,中国人民政治协商会议和中央人民政府颁布了一系列有关建立司法制度的法律、法令、条例和文件,并采取了切实有效的措施保障实施。

1949 年 9 月,中国人民政治协商会议第一届全体会议通过了《中国人民政治协商会议共同纲领》,这是一个具有宪法和法律性质的文件,其中涉及司法制度方面有三条重要规定。第 17 条规定:废除国民党反动政府一切压迫人民的法律、法令和司法制度,制定保护人民的法律、法令,建立人民司法制度。第 18 条规定:中华人民共和国的一切国家机关,必须厉行廉洁的、朴素的、为人民服务的革命工作作风,严惩贪污,禁止浪费,反对脱离人民群众的官僚主义作风。第 19 条规定:在县市以上的各级人民政府内,设人民监察机关,以监督各级国家机关和各种公务人员是否履行其职责,并纠举其中之违法失职的机关和人员。人民和人民团体有权向人民监察机关或人民司法机关控告任何国家机关和任何公务人员的违法失职行为。这些规定确立了新中国司法制度的根本原则,体现了新中国司法制度的全新性质。同时通过的《中华人民共和国中央人民政府组织法》对新政府司法机构设置作了具体要求,其中规定:在中央设立最高人民法院、最高人民检察署、公安部、司法部、人民监察委员会、政治法律委员会、法制委员会等机构,分别行使审判、检察、侦查和司法行政的职权。其后,自上而下迅速地建立起地方各级人民法院、地方各级人民检察署、地方各级公安机关和各大行政区司法部。1949 年 10 月 1 日,中央人民政府委员会第一次会议,任命沈钧儒为最高人民法院院长,罗荣桓为最高人民检察署检察长。

---

① 彭真:《论新中国的政法工作》,中央文献出版社 1992 年版,第 5 页。

1950年7月14日,经中央人民政府主席批准,政务院通过了《人民法庭组织通则》,并于20日公布施行。其中规定:以县市为单位成立人民法庭,县市人民法庭及其分庭直接由县市政府领导。它的任务是:运用司法程序,惩治危害人民与国家利益,阴谋暴乱,破坏社会治安的恶霸、土匪、特务、反革命分子及违抗土地改革法令的犯罪分子,以巩固人民民主专政,顺利完成土地改革。1951年11月,我国开展了"三反""五反"运动。为了更好地开展运动,1952年3月,政务院发布了《关于"三反"运动中成立人民法庭的规定》和《关于"五反"运动中成立人民法庭的规定》。人民法庭是一种带群众性的临时性司法机构,设审判委员会,负责运动中的各种案件的审判,"三反""五反"运动结束后即行撤销。

1949年中央人民政府公布《最高人民法院试行组织条例》,其中规定:最高人民法院是全国最高审判机关,设院长1人,副院长2—4人,委员13—21人,由中央人民政府委员会任命;设秘书长1人;组成最高人民法院委员会议,议决有关审判之政策方针、重大案件及其他重大事项;设民事、刑事、行政审判庭。1951年9月中央人民政府公布《中华人民共和国人民法院暂行组织条例》,规定:人民法院基本上实行三级两审制;最高人民法院及分院,负责领导和监督全国各级审判机关的审判工作;省级人民法院及其分院、分庭,是第二审法院;县级人民法院是基本的第一审法院;地方法院受"双重领导",除受上级人民法院的领导和监督,同时受同级人民政府委员会的领导和监督。条例规定人民法院的任务是:审判刑事案件,惩罚危害国家、破坏社会秩序、侵害国家、团体和个人合法权益的罪犯;审判民事案件,解决民事纠纷;并应以审判及其他方法,对诉讼人及一般群众,进行关于遵守国家法纪的宣传教育。

1949年12月,中央人民政府公布《最高人民检察署试行组织条例》,规定:最高人民检察署是全国最高检察机关,受中央人民政府委员会之直辖,设检察长1人,副检察长1人,委员11—15人,由中央人民政府委员会任命;设秘书长1人;设检察委员会,议决有关检察之方针政策、重大案件及其他重要事项,并总结经验。1951年9月,中央人民政府公布《最高人民检察署暂行组织条例》和《各级地方人民检察署组织通则》,规定:人民检察署分为最高人民检察署及其分署（设在大行政区）、省（直辖市）人民检察署及其分署（设在专区）、县（市）人民检察署。人民检察署是国家的法律监督机关，受中央人民政府委员会直辖，它领导下级检察署，对政府机关、公务人员和全国国民之严格遵守法律，负最高的检察责任。地方各级人民检察署也受"双重领导"，既受上级人民检察署的领导，同时受同级人民政府委员会的领导。其职权是：检察各级政府机关、公务人员和国民是否严格遵守《共同纲领》、人民政府的政策方针和法律法令；对反革命及其他刑事案件，实行检察，提起公诉；对各级审判机关之违法或不当裁判提起抗诉；检察全国监所及犯人劳动改造机构之违法措施；处理人民不服下级检察署不起诉处分之申请复议案件；代表国家公益参与有关全国社会和劳动人民利益之重要民事案件及行政诉讼。

1949年12月，中央人民政府公布《公安部试行组织条例》，规定：公安部主管全国公安事宜，主要负责关于国内与国际特务、间谍、盗匪及一切危害人民共和国的反革命分子之侦缉、讯问、检举等工作之组织与领导事项。同时通过的《司法部试行组织条例》规定：司法部主持全国司法行政事宜，其职能共有15项。1950年7月第一届全国司法会议对司法部的工作进一步明确规定为7项：(1)建立与健全各地的司法机构；(2)训练培养与调配干部；(3)督导各地对犯人的管制工作与改造工作；(4)进行法治的宣教工作，教育人民忠于祖国，遵守法律和遵守劳动纪律，爱护公共财产和履行义务；(5)建立与推行新的人民的律师工作与公证工作；(6)今后司法经费，由国库开支，所有司法罚款、没收财产等收入，均应统一缴归国库；(7)对各地司法机关司法行政之督导与检查。1950年11月3日，政务院对狱政工作作出"关于监所管理，目前一般宜归公安部门负责，兼受司法部门指导，由省以上人民政府依各地具体情况适当决定"的指示，据此司法部将监所和劳改工作移转公安部管理。

在制定司法条例、建立司法机构的同时，人民政府对旧的司法部门、司法制度、司法观念、司法作风进行彻底的清理、改造。由于新政府法律制度正在建立过程中，而且司法机关混入了一些在旧机构工作过的司法人员，参加革命的人也受到旧法的影响等，司法机关中存在着组织上、政治上和思想上严重不纯的现象。许多人思想中还存在旧法观点，"从北洋军阀到国民党基本上一脉相传,是统治人民的反动的法律观点"①;还存在严重的旧的司法作风,"就是脱离群众、关起门来办公事的衙门作风"②。因此,从 1952 年开始,在全国范围内开始了为期一年的司法清理、改造和改革运动。运动从思想和组织两个方面进行。在思想上严肃地批判了六法全书的观点和"法律是超阶级、超政治的"以及"办案是单纯技术工作""官无悔判"等反动的或错误的思想;对于因立场不稳、受反动的旧法观点侵蚀、染上了脱离群众的衙门作风的一部分干部亦作了严肃的批评,从而基本上划清了新旧法律的思想界限。③ 在组织上主要是清除一切堕落蜕化和恶习甚深不堪改造的坏分子。对不适合继续做人民司法工作的,原则上要调动一下工作。同时加强对司法工作的领导,并给各级人民法院调配一定数量的干部。④ 经过组织整顿,共从司法机关清出 5557 人,补充干部 6505 人,基本上改变了过去组织严重不纯的现象。⑤

二、社会主义改造时期我国司法制度正式确立

1954 年我国进入社会主义改造的新时期,配合这个任务,政法方面的工作主要"是进一步巩固人民民主专政,加强人民民主法制,以保障国家的社会主义工业建设和社会主义改造事业的顺利进行"⑥。司法方面的工作则是按照宪法的精神,进一步建立和健全司法机构及建立完善各种法律制度。

1954 年 9 月 20 日,第一届全国人民代表大会第一次会议一致通过了《中华人民共和国宪法》,这是一部社会主义类型的宪法。次日会议通过了《中华人民共和国人民法院组织法》《中华人民共和国人民检察院组织法》。这三个重要文献,确定了我国社会主义的基本司法制度。

1954 年宪法对各级人民法院的设置和最主要的司法制度作出了明确规

---

① 彭真:《论新中国的政法工作》,中央文献出版社 1992 年版,第 70 页。
② 同上书,第 72 页。
③ 同上书,第 85 页。
④ 同上书,第 73 页。
⑤ 同上书,第 85 页。
⑥ 《董必武选集》,人民出版社 1985 年版,第 360 页。

定,有效地保障了国家司法权的正确行使。宪法规定:中华人民共和国最高人民法院、地方各级人民法院和专门人民法院行使审判权。最高人民法院院长和地方各级人民法院院长任期四年。人民法院的组织由法律规定。人民法院审判案件依照法律实行人民陪审员制度。人民法院审理案件,除法律规定的特别情况外,一律公开进行。被告人有权获得辩护。人民法院独立进行审判,只服从法律。最高人民法院是最高审判机关。最高人民法院监督地方各级人民法院和专门人民法院的审判工作,上级人民法院监督下级人民法院的审判工作。最高人民法院对全国人民代表大会负责并报告工作;在全国人民代表大会闭会期间,对全国人民代表大会常务委员会负责并报告工作。地方各级人民法院对本级人民代表大会负责并报告工作。宪法还规定:中华人民共和国最高人民检察院对于国务院所属各部门、地方各级国家机关、国家机关工作人员和公民是否遵守法律,行使检察权。地方各级人民检察院和专门人民检察院,依照法律规定的范围行使检察权。地方各级人民检察院和专门人民检察院在上级人民检察院的领导下,并且一律在最高人民检察院的统一领导下,进行工作。最高人民检察院检察长任期四年。人民检察院的组织由法律规定。地方各级人民检察院独立行使职权,不受地方国家机关的干涉。

《中华人民共和国人民法院组织法》对人民法院的设置作了新的规定。人民法院的组织体系由三级改为四级,即基层人民法院(县、自治县人民法院,不设区的市人民法院,市辖区人民法院),中级人民法院(省、自治区辖市的中级人民法院,直辖市内设立的中级人民法院,自治州中级人民法院,在省、自治区内按地区设立的中级人民法院),高级人民法院(省、自治区、直辖市高级人民法院),最高人民法院;并设立军事、铁路、水运等专门人民法院。同时,该法对人民法院的基本制度作了全面的规定。一是两审终审制度:人民法院实行四级两审终审制。二是公开审判制度:人民法院审理案件,除法律规定的特别情况外,一律公开进行。三是辩护制度:被告人有权获得辩护。四是上诉制度:当事人不服地方各级人民法院第一审案件的判决和裁定,可以按照法律规定的程序向上级人民法院请求改判。地方各级人民法院第一审案件的裁决和裁定,如果在上诉期当事人不上诉,人民检察院不抗诉,就是发生法律效力的判决和裁定。中级人民法院、高级人民法院审理的第二审案件的判决和裁定,最高人民法院审判的第一审案件的判决和裁定,都是终审的判决和裁定,即发生法律效力的判决和裁定。五是死刑复核制度:中级人民法院和高级人民法院对于死刑案件的终审判决和裁定,如果当事人不服,可以申请上一级人民法院复核。基层人民法院对于死刑案件的判决和中级人民法院对于死刑案件的判决和裁定,如果当事人不上诉,不申请复核,应当报请高级人民法院核准执行。六是再审制度:最高人民法院对各级人民法院已经发生法律效力的判决和裁定,上级人民法院对下级人民法院已经发生法律效力的判决和裁定,如果发现确有错误,有权提审或者指令下级人民法院再审。七是回避制度:当事人如果认为审判人员与本案有利害关系或者其他关系不能公平审判,有权请求审判人员回避。

《中华人民共和国人民检察院组织法》规定人民检察院的设置基本上与人民法院相一致,设最高人民检察院、地方各级人民检察院和专门人民检察院,从而使人民检察院的组织系统更加健全和完备。人民检察院组织法还规定了司法监督和公安机关在司法过程中的职责。人民检察院对公安机关依法侦查实行监督。人民检察院对本级公安机关的侦查活动发现有违法情况,应当通知公安机关给予纠正。公安机关侦查结束后,认为需要起诉的,应当依照法律规定移送人民检察院审查,决定起诉或不起诉。对于任何公民的逮捕,除经人民法院决定的以外,必须经人民检察院批准。公安机关对不批准逮捕和不起诉的决定,认为有错误的,有权向上级人民检察院提出意见或报告。人民检察院对人民法院审判案件是否合法进行监督。人民检察院监督刑事判决的执行,如果发现有违法的情况,应当通过执行机关给予纠正。

1954年12月,第一届全国人民代表大会常务委员会第三次会议通过《中华人民共和国逮捕拘留条例》,对逮捕、拘留人犯的范围,执行逮捕、拘留的机关及其权限和其他有关事项作了规定。条例规定:经人民法院决定或者人民检察院批准逮捕的人犯,由人民法院、人民检察院或公安机关执行逮捕。公安机关要求逮捕人犯时,必须事先经过人民检察院批准。公安机关在紧急情况下对罪该逮捕的现行犯或重大犯罪嫌疑分子,可以先行拘留,但须在二十四小时内把拘留的事实和理由通知本级人民检察院;人民检察院应当在接到通知后的四十八小时内作出批准逮捕或者不批准逮捕的决定。人民检察院不批准逮捕时,公安机关应当在接到通知后立即释放。①

这些法律、法令在总结新中国成立初期司法制度建设及其实施经验的基础上,对司法工作的原则、任务,司法机关的性质、地位、组成、职权、动作规程,作了明确的规定,有力地促进了我国司法制度的全面建立。正如董必武所说:"我国宪法和法院组织法公布后,从司法工作来说,无疑义地是大大地前进了一步。"②为了明确地方人民法院和地方司法行政机关的职权范围,最高人民法院和司法部于1956年12月下发了《关于目前省、市、自治区高级人民法院和司法厅(局)分工合作的暂行规定(草案)》,其中对高级人民法院主管的主要工作、司法厅(局)主管的主要工作、高级人民法院和司法厅(局)共同掌管的工作以及中级人民法院和地区司法局间的分工合作,作了具体明确的规定。至此,我国社会主义司法制度正式确立。

第二节　社会主义司法制度的发展与完善

1957年起,我国进入全面建设社会主义的曲折发展时期。社会主义的各项事业得到进一步发展的同时,党内"左"倾错误也在滋长,党对社会主义建设道路的探索也出现挫折,最终爆发了"文化大革命"的严重失误。对于我国社会主义建设来讲,1957年到1976年的20年间是一个曲折发展的过程,我国社会主义司法制度也随之走过了一段曲折发展的艰难历程。1976年"文化大革命"结束,1978年党的十一届三中全会召开,我国进入了改革开放和社会主义现代化建设的新时期,社会主义司法制度从此得到全面恢复和发展。

---

① 郑德荣主编:《新中国纪事(1949—1984)》,东北师范大学出版社1986年版,第136页。
② 《董必武选集》,人民出版社1985年版,第387页。

一、司法制度的曲折发展

从 1956 年年底到 1957 年年初,我国司法制度建设呈现了一个良好的发展态势。董必武在党的八大会议上全面总结前七年法制建设的经验,分析了存在的问题,提出加强人民民主法制建设的全面构想。他指出:"为了进一步加强人民民主法制,还必须适当加强司法机关的组织,尤其是要适当加强检察机关的组织。"[①]1957 年年初,毛泽东也指出:"一定要守法,不要破坏革命的法制。法律是上层建筑。我们的法律,是劳动人民自己制定的。它是维护革命秩序,保护劳动人民利益,保护社会主义经济基础,保护生产力的。我们要求所有的人都遵守革命法制。"[②]这个时期司法建设出现了很好的发展势头。中央和地方各级司法机关继续大力贯彻人民法院组织法和人民检察院组织法,全面推进社会主义司法制度建设。律师制度、人民陪审员制度、公证制度也都建立了起来。

但是,1957 年夏,反右派斗争开始,随后出现扩大化,党内"左"的思想急剧发展。司法制度开始受到冲击,轻视法律的思潮抬头,一些司法原则,如"一切公民在适用法律上一律平等""人民法院独立进行审判,只服从法律"等原则,还有律师制度、辩护制度以及检察机关的法律监督职能等,都被当作资产阶级法律观受到批判。1958 年,司法机构也受到公开批判,丧失了其应有的独立性。一些地区把公安、检察、法院三机关合并为公安政法部,人民调解委员会与治保委员会合并为治安调处委员会,公证和律师制度被取消,工作停办。1959 年 6 月,全国人大常委会通过决定撤销国务院法制局及各部的法律室。

1966 年"文化大革命"开始后,我国社会主义司法制度遭到更为严重的破坏。据统计,"文化大革命"期间全国仅反革命案中,冤假错案占 40%,有的地方占 60%—70%,天津市达 78%。[③]

[①] 《董必武选集》,人民出版社 1985 年版,第 421 页。
[②] 《毛泽东文集》第七卷,人民出版社 1999 年版,第 197—198 页。
[③] 《法律在社会控制系统中的地位》,《社会科学》1984 年第 10 期。

1976年10月党中央一举粉碎了江青反革命集团,十年之久的"文化大革命"终于结束。1978年年底党的十一届三中全会召开,我国进入了改革开放和社会主义现代化建设的新时期。全会对民主法制问题进行了认真讨论,提出了健全社会主义民主和加强社会主义法制的任务。会议指出:过去一个时期内,民主集中制没有真正实行,离开民主讲集中,民主太少,必须加强国家政治生活中的民主。一是在人民内部的政治生活中,只能实行民主方法,不能采取压制、打击手段;宪法规定的公民权利,必须坚决保障,任何人不得侵犯。二是民主要制度化、法律化,使人民民主有保障。三是民主的范围应包括政治、经济、文化生活各个领域;人民应有民主选举、民主管理和民主监督权。会议还强调了法律和制度的稳定性、连续性和极大的权威性,要把立法工作摆到重要议程上来。检察机关要保持应有的独立性,不允许任何人有超越于法律之上的权利。邓小平还在这次全会前的中央工作会议中具体指示:"应该集中力量制定刑法、民法、诉讼法和其他各种必要的法律,例如工厂法、人民公社法、森林法、草原法、环境保护法、劳动法、外国人投资法等等,经过一定的民主程序讨论通过,并且加强检察机关和司法机关,做到有法可依,有法必依,执法必严,违法必究。"①从此,我国社会主义司法制度建设进入全面复苏的时期。

二、司法机关和司法制度的恢复和重建

20世纪80年代是司法机关和司法制度恢复和重建及立法工作开始展开的阶段。

首先,司法机关和司法制度恢复和重建。1978年3月,第五届全国人民代表大会决定重建检察机关,并选举黄火青为最高人民检察院检察长。6月1日,最高人民检察院正式开始办公。此后,各级检察院自上而下地迅速恢复起来。1979年第五届全国人民代表大会第二次会议通过《中华人民共和国人民法院组织法》,根据新的情况,重申了原来规定的"人民法院依照法律规定独立

---

① 《邓小平文选》第2卷,人民出版社1994年版,第146—147页。

行使审判权,不受行政机关、社会团体和个人的干涉""公民在适用法律上一律平等"等重要原则,还就人民法院的任务、辩护制度、陪审制度、审判监督程序等问题,作了若干补充和修改。1979年9月13日,第五届全国人民代表大会第十一次会议决定:为了适应社会主义法制需要,加强司法行政工作,设立司法部,任命魏文伯为司法部部长。同年10月,中共中央和国务院发出《关于迅速建立地方司法行政机构的通知》,要求各地迅速组建地方各级司法机关,区、乡也要设立司法助理员。1983年4月,中共中央和国务院决定把公安部管理的监狱、劳改、劳教工作划回司法部管理。同年6月,第六届全国人民代表大会第一次会议决定在国务院成立国家安全部,承担原公安机关主管的某些案件的侦查工作。1984年11月14日,六届全国人大常委会第八次会议作出《关于在沿海港口城市设立海事法院的决定》,从组织体制上进一步完善了司法体制。

其次,重视立法工作。1979年7月,五届全国人大二次会议通过了《中华人民共和国刑法》《中华人民共和国刑事诉讼法》,修改并公布了《中华人民共和国人民法院组织法》和《中华人民共和国人民检察院组织法》。1980年8月26日,五届全国人大常委会第十五次会议通过了《中华人民共和国律师暂行条例》。1982年4月13日,国务院发布了《中华人民共和国公证暂行条例》。1982年3月8日,五届全国人大常委会第二十二次会议通过了《中华人民共和国民事诉讼法(试行)》。1982年12月4日,五届全国人大五次会议通过了新修改的《中华人民共和国宪法》,这部宪法以1954年宪法为基础,纠正了1978年宪法中存在的缺点。1983年9月2日,六届全国人大常委会第二次会议又通过了经过修订的人民法院组织法和人民检察院组织法。此后还公布了《关于国家安全机关行使公安机关的侦查、拘留、预审和执行逮捕的职权的决定》《关于迅速审判严重危害社会治安的犯罪分子的程序的决定》,重新公布了《人民调解委员会暂行组织通则》。这些法律、法令和行政法规的颁布实施,对于迅速恢复和健全我国司法制度起到了积极的作用。

最后,重视司法队伍建设。经过"文化大革命"的破坏,我国司法队伍严重欠缺,人员不足、素质不高情况严重。所以,在恢复重建司法制度以及立法过程中,中央加大了司法队伍建设的力度。彭真指出:"立法工作的过程,就是培养、提高法制工作各方面的干部的过程。这一点,我们过去注意不够。"①他指示要通过办培训班、参与立法实践以及扩大和发展法律院校等办法积极培养司法干部。党的十一届三中全会后,法律院校的数量迅速增加,已经从最初的几所发展到50多所,在校本科生达数万人。

《中国的司法改革》白皮书指出:"1978年实行改革开放后,中国总结历史经验教训,确立了发展社会主义民主、健全社会主义法制的基本方针,恢复重建了司法制度,制定和修订了一系列基本法律。""早在20世纪80年代,中国就开始了以强化庭审功能、扩大审判公开、加强律师辩护、建设职业化法官和检察官队伍等为重点内容的审判方式改革和司法职业化改革。"②

三、司法制度的发展与完善

20世纪90年代,随着我国社会主义市场经济体制的确立,我国社会主义司法制度得到进一步的完善。1994年5月12日,第八届全国人民代表大会常务委员会第七次会议通过《中华人民共和国国家赔偿法》,该法第2条规定:"国家机关和国家机关工作人员违法行使职权侵犯公民、法人和其他组织的合法权益造成损害的,受害人有依照本法取得国家赔偿的权利。"1994年8月31日公布的《中华人民共和国仲裁法》统一了全国的仲裁制度,采用国际上通行的基本原则、基本制度、习惯做法,使我国的仲裁制度与国际仲裁制度接轨。1994年12月20日,第八届全国人民代表大会常务委员会第十一次会议通过《中华人民共和国监狱法》,同日颁布实施,标志着中国监狱制度揭开了新的篇章。1996年5月15日颁布了《中华人民共和国律师法》,第2条规定:"本法所称的律师,是指依法取得律师执业证书,为社会提供法律服务的执业人员。"第42条规定:"律师必须按照国家规定承担法律援助义务,尽职尽责,为受援人提供法律服务。"这些规定明确了律师必须依法承担的法律援助义务,并为今后有关法律援助的专门立法奠定了法律基础。1996年,全国人大通过修改

---

① 彭真:《论新中国的政法工作》,中央文献出版社1992年版,第386页。
② 参见《中国的司法改革》白皮书(2012年10月),新华社北京2012年10月9日电。

刑事诉讼法,取消了检察院原有的关于免予起诉的决定权,而扩大了不起诉的决定权,同时增加了检察院对公安机关、国家安全机关立案活动实行监督的权力。2000年10月1日起,司法部施行《关于深化公证工作改革的方案》,从而推进公证机构向事业单位转制。改革后的公证机构不再是行政机构,而成为执行国家公证职能,自主开展业务,独立承担责任,按市场规律和自律机制运行的公益性、非营利性的事业法人,今后国家不再审批设立行政体制的公证机构。全国公证员考试也由系统内部考试改为向全社会开放,由司法部统一组织实施。特别是2012年党的十八大以来,我国社会主义司法制度改革取得了历史性进步。深化司法体制综合配套改革,全面落实司法责任制,努力让人民群众在每一个司法案件中感受到公平正义。

经过多年的努力,中国特色社会主义司法制度已经形成。它的主要特色在于:(1)坚持党对司法工作的领导,坚持以中国特色社会主义理论为司法工作的指导思想。这使我国的司法制度既不同于旧中国的司法制度,也不同于其他国家的司法制度。(2)坚持司法工作的群众路线。主要表现在司法工作不仅为了人民,便利人民,联系人民,而且表现在依靠人民,实行专门机关与群众相结合的原则,实行公开的群众性的审判方式。办理各种案件,都要依靠群众,依法办案,尤其是办理民事案件和处理民间纠纷,更着重调解,予以解决。(3)在办理案件中,法院、检察院、公安机关实行分工负责、相互配合和制约的原则,以避免错案的发生。(4)坚持以事实为根据、以法律为准绳的原则。①

第三节　社会主义司法制度的基本内容

我国的司法制度是一整套庞大而严密的体系,包括司法机关的组织体系、司法机关的工作活动原则,以及侦查、检察、审判等各种具体工作制度。与司法制度密切相关的仲裁、调解、公证、狱政管理、法律援助、法律服务等司法辅

---

① 陈明显主编:《中华人民共和国政治制度史》,南开大学出版社1998年版,第433—434页。

助制度通常被视为"准司法制度",与司法制度一样举足轻重。

根据宪法和法律规定,我国的司法机关主要是指人民法院、人民检察院、公安机关(包括国家安全机关)。它们分工负责,互相配合,互相制约,以保证准确有效地执行法律。

一、人民法院的组织和职权

人民法院是国家审判机关,其任务是通过审判各类诉讼案件,惩办一切犯罪分子,解决民事、经济、行政纠纷,以保卫人民民主专政制度,维护社会主义法制和社会秩序,保护社会主义全民所有的财产、劳动群众集体所有的财产,保护公民私人的合法财产,保护公民的人身权利、民主权利和其他权利,保障国家的社会主义现代化建设顺利进行,并通过其审判等活动对公民进行法治教育。

人民法院的设置原则是:保证国家审判权能在全国范围内及时和正确地行使;便利上级法院对下级法院进行监督;便利公民参加诉讼活动,便利群众对审判工作进行监督;保证社会主义法制的统一,又能照顾到各地区、各行业的特点。人民法院的组织体系包括最高人民法院、地方各级人民法院和军事法院等专门人民法院。人民法院实行两审终审制。就整个法院体系来说,是四级两审终审制。

最高人民法院是国家最高审判机关,其第一审和第二审的判决或裁定,都是终审的判决或裁定。全国性的重大民事和刑事案件,以及最高人民法院认为应由它进行第一审的案件,均由它进行第一审。最高人民法院又是地方各级人民法院和专门人民法院审判工作的最高监督机关,它除按照第二审程序受理不服高级人民法院和专门人民法院第一审判决或裁定而提起的上诉或抗诉案件以外,对一切下级人民法院已发生法律效力的判决或裁定,如发现确有错误,有权按照审判监督程序将案件提审或指令下级人民法院再审。它还审理最高人民检察院按照审判监督程序提起的抗诉案件。最高人民法院负责按死刑复核程序复核高级人民法院报请批准的死刑案件;也负责核准按照类推制度定罪判刑的案件。最高人民法院院长由全国人民代表大会选举产生,向全国人民代表大会负责并报告工作,任期每届五年,可连选连任,但是连续任职不得超过两届。副院长、庭长、副庭长、审判员由全国人民代表大会常务委员会任免。

高级人民法院,包括省高级人民法院、自治区高级人民法院和直辖市高级人民法院,负责对在全省、全自治区或全直辖市有重大影响的民事和刑事案件进行第一审;受理不服中级人民法院的第一审判决或裁定而提起的上诉或抗诉案件;审理人民检察院按照审判监督程序提起的抗诉案件;还负责核准中级人民法院判决死刑缓期两年执行的判决。

中级人民法院,包括省、自治区内按地区设立的中级人民法院,直辖市中级人民法院,省、自治区辖市中级人民法院,自治州中级人民法院。由中级人民法院进行第一审的民事案件有:涉外案件和在本辖区有重大影响的案件。中级人民法院还受理不服基层人民法院的第一审判决或裁定而提出的上诉或抗诉案件,审理人民检察院按照审判监督程序对基层人民法院裁判提起的抗诉案件。

基层人民法院,包括县、自治县人民法院,不设区的市人民法院,市辖区人民法院。按照地区、人口和案件情况,基层人民法院还可以视需要设立若干人民法庭。人民法庭是基层人民法院的组成部分,它的判决和裁定就是基层人民法院的判决和裁定。基层人民法院对人民调解委员会的调解工作进行业务指导。

以上地方各级人民法院院长由地方各级人民代表大会选举产生,向各该级人民代表大会负责并报告工作。副院长、庭长、副庭长、审判员和助理审判员由地方各级人民代表大会常务委员会任免。有选举权和被选举权的年满23岁的公民,可以被选为人民法院院长,或者被任命为副院长、庭长、副庭长、审判员和助理审判员,但曾被剥夺政治权利者除外。

此外,还有特定部门设立的审理特定案件的专门人民法院,主要有:军事法院,是属于军队建制的法院;海事法院,是审理海事、海商案件的专门法院;铁路运输法院等。

二、人民检察院的组织和职权

人民检察院是负责行使检察权以维护法制的监督机关。2018年10月26日,十三届全国人大常委会第六次会议修订了《中华人民共和国人民检察院组织法》,第2条明确了人民检察院是国家的法律监督机关。其任务是,通过行使检察权,追诉犯罪维护国家安全和社会秩序,维护个人和组织的合法权益,维护国家利益和社会公共利益,保障法律正确实施,维护社会公平正义,维护国家法制统一、尊严和权威,保障中国特色社会主义的顺利进行。根据法律规定的职权,各级人民检察院负责下列法律监督工作:法纪监督、侦查监督、提起公诉和审判监督、对监狱及看守所的执法活动实行法律监督。

最高人民检察院是国家最高检察机关,对有关全国性的重大刑事案件,向最高人民法院提起公诉;对各级人民法院已经发生法律效力的判决和裁定,如果发现确有错误,有权按照审判监督程序提出抗诉。最高人民检察院对最高人民法院的死刑复核活动实行监督;对报请核准追述的案件进行审查,决定是否追述。最高人民检察院领导地方各级人民检察院和专门人民检察院的工作,有权检查它们的工作,确定各级人民检察院的人员编制。最高人民检察院检察长由全国人民代表大会选举和罢免;每届任期五年,可连选连任,但连续任职不得超过两届。

地方各级人民检察院分为:省、自治区、直辖市人民检察院;省、自治区、直辖市人民检察院分院,自治州和省、自治区辖市人民检察院;县、自治县、不设区的市、市辖区人民检察院。地方各级人民检察院按行政区划设置,与地方各级权力机关、行政机关和审判机关的设置相一致。

专门人民检察院目前有军事检察院和铁路运输检察院两种。专门检察院一律在上级专门人民检察院和最高人民检察院领导下进行工作。

各级检察院均由检察长、副检察长和若干名检察员组成,并设立检察委员会。检察委员会是人民检察院讨论决定重大案件和其他重大问题的内部组织,是实行集体领导的一种组织形式。

检察院在组织原则上实行双重领导和民主集中制,它不同于直接领导和个人负责制,这是中国特色社会主义检察制度的两个特点。地方各级人民检察院既受同级国家权力机关的领导,又受上级人民检察院的领导,以保证人民检察院在全国范围内统一行使检察权。

在检察活动中,人民检察院遵循下列法治原则:依照法律规定独立行使检察权,不受行政机关、社会团体和个人的干涉;在适用法律上,对任何公民一律平等;在办理刑事案件中同人民法院、公安机关实行分工负责、互相配合、互相制约的原则。这也是中国特色社会主义司法、检察制度的一项独特创造。

三、公安机关的性质、任务和职责

公安机关是我国人民民主专政的重要工具,是国家的治安、保卫机关,其性质属于国家行政机关。但公安机关又不同于其他行政机关,而是兼有依法履行刑事执法职能的行政机关。公安机关的性质具有双重性,即行政性和司法性。公安机关依法行使国家赋予的侦查权,对一切刑事犯罪分子的破坏活动进行侦查,揭发犯罪,证实犯罪,查获罪犯,依法追究他们的刑事责任,以保障国家和人民的利益,保障改革开放和社会主义现代化建设的顺利进行。宪法和法律规定,逮捕犯罪嫌疑人、被告人,必须经过人民检察院批准或者人民法院决定,由公安机关执行。对刑事案件的侦查、拘留、预审,由公安机关负责。在刑事诉讼中,公安机关同人民检察院、人民法院分工负责,互相配合、互相制约,共同完成刑事诉讼的任务,以保证准确有效地适用法律。

国家安全机关,承担原由公安机关主管的间谍、特务案件的侦查工作,具有国家公安机关的性质,因而国家安全机关可以行使宪法和法律规定的侦查、拘留、预审和执行逮捕的职权。国务院设安全部,各省、自治区、直辖市设国家安全厅(局),其他地方则根据需要而设置国家安全机构和人员。

四、司法工作活动原则

司法工作活动原则就是指法律规定的,司法机关和司法人员进行调查和处理案件时所必须遵循的基本准则。经过长期实践的总结,我国司法工作活动原则形成了一整套行之有效的适合中国国情的体系,是中国特色社会主义司法制度的重要标志。主要内容有:司法机关依法行使职权、严格遵守诉讼程序的原则;司法机关分工负责、互相配合、互相制约的原则;专门机关与群众相结合的原则;以事实为根据、以法律为准绳的原则;公民在适用法律上一律平等的原则;诉讼以民族语言文字进行的原则;被告人有权获得辩护的原则;保护诉讼参与人依法享有诉讼权利的原则。

我国司法工作制度的内容可以概括为三大项:侦查工作制度、检察工作制度、审判工作制度。同时,具有司法辅助性质的监狱工作制度、人民调解工作制度、律师制度、仲裁制度、公证制度等,我们也将其视为准司法制度而同样给予重视。司法工作的程序体系,包括处理诉讼案件的程序和非诉讼事件的程序。诉讼程序有刑事诉讼程序、民事诉讼程序、行政诉讼程序;非诉讼程序有公证程序、调解程序、仲裁程序。司法工作程序的特点有三个,即合法性、顺序性和时限性。

第四节 依法治国,建设社会主义法治国家

我国社会主义民主法治制度建设过程中有许多经验教训,其中最重要的一条是,用什么样的理念来治理国家至关重要。"文化大革命"结束后,邓小平深刻指出:"现在的问题是法律很不完备,很多法律还没有制定出来。往往把领导人说的话当做'法',不赞成领导人说的话就叫做'违法',领导人的话改变了,'法'也就跟着改变。"[①]这就是"以人治国",权比法大。在这种情况下,

---

① 《邓小平文选》第2卷,人民出版社1994年版,第146页。

民主法治制度建设必然会遇到重大阻力和障碍。因此,社会主义民主法治建设的关键在于确立依法治国的理念,高度重视制度在国家政治生活中的重要地位,建立健全社会主义法制,"坚决实行这样一些原则:有法必依,执法必严,违法必究,在法律面前人人平等"①,实行社会主义"法治"。"不管谁犯了法,都要由公安机关依法侦查,司法机关依法办理,任何人都不许干扰法律的实施,任何犯了法的人都不能逍遥法外。"②只有依法治国,建设社会主义法治国家,中国特色社会主义司法制度才能真正建立起来。

一、依法治国基本方略的提出

依法治国是中国共产党在深刻总结新中国成立以来我国法制建设的经验,全面继承邓小平法制思想的基础上,提出的符合时代要求和发展社会主义市场经济要求的重要战略思想。

1992年10月,党的十四大报告指出:加强立法工作,特别是抓紧制定与完善保障改革开放、加强宏观经济管理、规范微观经济行为的法律与法规,这是建立社会主义市场经济体制的迫切要求。③ 1995年1月,中共中央举办社会主义法制建设讲座,江泽民在讲座结束后作了重要讲话,指出:党领导人民制定的宪法和法律是人民意志的体现,是党的主张的体现。执行宪法和法律,是对人民意志的尊重,是贯彻党的路线、方针、政策的重要保障。党既要领导宪法和法律的制定,又要自觉地在宪法和法律的范围内活动,严格依法办事,依法管理国家。④ 这里第一次提出"依法治国"的思想。

1996年2月,在中共中央举办的中央领导同志法制讲座上,江泽民发表了重要讲话,强调"实行和坚持依法治国,保障国家的长治久安",其中第一次明确阐述了"依法治国"的思想。他指出:加强社会主义法制建设,依法治国,是

---

① 《邓小平文选》第2卷,人民出版社1994年版,第254页。
② 同上书,第332页。
③ 同上书,第274页。
④ 同上书,第294页。

邓小平同志建设有中国特色社会主义理论的重要组成部分,是我们党和政府管理国家事务的重要方针。实行和坚持依法治国,就是使国家各项工作逐步走上法制化和规范化;就是广大人民群众在党的领导下,依照宪法和法律的规定,通过各种途径和形式参与管理国家事务、管理经济文化事业、管理社会事务;就是逐步实现社会主义民主的法制化、法律化。① 同年 3 月 17 日,八届全国人大四次会议批准了《国民经济和社会发展"九五"计划和 2010 年远景目标纲要》,正式将"依法治国,建设社会主义法制国家"作为战略目标加以确定。

1997 年年初,江泽民在接见中国法学会第四次会员代表大会代表时又指出:依法治国,是社会文明和社会进步的重要标志,也是国家长治久安的重要保证。1997 年 9 月,党的十五大报告指出:"依法治国,是党领导人民治理国家的基本方略,是发展社会主义市场经济的客观需要,是社会文明进步的重要标志,是国家长治久安的重要保障。"②报告还将"建设社会主义法制国家"的提法改为"建设社会主义法治国家"。

1999 年 3 月 15 日,依法治国正式写入宪法,即中华人民共和国实行依法治国,建设社会主义法治国家。国家维护社会主义法制的统一和尊严。一切法律、行政法规和地方性法规都不得同宪法相抵触。一切国家机关和武装力量、各政党和各社会团体、各企业事业组织都必须遵守宪法和法律。一切违反宪法和法律的行为,必须予以追究。任何组织或者个人都不得有超越宪法和法律的特权。

二、依法治国的科学内涵

法制是法律制度,法治是法的统治,两者在程度上和方式上有重大区别。事实上,法治的范畴更广泛,内涵更深刻。

所谓依法治国,就是坚持党的领导、发扬人民民主、严格依法办事三者

---

① 《江泽民同志理论论述大事纪要》(上),中共中央党校出版社 1998 年版,第 299—300 页。
② 《中国共产党第十五次全国人民代表大会文件汇编》,人民出版社 1997 年版,第 32 页。

统一的依法治国,是人民大众的依法治国,是民主与法制相结合的依法治国,也是中国特色社会主义的依法治国。2019年10月,党的十九届四中全会指出,坚持依法治国首先要坚持依宪治国,坚持依法执政首先要坚持依宪执政。2022年10月,党的二十大报告指出,要坚持依法治国、依法执政、依法行政共同推进,坚持法治国家、法治政府、法治社会一体建设。

依法治国的主体是广大人民群众。我国宪法规定:中华人民共和国的一切权力属于人民。人民通过人民代表大会等途径和形式,依法管理国家事务和社会事务,而不是少数国家公职人员以言代法,以权治民。具体行使国家行政管理权或者司法权的国家机关和国家公职人员,只是在人民授权范围内行使管理国家权力的执行者,任何机构和个人决不能未经人民授权或者超越人民授权成为人民之外或者人民之上的治理国家的主体。因此,保证人民在依法治国中的主体地位是实行依法治国,建设社会主义法治国家的根本出发点和归宿。人民当家作主,是社会主义民主法制的核心内容。依法治国,建设社会主义法治国家的实质是发展和保障人民的民主权利。

依法治国的客体是法律规范所指的国家事务、经济文化事业和社会事务中的各种法律关系,以及该法律关系的当事人,各级国家机关及国家公务人员则作为法律关系的当事人。依法治国就是要保证对所有这些事业、事务的管理工作都要依法进行;保证一切国家机关必须依法运行,一切国家公务人员必须依照法律规定和法定程序行使权力。依法治国不是少数国家工作人员以权治民。任何国家公职人员在行使权力的时候,必须受到法律制度的约束和监督,并承担相应的责任。由于国家机构和国家公职人员掌握一定权力,所处的地位也很重要,理所当然是依法治国的重点。因此,必须重视依法治权,而不是把治理限于治民。

依法治国所依靠的是宪法和法律。宪法是国家根本大法,它反映了广大人民的利益和社会发展的规律,具有权威性和最高的法律效力。人民群众、国家机关公职人员和社会团体、企事业组织都必须严格按照以宪法为核心的社会主义法律体系办事,维护宪法和法律的尊严。任何人、任何组织都没有超越宪法和法律的特权。

依法治国与坚持党的领导具有一致性。中国共产党作为执政党,就是要领导和支持人民当家作主。党领导人民制定宪法和法律,必然要领导人民遵守、实施宪法和法律,党自身的活动也必须在宪法和法律范围内进行。依法治国同坚持党的领导不但没有矛盾,反而有助于加强和改善党的领导。要把坚持党的领导、发扬人民民主和严格依法办事统一起来,从制度上和法律上保证党的基本路线和基本方针的贯彻实施,保证党始终发挥总揽全局协调各方的领导核心作用。

依法治国是中国共产党作为执政党最基本的领导方式和执政方式,依法治国也是中国特色社会主义政治体制改革的基本目标,依法治国还是中国特色社会主义社会发展的必由之路。

三、依法治国的基本要求

依法治国,建设社会主义法治国家,是执政的中国共产党的重要使命和责任,换言之,能不能顺利地实现这个目标,在很大程度上取决于党的认识和行为。中国共产党必须坚持和改善党的领导,坚定地实行依法治国的基本方略。其一,党要领导人民通过法定程序制定法律,把党和人民的主张变为国家的意志和全社会的准则,使国家的宪法和法律既体现人民群众的意志,又体现党的主张。这样,执行宪法和法律,既是按广大人民群众的意志办事,又是贯彻党的路线、方针、政策;既能坚持党的领导,又能维护法律的尊严和权威。其二,党的各级组织和广大党员,都要严格依法办事,为社会做出表率。党组织坚决反对以权压法、以言代法的现象,坚决查处执法犯法、徇私枉法的党员干部。干部依法决策、依法行政是依法治国的重要环节;公民自觉守法、依法维护国家利益和自身权益是依法治国的重要基础。[①] 要继续从立法、司法、执法、普法等各个环节加倍努力,真正做到有法可依,有法必依,执法必严,违法必究,切实维护法律的尊严和权威。[②] 其三,各级领导干部,特别是党的领导干部要遵纪守法,廉洁奉公。党内腐败现象实际上是最严重的违法乱纪。这个问题不

[①] 《江泽民同志理论论述大事纪要》(上),中共中央党校出版社1998年版,第300页。
[②] 同上书,第298页。

解决,就谈不到依法治国。只有消除腐败特别是坚决遏制司法腐败,才有可能真正实行依法治国。

坚持依法治国,必须进一步完善法律和法规,加强立法工作。据统计,自1979年至1996年,我国制定了现行宪法并通过了两个宪法修正案;先后制定了300个法律和有关法律的决定,800多个行政法规,4200多个地方性法规。① 但是,也应该清醒地看到,我国法制建设的现状同整个现代化建设的要求,同建设比较完备的社会主义法制的要求,还有不小的距离。这方面还有大量的工作要做。党的十五大报告指出:加强立法工作,提高立法质量,到2010年形成有中国特色社会主义法律体系。此后,中共中央反复强调,维护宪法和法律的尊严,坚持法律面前人人平等,任何人、任何组织都没有超越法律的特权。一切政府机关都必须依法行政,切实保障公民权利,实行执法责任制和评议考核制。推进司法改革,从制度上保证司法机关依法独立公正地行使审判权和检察权,建立冤案、错案责任追究制度。加强执法和司法队伍建设。深入开展普法教育,增强全民的法律意识,着重提高领导干部的法制观念和依法办事能力。法制建设同精神文明建设必须紧密结合,同步推进。特别强调,立法工作不仅要有数量,更要有质量。立法的基本原则是:坚持以宪法为依据,以国家和人民的根本利益为出发点,维护国家法制的尊严和统一,决不允许借立法而不适当地扩大地方和部门的权力;同时,要把改革和发展的重大决策同立法决策结合起来,注重抓好发展社会主义市场经济所急需的立法。还要坚持走群众路线,广泛听取各方面意见,力求使制定的法律法规尽可能周密,切实可行。

坚持依法治国,必须严格依法行政,加强行政执法。行政执法在实行和坚持依法治国,建设社会主义法治国家中具有十分重要的地位和作用。在整个国家机关序列中,行政机关所占比重最大,拥有部门最多。而且我国法律体系中80%以上的法律是由行政机关执行的,行政执法举足轻重。依法行政是依法治国的关键。行政机关的行政行为必须在法律规定的范围内按法定程序实

---

① 《切实履行宪法法律赋予的职责》,《人民日报》1996年9月12日,第4版。

施,严格依法行政,行政权力不得滥用,滥用行政权力造成社会损害的,必须追究行政违法责任人的责任。当前我国在执法方面存在的问题比较多,主要还是缺乏一支高素质的执法队伍。没有一支高素质的执法队伍,依法治国就是一句空话。所以,必须加大对执法队伍的培养,通过各种途径,如法律院校培养、进修培训等办法,尽快建立一支高素质的执法队伍。

坚持依法治国,必须加强法制教育,提高全民族尤其是领导干部的法律意识和法律素质。依法治国,说到底还取决于人的因素,取决于全民族特别是领导干部的法律意识和法律素质。在我国,由于各种原因,民族法律意识和法律素质较低,而且相当一部分领导干部的法律意识和法律素质不高。这是实行依法治国的一个"瓶颈"。十几年来我国在这方面已经做了许多工作,全国人大常委会在 1986 年就决定在全国开展法制宣传教育工作,1996 年 5 月 15 日通过法制教育的第三个规划,要求从 1996 年至 2000 年继续进行以宪法、基本法律和社会主义市场经济法律知识为主要内容的法制宣传教育;并要求一切有接受教育能力的公民都应学习法律知识,各级领导干部特别是高级领导干部更应带头学习。

法制教育要特别着重从三个方面进行:一是加强对青少年的法制教育。他们是民族的未来和民族的希望,他们的法律意识和法律素质的提高,对全民族有重大影响。邓小平指出:"加强法制重要的是要进行教育,根本问题是教育人。法制教育要从娃娃开始,小学、中学都要进行这个教育,社会上也要进行这个教育。"[1]二是要形成一种有效的系统的法制教育和宣传制度。也就是说,法律教育要制度化,只有这样才能持久。三是对领导干部的法律教育必须加强。习近平强调,要提高领导干部的"法治思维和依法办事能力"[2]。实践证明,针对各级领导干部的具体情况,定期举办法制讲座是一个好的办法。当然,改革开放 40 多年来法制教育已经取得了长足的进步,但这是一项长期艰巨的工作,必须毫不动摇地坚持下去。

---

[1] 《邓小平文选》第 3 卷,人民出版社 1993 年版,第 163 页。
[2] 中共中央文献研究室编:《习近平关于社会主义时代建设论述摘编》,中央文献出版社 2017 年版,第 97 页。

第五节 坚持和完善社会主义司法制度

我国社会主义司法制度经过长期发展,基本体系已经完全确定,而且在建设过程中积累了许多宝贵的经验,这就为司法制度的进一步发展奠定了基础。中国共产党提出依法治国战略目标以及我国社会主义市场经济和民主政治建设的全面发展,也为司法制度的进一步发展提供良好的宏观环境。应该说,中国特色社会主义司法制度建设前景光明。但是,由于我国封建社会"人治"观念的影响根深蒂固,也由于我国经济文化相对落后,人民法制观念有待提高,特别是司法制度本身具有复杂性等,我国司法制度建设还存在着许多问题,需要进一步改革和完善。改革的基本原则是:坚持依法治国的方略,建立科学、合理、公正的中国特色社会主义司法制度体系,彻底摒弃"人治"观念,坚持有法必依,执法必严,违法必究,在法律面前人人平等。司法改革的直接目标是建立能够实现依法独立公正行使审判权和检察权的制度。

一、改革司法领导体制

我国的司法领导体制基本上是"条块结合,以块为主",各级机关接受"双重领导",既受系统内上级的指导,也受同级党委的领导和同级人大的监督,而且由于财政经费拨付的影响,客观上还受各级政府及其职能部门的制约。这种领导体制实际上是计划经济的产物,也比较适应计划经济体制的需要。随着我国社会主义市场经济体制的建立和改革开放的不断深入,这种体制的弊端逐渐显露出来。其一,与社会主义市场经济的发展和经济、政治体制改革极不协调;其二,司法机关独立办案受到多方面的干预,司法独立办案落实较难;其三,法制难以统一,地方保护主义成了痼疾。因此,根据新的形势,对司法领导体制进行改革势在必行。

改"块块"领导为"条条"领导的"垂直领导"方式,是目前可以考虑的改革措施。早在1954年,董必武就提出要力争法院"干部的垂直领导管理"。事实证明,"块块领导"体制是不科学的管理方式,存在很多弊端。实际上,司法机关还是适用"条条"领导,这是由其本身固有的性质、功能、运行规律和特征决定的。在"垂直领导"管理模式下,下一级地方法院只服从上级地方法院,最后都服从最高人民法院,最高人民法院向全国人大负责;人、财、物均属垂直领导与被领导的关系;审判工作为平行的监督关系。同时,改变各级地方司法机关的财政体制,将目前由地方政府负担地方司法机关的财政改为由中央政府负担,并由最高司法机关集中统一管理全国各级司法机关的财政经费。① 实行"垂直领导"的司法体制有着重要的意义:有利于消除司法腐败,维护公平与正义,消除地方保护主义,维护法制的权威与统一,发挥司法机构的正常功能。2015年3月,中共中央办公厅和国务院办公厅印发了《领导干部干预司法活动、插手具体案件处理的记录、通报和责任追究规定》,支持司法机关依法独立公正行使职权。

改革我国的司法领导体制,必须坚持党的领导。没有党的领导就没有中国特色社会主义司法制度。党的领导主要体现在:党把握司法工作的方向,制定并提出有关司法工作的路线、方针、政策;向人大推荐司法机关负责人员的人选;通过在司法机关的党组织加强对司法人员中的党员的教育与监督,要求党员依法正确行使审判权与检察权,全心全意为人民服务,发挥先锋模范作用。

二、改革司法组织体制和任用制度

几十年来,构建我国司法体制的核心主体是公安、检察、法院三大系统,而这三个机关之间的职能关系有待更进一步科学合理定位。赋予检察机关以侦查的主导地位,以利于检察机关对公安机关实施有效监督,也有利于检察机关更好地发挥控诉职能,避免在批捕、起诉时受公安机关侦查结果的牵制。改变

---

① 马骏驹、聂德宗:《当前我国司法制度存在的问题与改进对策》,《法学评论》1998年第6期。

传统的刑事诉讼结构模式,即公、检、法三机关互相配合、互相制约的三道工序的线性结构,避免检察机关批捕、起诉受公安机关侦查结果的牵制,而审判机关又受公、检两机关的双重挤压的局面,使罪刑法定这一原则得以切实贯彻,保护被告人合法权益得以落到实处。修正后的《中华人民共和国刑事诉讼法》及实践中进行的审判方式改革等,力图建立警、检一体,控、辩双方对等,法官居中裁判的三角结构。

结合西方国家的经验和我国的具体情况,改革可以从以下几个方面进行。(1)严格司法人员的任免资格,要求具有法律本科以上学历,受过良好法学教育和职业理论道德教育。(2)建立高难度的全国统一的司法考试制度。2001年6月30日,九届全国人大常委会第二十二次会议通过了《关于修改法官法的决定》,对1995年颁布的法官法进行了若干修改,其中规定了国家实行统一司法考试制度,由司法部负责实施。这一新的规定是中国司法制度的重大改革,意义深远。针对现有司法人员组织统一的资格考试,业务素质和政治理论水平合格者留任,不合格者改另行安排。(3)合理确定司法机关的编制,给予优厚待遇;适当延长法官退休年龄。《中华人民共和国法官法》第62条规定:"法官的退休制度,根据审判工作特点,由国家另行规定。"但目前国家尚未对法官退休制度作出详细规定。

中国特色社会主义进入新时代,中国共产党围绕新时代党和国家事业发展新要求,对全面深化改革、全面依法治国提出了新任务,对深化党和国家机构改革、深化司法体制改革作出了新部署。党中央从全面依法治国的全局和战略高度,决定将原司法部和国务院原法制办公室的职责进行整合,重新组建司法部,将中央全面依法治国委员会办公室设在司法部,赋予了司法部更大的政治责任和全新的历史使命。

三、改革司法内部管理体制

由于长期受行政管理方式的影响,我国司法机关基本上以行政管理的方式来管理司法工作,特别是审判机关往往习惯于以此方式来管理法院的审判工作。在审判机关中,法官始终是以法院工作人员而不是以法官个人身份出现在审判程序中,他们对外代表法院履行职权,包括依法调查收集证据,组织并主持案件的开庭审理,但却无权独立对外作出裁判。审判委员会是人民法院对审判工作实行集体领导的组织形式。无论案件是否重大或者是否疑难,均由审判委员会或庭务会议讨论决定。独任庭、合议庭只对案件事实负责,失去了应有的职能作用,以致形成了审者不能判、判者又不审的局面。

司法内部管理体制的改革,要扩大合议庭独立办案的权限,从体制上理顺合议庭与审判委员会的关系。2010年1月,最高人民法院发布《关于进一步加强合议庭职责的若干规定》。规定明确了合议庭是人民法院的基本审判组织,全体成员平等参与案件的审理、评议和裁判,依法履行审判职责。除提交审判委员会讨论的案件外,合议庭对评议意见一致或者形成多数意见的案件,依法作出判决或者裁定。

坚持和完善社会主义司法制度,必须建立全方位、多途径的反司法腐败的有效体系。目前我国存在一定的司法腐败现象,主要表现在:第一,以权代法。按法治要求,当个人权力与法律发生矛盾冲突时,应法律权威至上。这也是人治与法治问题,如法律屈服于个人权力则是人治的表现,人治必然带来司法的腐败。在实践中有些司法机关或司法人员有法不依,执法不严,甚至贪赃枉法。第二,以罚代法。这在刑事案件中表现尤为突出,如有的犯罪嫌疑人依法当处刑罚,而某些司法机关或司法人员为了私利,往往以罚款代替刑事处罚。第三,以权卖法。司法机关是专事侦查、检察、审判职能的机关,但在实践中有的司法机关或司法人员利用司法职权经商办公司或入空股充当社会黑势力的保护伞,受利益关系的驱使,置国家法律于不顾。第四,接受吃请,收受财物,徇私枉法。少数司法人员个人生活腐化,接受当事人或相关人的吃请,收受其财物或到高档娱乐场所消费,结果在案件处理上不顾法律的威严而枉法裁判。第五,任人唯亲。有的司法机关在用人上不是任人唯贤,一些司法机关内部搞"近亲繁殖"。

司法公正是社会公正的最后防线。如果丧失了司法公正,也就意味着最终失去了社会公正。因此,司法方面存在的问题,引起党和政府及全社会的高度重视。最高人民法院针对司法腐败问题，制定了一系列重要法规和办法，如《人民法院审判人员违法审判责任追究办法（试行）》《人民法院审判纪律处分办法（试行）》《最高人民法院督导员工作条例》，进一步强化人民法院内部监督机制，对审判工作的公正、廉洁、高效将发挥重要作用。然而，反司法腐败是一种系统工程，司法改革是核心，但也要积极推进其他方面的改革，只有建立起全方位、多途径的反司法腐败的体系，才能取得实效。第一，司法改革与政治体制改革紧密结合。政治体制改革的主要任务是：发展民主，加强法制，实行政企分开，精简机构，完善民主监督制度，维护安定团结。司法改革属政治体制改革的重要内容之一。只有健全民主制度，才能有效地发挥民主监督作用，才能促使司法机关公正严明执法；只有推进机构改革，才能使司法机关之机构精简、统一、提高效能，克服官僚主义。第二，深化经济体制改革，为司法改革提供物质保障，以避免以权谋私的现象发生。第三，深化人事制度改革，防止司法机关用人制度上的腐败。第四，理顺司法机关与其他国家机关的关系，改变司法机关在人、财、物等方面受制于其他国家机关和组织的现状，以克服地方保护主义。第五，加强党风廉政建设，促进党员、司法干部廉洁自律。第六，严厉惩处腐败犯罪分子，达到震慑犯罪和教育挽救一大批党员司法干部的目的。

党的十八大以来，以习近平同志为核心的党中央全面推进依法治国，建设法治政府、法治社会、法治国家。党的十九大报告进一步强调，要加大全民普法力度，建设社会主义法治文化，树立宪法法律至上、法律面前人人平等的法治理念。各级党组织和全体党员要带头尊法学法守法用法，任何组织和个人都不得有超越宪法法律的特权，绝不允许以言代法、以权压法、逐利违法、徇私枉法。2018年3月20日，第十三届全国人民代表大会第一次会议通过关于最高人民法院工作报告的决议，提出深化司法体制改革，推进平安中国、法治中国建设，加强人民法院过硬队伍建设，充分发挥审判机关职能作用，维护国家政治安全，确保社会大局稳定，促进社会公平正义，保障人民安居乐业，为决胜全面建成小康社会、夺取新时代中国特色社会主义伟大胜利、实现中华民族伟大复兴的中国梦提供有力司法保障。2019年1月，司法部推出了《全面深化司法行政改革纲要(2018—2022年)》,提出了全面深化司法行政改革的总目标和主要任务。同年10月,党的十九届四中全会决定强调指出,要进一步深化司法体制综合配套改革,完善审判制度、检察制度,全面落实司法责任制,完善律师制度,加强对司法活动的监督,确保司法公正高效权威,努力让人民群众在每一个司法案件中感受到公平正义。2022年10月,党的二十大报告强调指出,公正司法是维护社会公平正义的最后一道防线,要深化司法体制综合配套改革,加快建设公正高效权威的社会主义司法制度。这标志着我国全面深化改革和全面依法治国进入了一个崭新的阶段。

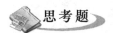
思考题

1. 简述我国社会主义司法制度的确立和发展。
2. 简述我国社会主义司法制度的主要内容。
3. 依法治国的内涵是什么?如何坚持依法治国?
4. 如何坚持和完善我国社会主义司法制度?

第八章
社会主义民主监督制度

民主,是指以多数人的意志为政权的基础,承认全体公民自由、平等的统治形式和国家形态。① 民主,说得更直接一些,其实就是"人民当家作主",即人民有管理国家的权力。但是,国家的管理者不可能是普遍的人民,而只是某些少数人代表人民来管理国家。这就存在着一个很重要的问题,即如何使这少部分人能够真正、始终代表人民,而不是代表他自己。这是各个国家、各个阶级、各个政党都在探索和解决的一个重要课题,当然也是中国共产党人探索和解决的重要课题。1945年7月,著名民主人士黄炎培在延安访问,毛泽东问黄炎培的访问观感。两人由此发生了一段有关民主的谈话。黄炎培对毛泽东说:一部历史,"政怠宦成"的也有,"人亡政息"的也有,"求荣取辱"的也有。总之没有能跳出这周期律。中共能否找出一条新路,来跳出这周期律的支配? 毛泽东答:"我们已经找到新路,我们能跳出这周期律。这条新路,就是民主。只有让人民来监督政府,政府才不敢松懈。只有人人站起来负责,才不会'人亡政息'。"② 毛泽东所讲的,代表了中国共产党人的一种政治选择,就是建立起有效的监督制度,从而真正实现人民民主。为了达到这个目的,中国共产党人在新中国成立后进行了长期艰苦的探索,中国特色社会主义民主监督制度历经风雨终于建立了起来。

---

① 《中国大百科全书·政治学》,中国大百科全书出版社2002年版,"民主"条,第251页。
② 黄炎培:《八十年来》,文史资料出版社1982年版,第149页。

第一节　社会主义民主监督制度的含义和基本内容

民主监督作为"自下而上"的非权力性监督,主要是通过提出建议和批评协助党和国家机关改进工作,提高工作效率,克服官僚主义。它不具有法律的约束力和纪律的强制性,其意义和作用往往不容易被人们所理解,在实际生活中也往往被一些领导人和工作部门所忽视。关于民主监督,目前在概念上存在着不同的理解。一种意见是指民主党派、无党派人士及各种社会团体通过各种形式对执政党和政府进行的外部监督。再一种意见是将所有的监督都归为民主监督,包括党内的监督,政府内部的监督,民主党派、无党派人士及各种社会团体的外部监督。社会主义民主监督制度的基本内容可以概括为六大领域,即党内监督、人大监督、行政监督、司法监督、群众监督、舆论监督。

一、社会主义民主监督制度的含义

应该说,就民主监督而言,最早还是源于政治协商制度,主要是指民主党派及社会团体的外部监督。1956年社会主义改造基本完成之后,我国转变为社会主义社会。民主党派还要不要?对此存在着不同看法,有人认为民主党派的历史使命已经完成,可以取消了。针对这种情况,毛泽东指出,在中国多个党比一个党好,社会主义建设时期民主党派应该而且能够发挥积极作用。他说:"我们的方针是要把民主党派、资产阶级都调动起来,要有两个万岁,一个是共产党万岁,另一个是民主党派万岁。"[1]1956年4月,毛泽东在《论十大关系》的报告中,又将这一思想概括为:"长期共存,互相监督"[2]。对这个方针,民主党派给予了积极响应,还提出一些具体的建议,如监督应该有法律保

---

[1] 李维汉:《回忆与研究》(下),中共党史资料出版社1986年版,第813页。
[2] 《毛泽东著作选读》下册,人民出版社1986年版,第733页。

障,民主党派对相关政府部门应有质询权;民主党派可以在人民代表大会中设立类似资本主义国家的"议会党团",每个党派的"议会党团"有权向中外记者发表主张;政府部门和政协对民主党派提出的批评建议,应认真处理,不得敷衍应付;等等。① 但之后政治协商制度走过一段曲折的发展过程,民主监督并没有真正实施。

"文化大革命"的教训是十分深刻的,使党深切地认识到民主监督制度的极端重要性。1978年12月,邓小平在中央工作会议上的讲话中提到民主监督。他说:"要切实保障工人农民个人的民主权利,包括民主选举、民主管理和民主监督。"② 这里的民主监督是指基层群众性自治组织的一种权利和职能。1980年中共中央转发《全国统战部长座谈会纪要》,其中针对民主党派的监督作用,第一次提出"民主监督"的概念,指出:"政协是我国政治体制中贯彻社会主义民主,实行互相监督的重要形式,它的主要任务应当是实行政治协商和民主监督。"③ 此后,民主监督就成为一个引用率非常高的词,专指参加人民政协的各民主党派、无党派爱国人士,各人民团体和社会各界爱国人士,就国家和地方的重要事务提建议、意见和批评,以及中国共产党同各民主党派、无党派爱国人士相互之间的民主监督,其中主要是对执政的中国共产党和政府的监督。

但是,随着我国社会主义政治体制和民主政治建设的发展,民主监督的内涵和外延在不断地扩大,这一点在党的重要文献中有所反映。1987年党的十三大报告从多角度提到监督。其一,党的监督。地方党组织的作用,要逐渐转到保证监督上来,才能更好地行使监督职能。其二,政府内部的监督。对政府机构要进行改革,制定各种法律加强对行政的监督;要改革干部人事制度,实现干部人事的依法管理和公开监督。其三,舆论监督。要通过各种现代化的新闻和宣传工具,增加对政务和党务活动的报道,发挥舆论的作用。其四,人大的监督。要完善社会主义民主政治的若干制度,包括继续完善人大及其常

---

① 李维汉:《回忆与研究》(下),中共党史资料出版社1986年版,第820页。
② 《邓小平文选》第2卷,人民出版社1994年版,第146页。
③ 浦兴祖主编:《中华人民共和国政治制度》,上海人民出版社1999年版,第922页。

委会的各项职能,加强立法工作和法律监督。要进一步密切各级人大与群众的联系,使人大能够更好地代表人民,并受到人民的监督。其五,政协的监督。要加强政协自身的组织建设,逐步使国家大政方针和群众生活重大问题的政治协商和民主监督经常化。要坚持"长期共存、互相监督、肝胆相照、荣辱与共"的方针。

1992年党的十四大报告有关监督的提法就更为集中和明确。报告指出:其一,要进一步完善人民代表大会制度,加强人民代表大会及其常委会的立法和监督等职能,更好地发挥人民代表的作用。其二,充分发挥人民政协在政治协商和民主监督中的作用。坚持"长期共存、互相监督、肝胆相照、荣辱与共"的方针,加强同民主党派协商议事,支持民主党派和无党派人士在国家机关担任领导职务,进一步巩固我们党同党外人士的联盟。其三,强化法律监督机关和行政监察机关的职能,重视传播媒介的舆论监督,逐步完善监督机制,使各级国家机关及其工作人员置于有效的监督之下。其四,要严格执行宪法和法律,加强执法监督,坚决纠正以言代法、以罚代刑等现象,保障人民法院和检察院依法独立进行审判和检察。

以上两个报告虽然提出了多种监督制度,但民主监督还是指民主党派的监督。1997年党的十五大报告将民主监督的范围大大延伸。报告指出,当前和今后一段时间,政治体制改革的主要任务是:发展民主,加强法制,实行政企分开、精简机构,完善民主监督制度,维护安定团结。民主监督制度包括:人大的监督,人民政协的民主监督,工会、共青团、妇联等群众团体在管理国家和社会事务中的民主参与和民主监督,基层的民主监督,等等。十五大报告还对完善民主监督制度作了专门的阐述。报告指出:我们的权力是人民赋予的,一切干部都是人民的公仆,必须受到人民和法律的监督。要深化改革,完善监督法制,建立健全依法行使权力的制约机制。坚持公平公正、公开的原则,直接涉及群众切身利益的部门要实行公开办事制度。把党内监督、法律监督、群众监督结合起来,发挥舆论监督的作用。加强对宪法和法律实施的监督,维护国家法制统一。加强对党和国家方针政策贯彻的监督,保证政令畅通。加强对各级干部特别是领导干部的监督,防止滥用权力,严惩执法犯法、贪赃枉法。[①] 此后,党的历次代表大会都强调坚持和完善民主监督制度。

从以上过程可以得出这样几个观点:第一,民主监督最初是指民主党派的监督,以后逐渐发展到各个方面的监督,这是认识上的进步。第二,民主监督可以有狭义和广义之分。狭义的民主监督是指民主党派、无党派人士对共产党实行的监督。广义则是指各种监督,即人民行使民主权利对党组织、政府、公务员施行的监察和监督,是人民当家作主权利的具体体现。第三,民主监督制度则是一个特定的概念,是指国家政治制度中的一种,即监督制度。民主监督制度的内涵和外延是相当广泛的,不能把它单纯地理解为某一方面的民主监督,而应该理解为广义的国家政治制度。

所谓民主监督制度,就是用于约束权力主体和监督主体的行为,以实现监督目的的各种规范,既包括作为监督对象的党政机关及其工作人员共同遵守的法律、章程、规定和条例,也包括作为监督主体的监督机关及其工作人员以及所有其他参加监督活动的组织和人民进行监督所依据的法律、规定和条例。民主监督制度反映监督活动的规律,直接服务于监督活动,保证监督目标的实现。概括起来,监督制度具有规范、保证、制裁、教育四个方面的作用。

我国社会主义民主监督制度源于新民主主义革命时期中国共产党在解放区建立的各种监督制度,以后随着中华人民共和国成立而逐渐建立起来。1949年9月的中国人民政治协商会议第一届全体会议,意味着人民政协的民主监督制度的建立。1949年,中央人民政府设立人民监察委员会以监督全国各级国家机关和各级公务员是否违反国家政策、法律、法令或者损害人民及国家利益,并纠察其中违法失职的机关和人员;指导全国各级监察机关之监察工作;接受及处理人民和人民团体对各级国家机关和各种公务员违法失职行为的控告。这是最早的国家监督机构。1954年第一届全国人民代表大会召开,人民代表大会行使监督职能,随后具有社会主义性质的民主监督制度逐渐得到建立和完善。当然,民主监督制度也遭受到20世纪50年代末和60年代初

---

① 《中国共产党第十五次全国人民代表大会文件汇编》,人民出版社1997年版,第34—35页。

"左"的思潮的影响和"文化大革命"的破坏,走过了一段弯路。

改革开放后,邓小平指出:"我们过去发生的各种错误,固然与某些领导人的思想、作风有关,但是组织制度、工作制度方面的问题更重要。这些方面的制度好可以使坏人无法任意横行,制度不好可以使好人无法充分做好事,甚至会走向反面。"①因此,新时期民主监督制度得到迅速恢复和发展,特别是中国特色社会主义进入新时代,党和政府加大了民主监督制度建设的力度,目前已经形成了中国特色社会主义监督体系。2019 年 10 月,党的十九届四中全会《中共中央关于坚持和完善中国特色社会主义制度 推进国家治理体系和治理能力现代化若干重大问题的决定》强调指出,坚持和完善党和国家监督体系,强化对权力运行的制约和监督,确保党和人民赋予的权力始终用来为人民谋幸福。

二、社会主义民主监督制度的基本内容

我国社会主义民主监督制度是国家政治制度的重要组成部分,是一个比较庞大的体系,因此,其包含的内容也相当宽泛。根据中国共产党历代领导集体关于民主监督的思想,结合中国特色社会主义民主监督制度的实际情况,可以将我国民主监督制度概括为六大领域,即党内监督、人大监督、行政监督、司法监督、群众监督、舆论监督。

(一) 党内监督制度

党内监督是指党的组织和党员在党内生活中的相互监督,主要是广大党员对党的领导机关和领导干部的监督,党内监督制度则是相关的制度。中国共产党是执政党,党的一切活动都将对社会产生重大的影响。党必须受到社会各个方面强有力的监督,这是党永葆青春活力的根本条件。在监督体系中党内监督举足轻重,只有执政党搞好党内监督,才能把党建设好,才能带动整

---

① 《邓小平文选》第 2 卷,人民出版社 1994 年版,第 333 页。

个社会监督体系的完善。

从历史上看,革命导师都非常重视党内监督。马克思、恩格斯提出,党应该按期举行代表大会,使全党有更多的发表意见的机会,由它来纠正党的领导人的错误并罢免某些领导者。恩格斯在写给倍倍尔的信中说:"应当坚持每年召开一次党代表大会。即使为了遵守党章,你们执行委员会也必须这样做;否则,你们就会为那些喜欢叫喊的人提供极好的口实。而且,让全党哪怕一年有一次发表自己意见的机会,一般说来也是重要的。"①列宁则对党内监督给予了高度重视,提出许多重要思想。列宁指出,目前执政党存在三大敌人,一是共产党员的狂妄自大,二是文盲,三是贪污受贿。"在这种条件下不能搞任何政治,这里没有搞政治的基本条件。"②消灭这些敌人的有效方法就是建立和加强党内监督制度。列宁特别强调中央监察委员会工作,并建议与工农检察院结合起来,"一方面,使它的组织和工作有计划、有目的、有系统,另一方面,通过我国工农中的优秀分子同真正广大的群众联系起来"③,由此来加强党内监督机制。

党的历代中央领导集体都非常重视党内监督制度的建设。1949 年 11 月成立了中央纪律检查委员会。在随后五年里,党的纪检机构在县以上的各级组织纷纷成立。1955 年 3 月,召开了党的全国代表会议,通过了成立党的监察委员会的决议,并选举产生了新的中央监察委员会。新的中央监察委员会不仅是名称的改变,而且扩大了职权,领导体制也由原来的直属于同级党委改为实行垂直领导,即实行上下级领导关系。党的八大后,邓小平多次提出党要接受监督的问题。他指出,监督来自三个方面,第一就是党的监督。对于共产党员来说,党的监督是最直接的。要求党的生活严一些,团的生活也严一些,也就是说,党对党员的监督要严格一些,团对团员的监督要严格一些。④董必武也指出:要对党员遵守国家法制的情况进行监督。⑤ 在制度上也想了一些办法,如成立中央书记处,负责处理中央日常工作;健全党委制,严格实行党委集

---

① 《马克思恩格斯全集》第 38 卷,人民出版社 1972 年版,第 474 页。
② 《列宁选集》第 4 卷,人民出版社 2012 年版,第 591 页。
③ 同上书,第 780 页。
④ 《邓小平文选》第 1 卷,人民出版社 1994 年版,第 270—271 页。
⑤ 董必武:《论社会主义民主和法制》,人民出版社 1979 年版,第 358—359 页。

体领导;健全各级监察委员会,对违反党的纪律的现象进行制止和给予惩罚。但是,真正建立起党内监督制度还是在党的十一届三中全会之后,党恢复建立了中央纪律检查委员会和党的各级纪律检查委员会,制定了《关于党内政治生活的若干准则》,作为党章的重要补充和党内监督的重要依据。此外,还建立了一系列党内民主监督的制度和条例。

1990年党的十三届六中全会通过《中共中央关于加强党同人民群众联系的决定》,将对各级领导机关和领导干部的监督概括为五个方面。1996年,中央纪律检查委员会对党内监督明确了五项制度。2001年党的十五届六中全会通过《中共中央关于加强和改进党的作风建设的决定》,提出八个方面的制度建设,其中就党内监督制度方面有新的规定。如定期向上级报告工作和廉洁从政情况的制度、中央和各省区市党委巡视下级工作的制度、健全党内生活制度、借鉴"三讲"经验听取群众意见和接受群众评议的制度、党风廉政建设责任制度。十八大以来,党中央加大了反腐败和监督的力度,取得了显著成效。2016年10月,党的十八届六中全会通过了《中国共产党党内监督条例》。2017年11月,党的十九大报告进一步指出,要强化监督执纪问责。加强纪律教育,强化纪律执行,让党员干部知敬畏、存戒惧、守底线,习惯在受监督和约束的环境中工作生活。2022年10月,党的二十大报告强调指出,健全党统一领导、全面覆盖、权威高效的监督体系,完善权力监督制约机制,以党内监督为主导,促进各类监督贯通协调,让权力在阳光下运行。

党内监督制度的基本内容包括:(1)依据党章对每个党员和党的组织的言论、活动进行监督,以保证他们正确地行使党章赋予的权利和职权,正确地履行党章规定的义务和职责。(2)对全体党员特别是党的干部和各级党组织遵守党的政治纪律方面的情况进行监督,目的在于保证全体党员和党组织在党的纲领、指导思想和路线方针政策上,同党中央保持高度一致。(3)党内监督的重点是对党的领导机关和领导干部进行监督。监督的目的在于对权力进行制约,防止滥用权力。(4)根据民主集中制原则进行监督,包括:在发扬民主方面,监督检查党内各项民主制度是否已经健全,是否得到真正执行;在保障党员民主权利方面,监督检查党员的民主权利是否受到了尊重和保障;在集中统一方面,监督检查在党内政治生活中是否受到了尊重和保障;在集中统一方面,监督检查党内政治生活中是否存在分散主义倾向和极端民主化的反映和表现。(5)对党组织和党员的思想作风、工作作风和生活作风进行监督,防止官僚主义、形式主义和以权谋私等不正之风,遏制腐败现象的滋生和蔓延。

党内监督制度的主要方式包括:(1)党的全国和地方各级代表大会、党内民主生活会、党员领导干部的民主生活会等会议制度。(2)评议、审查制度。民主评议党员制度的方法和步骤是:学习教育、自我评价、民主评议、组织考察、表彰和处理。这是党员相互之间进行监督的一种有效制度。审查监督制度是:上级党的委员会和纪律检查委员会,可以对下级党的委员会或者纪律检查委员会制定的规章制度、政策性规定,以及在贯彻执行党的路线方针政策方面所作出的决议、决定等进行审查;各级党的委员会和纪律检查委员会在必要时,可以对同级党委会成员及其工作部门和下级党组织的工作提出质询。(3)调查、检查制度。党的纪律检查委员会和党员及其他工作部门,派专人对有关问题进行调查或者检查,其形式包括派出检查组,检查案件或者工作;派出巡视组或者人员,进行巡视监督;派出调查组,对党风党纪情况进行调查或者检查。(4)检举、控告、申诉制度。检举、控告、申诉是党员的民主权利,每个党员都有权以各种有效方式向党的组织提出检举、控告、批评、建议和反映党风党纪的情况。

2018年3月23日,中华人民共和国国家监察委员会正式成立。其主要职责是维护党的章程和其他党内法规,检查党的路线方针政策和决议执行情况,对党员领导干部行使权力进行监督,维护宪法法律,对公职人员依法履职、秉公用权、廉洁从政以及道德操守情况进行监督检查,对涉嫌职务违法和职务犯罪的行为进行调查并作出政务处分决定,对履行职责不力、失职失责的领导人员进行问责,负责组织协调党风廉政建设和反腐败宣传等。国家监察委员会的成立,标志着党内监督纳入了国家法治化的轨道。

(二)人大监督制度

人大监督是指各级人民代表大会及其常务委员会对本级国家行政机关及其工作人员的监督。人大监督是我国人民当家作主的政权性质的重要体现,人大监督制度也是我国民主监督制度中最重要的内容。

早在20世纪50年代中期,党就对人大的监督作用有了充分的考虑。1956年7月,周恩来就人大工作提出三条建议:其一,人大代表和政协委员,每年都应有两次到人民中去直接视察工作,他们可以从与政府不同的角度去接触广大人民,接触实际,看我们的工作是否做得恰当,做错了没有,有什么缺点,有什么偏差。要制定人民代表定期视察工作的制度。其二,把所有的人民代表的发言,不管是对的,部分对的,甚至是错误的都发表出来,在人民中揭露政府工作的缺点,允许唱"对台戏"。其三,要进一步使人民代表参加对政府工作的检查,包括公安、司法工作都可以检查。① 这三条实际上就是讲人大监督的。两个月后召开的党的八大,在政治报告中对人大监督作了进一步的强调:必须加强全国人民代表大会和它的常务委员会对中央一级政府机关的监督和地方各级政府机关的监督,为了这个目的,应当加强人民代表的视察工作,以便广泛地收集人民群众的意见,并加强各级人民代表大会对于政府工作的检查、批评和讨论。在这之后,由于种种原因,人大监督制度并没有建立起来,直到党的十一届三中全会以后,这项工作才得以实施。

1982年,第五届全国人民代表大会第五次会议通过了修改后的新宪法。彭真在说明中指出,这次修改所遵循的方向和所体现的要求是:第一,使全体人民能够更好地行使国家权力。第二,使国家机关能够更有效地领导和组织社会主义建设事业。第三,使各个国家机关更好地分工合作、相互配合。新宪法按照这些要求对人大监督权作了明确规定。②

2018年3月,十三届全国人大一次会议通过了《中华人民共和国宪法修正案》。其中第六十七条规定了全国人民代表大会常务委员会行使的职权:第六项规定监督国务院、中央军事委员会、国家监察委员会、最高人民法院和最高人民检察院的工作;第十一项规定根据国家监察委员会主任的提请,任免国家监察委员会副主任、委员;第十二项规定根据最高人民法院院长的提请,任免

---

① 《周恩来选集》下卷,人民出版社1984年版,第207—208页。
② 彭真:《论新中国的政法工作》,中央文献出版社1992年版,第323—325页。

最高人民法院副院长、审判员、审判委员会委员和军事法院院长。

现行宪法还规定了全国人大监督的具体办法:(1)可以组织关于特定问题的调查委员会,并且根据调查委员会的报告,作出相应的决议。调查委员会进行调查的时候,一切有关的国家机关、社会团体和公民都有义务向它提供必要的材料。(2)有权依照法律规定的程序分别提出属于全国人民代表大会和全国人民代表大会常务委员会职权范围内的议案。(3)有权依照法律规定的程序提出对国务院或者国务院各部、各委员会的质询案。受质询的机关必须负责答复。

现行宪法规定,地方各级人民代表大会是地方国家权力机关。县级以上的地方各级人民代表大会设立常务委员会。县级以上的地方各级人民代表大会常务委员会讨论、决定本行政区域内各方面工作的重大事项;监督本级人民政府、监察委员会、人民法院和人民检察院的工作;撤销本级人民政府的不适当的决定和命令;撤销下一级人民代表大会的不适当的决议;依照法律规定的权限决定国家机关工作人员的任免;在本级人民代表大会闭会期间,罢免和补选上一级人民代表大会的个别代表。

综合上述规定可见,人大监督的主要途径为:(1)人大通过制定宪法、法律与地方性法规以及明确规定行政机构的设置、行政权力界限、行政活动原则与程序等,使国家行政活动在宪法和法律允许的范围内进行。(2)人大审议政府工作报告、审批政府工作中的重大事项。(3)人大及其常委会的组成人员依法对政府工作开展质询、评议、提出批评和意见及视察工作等。(4)人大及其常委会依法改变或撤销本级国家行政机关制定的同宪法、法律相抵触的行政法规、规章、决议和决定。(5)人大在对行政领导的行为进行监督,必要时,可对不称职的行政机关领导人员贪污提出罢免。

习近平指出,"各级人大及其常委会要担负起宪法法律赋予的监督职责,维护国家法制统一、尊严、权威"①。

---

① 中共中央文献研究室编:《习近平关于社会主义政治建设论述摘编》,中央文献出版社2017年版,第45页。

(三) 行政监督制度

行政监督制度,是指由国家设置专门的监察机关来对行政机关的行政行为和公务人员的职务行为实施监控和纠察的制度。行政监督制度与行政系统内部上下左右之间的工作业务监督不同,它不是上级行政机关对下级行政机关的工作业务监督,也不是下级行政机关对上级行政机关所实施的监督,更不是互不隶属的平行行政机关之间的互相监督。它是由有关的专门监督机关,对行政机关内的行政工作人员实施的监督检查。从内容上看,它侧重违法违纪的检查,对违法违纪人员进行检查处理,而不是一般的工作或业务性检查。从监督与被监督双方的关系看,专门监督机关属于监督者,它对被监督的行政机关和人员实行单向性的监督,可以运用包括惩处在内的各种手段对监督对象进行监督,而监督对象则不能运用同样的手段对专门监督机关进行监督。正因为行政监督制度具有这个特点,因而它对于防止和纠正国家行政机关及其工作人员的过失,保障行政法制,维护政府廉洁,提高行政效率,克服官僚主义,都具有十分重要的意义。

新民主主义革命时期,在中国共产党领导的革命根据地的政权建设中,行政监督制度就受到重视。中央苏区就曾建立工农监察委员会。陕甘宁边区专设了行政监察专员公署。解放战争时期,当时的华北人民政府和陕甘宁边区政府都设立了人民监察院。新中国成立后,根据《共同纲领》的规定,设立了人民监察委员会,该委员会是当时政务院的四大委员会之一,地位高于政务院各部。在中央的一些部委也设立监察机构,地方各大行政区政府和省、市、县也设立了相应的监察机构。1954年宪法颁布后,在国务院设立了监察部。1959年4月,监察部被撤销,监察工作受到削弱。1986年,六届全国人大常委会第十八次会议通过决议,恢复成立国家监察部。此后,国家监察机构迅速在全国恢复建立。同时,行政监督法制建设也有了很大的进展,颁布了一系列行政监察法规。1988年5月,监察部颁布了《中华人民共和国监察机关调查处理政纪案件试行办法》;1990年12月,国务院又颁布《中华人民共和国行政监察条例》;1997年八届全国人大常委会第二十五次会议审议通过了《中华人民共和国行政监察法》。另外，国家审计机构也建立起来，国家审计署于1983年9月正式挂牌，此后县级以上的地方各级人民政府也陆续设立审计局或科。2018年3月，中共中央印发了《深化党和国家机构改革方案》。方案明确指出，为加强党中央对审计工作的领导，构建集中统一、全面覆盖、权威高效的审计监督体系，更好发挥审计监督作用，组建中央审计委员会，作为党中央决策议事协调机构。中央审计委员会办公室设在审计署。

行政监督制度的基本任务是，监察国家行政机关及其工作人员贯彻实施国家法律、法规和政策的情况，督促处理违反国家法律、法规、政策和违反行政纪律的行为，受理对国家行政机关及其工作人员的检举、控告，受理不服行政纪律处分的行政工作人员的申诉，按照行政序列分别审议人民政府任命的工作人员的纪律处分事项等。

审计机构的主要任务是，根据有关法律和财政、经济法规，对行政机关内的财政和财务行为进行审查监督，以预防和纠正国家财政经济活动的弊端和违法现象。审计监督和党的纪律检查委员会的监督属于专职机构监督。非专职机构监督，可以分为三种类型。其一，自上而下监督，上级行政机关对下级行政机关的监督。其二，自下而上监督，下级行政机关及其工作人员对上级行政机关及其工作人员的监督。其三，平行监督，政府职能部门就所管辖的行政事务，对平级其他职能部门实行的监督。

（四）司法监督制度

司法监督制度是国家司法机关依照法定职权和程序对行政机关及其工作人员是否违法行政实施监督的有关制度。这种监督可以分为四个层次：一是人民法院内部的监督、人民检察院内部的监督。宪法规定：最高人民法院监督地方各级人民法院和专门人民法院的审判工作，上级人民法院监督下级人民法院的审判工作。二是人民检察院对公安、法院、监狱、劳改场所等的监督。宪法规定：人民检察院是国家的法律监督机关。三是人民法院通过依法独立行使审判权，对行政机关和检察机关实施的监督。四是人民法院、人民检察院、公安机关之间的相互监督和制约。宪法规定：人民法院、人民检察院和公安机关办理刑事案件,应当分工负责,互相配合,互相制约,以保证准确有效地执行法律。

法院与检察院对政府行为的监督,主要通过这样几个途径进行:一是人民法院设立行政审判庭,通过审理行政案件,审查国家行政机关的具体行政行为是否合法,审查国家行政工作人员是否有违法、失职和侵犯公民权利的行为。这种监督是通过行政诉讼的方式来实现的。1990年10月1日正式生效的《中华人民共和国行政诉讼法》,明确规定了我国行政诉讼的监督制度。行政诉讼是指公民、法人和其他组织认为行政机关和公务员的具体行政行为侵犯其合法权益,依照行政诉讼法和其他法律、法规向人民法院提起行政诉讼,由人民法院依法进行审判的一种诉讼活动。行政诉讼的目的在于监督行政权力,保障公民、法人和其他组织的权益不受国家行政机关及公务员的侵犯。二是人民法院通过审理刑事案件、民事案件、经济合同纠纷案件等,督促国家行政机关及其工作人员遵守国家法律、政策和纪律。三是人民检察院设立法纪检察部门,检察国家行政机关及其工作人员的违法案件。四是人民检察院的经济检察部门检察行政机关工作人员的贪污案、行贿受贿案等。

2014年10月,党的十八届四中全会通过了《中共中央关于全面推进依法治国若干重大问题的决定》。决定把加强对司法活动的监督作为促进司法公正的重要内容,部署了新形势下法治监督体系建设的重大任务和具体要求,明确要进一步"完善检察机关行使监督权的法律制度,加强对刑事诉讼、民事诉讼、行政诉讼的法律监督"。加强对司法活动的监督,对完善中国特色社会主义检察制度和司法制度,推进法治中国建设,具有十分重要的意义。

(五)群众监督制度

群众监督制度是指各人民团体、群众组织、企事业单位、公民以及各种大众传播工具对国家机关及其工作人员违反法律、人民意志,侵害公民权利等行为实施的监督。群众监督是人民主权原则、尊重和保障人权原则、权力监督和制约原则及法治原则的体现,是最广泛、最直接、最有效的监督,包括社团监督和公民监督。

一是社团监督。即工会、妇联、共青团等社会团体对国家机关管理有关事宜,以社会团体的名义向有关机关发表建议和意见;同时,为保护本团体成员的合法权益,检举和控告国家机关的侵权行为。社团组织监督制度在两个层次发挥监督作用:(1)在国家法律、政策的制定过程中参与决策并发挥监督作用,同时,在执行国家法律、政策过程中,与国家机关及其工作人员的违法和官僚主义行为进行斗争;(2)通过基层单位参与民主管理和监督。

二是公民监督。公民个人监督是指由公民个人直接对国家机关及其工作人员实施监督。我国宪法和法律规定,任何权力机关、国家行政机关、审判机关、检察机关、政党和社会团体,都要对人民负责并接受人民监督。公民对任何国家机关和国家工作人员有提出批评和建议的权利;对于任何国家机关和国家工作人员的违法失职行为,有向有关国家机关提出申诉、控告或者检举的权利。为了保障上述公民的批评、建议、申诉、控告、检举等监督权的实现,党和国家采取了许多措施,如建立信访机构,专门受理公民提出的批评、建议、申诉、控告、检举;设立专门受理群众对违法、违纪、犯罪行为的检举的机构;设立举报中心、举报电话和举报信箱;等等。党和政府要为群众监督提供制度化的参与渠道,建立协商对话机制和民意反馈机制,确保群众监督收到实效。

(六)舆论监督制度

舆论监督是公众通过大众传媒对国家机关及其工作人员的违法违纪行为进行披露,从而对不良行为产生巨大的舆论压力。同时也帮助公众了解政府事务、社会事务和一切涉及公共利益的事务。舆论监督制度与其他监督制度相比,具有以下特点:(1)广泛的群众性。它反映的是生活在社会各个方面的人民群众的意见,实际上是代表人民群众讲话。新闻媒体要引导群众正确看待社会不良现象,化解不满情绪,建立和谐社会关系。(2)鲜明的直接性和公开性。它能把监督对象的行为直接公之于众,使人们能对国家机关及其公务人员的表现作出判断和评价。新闻媒体作为传播中介,在政府、社会和受众之间建立起一个纽带,起到整合信息、沟通意见和协调的作用。(3)迅速性和及时性。它依靠大众的传播,监督意见表达快,产生的效益也快。因此,舆论监督制度在对国家机关及其工作人员实施监督方面有重要的作用。

各级党组织和党员干部应自觉接受来自各方面的监督,利用互联网大数据技术,推动党务政务公开。新闻媒体应当坚持党性和人民性相统一,坚持正确导向,加强舆论监督。

第二节 社会主义民主监督机制的效能

党和政府高度重视加强和完善社会主义民主监督制度,充分发挥社会主义民主监督机制的效能,这是历史赋予的重要使命,也是中国特色社会主义民主政治建设的重要内容。改革开放以来,我国社会主义民主监督制度的体系,在维护人民民主权利,防止和惩治国家机关及其工作人员违法违纪等方面,应该说发挥了巨大的作用。

一、充分发挥党内监督作用

充分发挥党内监督作用,严厉查处党内违纪现象,使广大党员特别是领导干部的廉洁自律意识普遍增强。为了加强干部监督工作,各级党委组织部门采取了多种措施,加强对党员干部尤其是领导干部的党风廉政教育;强化上级监督,坚持领导干部个人重大事项报告、收入申报、收受礼品登记等制度,建立健全定期谈心、谈话诫勉、回复组织函询等制度,为领导干部设立一道新的廉洁自律防线;通过党员领导干部民主生活会,加强领导班子内部监督;通过群众参与对干部的监督等途径,拓宽监督渠道;干部选拔任用工作的监督检查力度也在不断加大;党的十八大以来,健全完善了党内巡视制度,深化了省、自治区、直辖市巡视工作,推进了中央单位巡视和市县巡察工作,构建了上下联动的监督网,对反腐败工作发挥了重要作用。

党的各级纪检监察机关充分发挥组织协调、监督检查的职能,普遍加大了对落实党风廉政建设责任制工作的监督检查力度。各地党委、政府对管辖范围内的党政领导班子及其成员执行党风廉政建设责任制的情况普遍组织了专项考核。在考核结果的运用方面,不少地方和部门作了积极探索。有的实行末位淘汰制,有的将考核结果和干部的评先评优相结合、与年度目标效益挂钩一并奖惩。为加大责任追究力度,各级纪检监察机关围绕中共中央纪委第四、第五次全会确定的责任追究六个方面的重点,不断强化对责任追究案件的督查工作。中共中央纪委党风廉政建设室成立专门工作小组,定期分析汇总和督办涉及责任追究方面的案件。各地、各部门在加大对责任追究案件的督查力度的同时,注意选择一些典型案件适时曝光,起到了很好的警示教育作用。党的十八大以来,国家监察委员会同中央纪委合署办公,履行纪检、监察两项职责,发挥了积极作用,对加强党对反腐败工作的统一领导,构建权威高效的监察体系,推进国家治理体系和治理能力现代化,起到了重大作用。

二、充分发挥人大监督作用

改革开放以来,人大监督作用得到充分发挥。特别是九届人大常委会组成以来,人大在继续加强立法工作的同时,在加强和完善监督方面加大了力度,进行了许多有益的探索,如制定监督立法,增加执法检查的次数,加大执法检查的强度,听取和审议国务院及其部门、最高人民法院、最高人民检察院的专题工作报告,将人大监督与新闻舆论监督结合起来,等等。实践表明,这些监督举措对树立国家权力机关的权威,维护法律的尊严,都具有重要的作用。

全国人大从1983年开始实行代表议案制度。当年的六届全国人大一次会议上,代表议案数量是61件。此后20年,代表提交议案的数量呈上升趋势。在2001年的九届全国人大四次会议上,代表共提出议案1040件。2002年则在2001年的基础上又增加了154件。二十年间,代表议案增加了近20倍。在九届全国人大五次会议主席团第三次会议上,共收到代表提出的议案1194件,其中:代表团提出的议案27件,30名以上代表联名提出的议案

1167 件。此后,代表提交的议案逐年增多。议案涉及的主要内容有:深化改革,扩大开放,坚持扩大国内需求的方针,推进经济结构调整,整顿和规范市场经济秩序,加强精神文明建设,进一步落实科教兴国战略和可持续发展战略,实施依法治国方略,做好加入世贸组织后的各项工作。

全国人大立法工作进展顺利。2000 年,人大常委会审议通过法律 14 件、有关法律问题的决定和法律解释各 1 件;另有 12 件法律草案,已提请常委会审议。2000 年,31 个省(自治区、直辖市)共制定地方性法规 603 件(含修正案、废止案和法规性问题决定)。[①] 人民代表大会坚持以人为本、为民立法,积极推进科学立法、民主立法。重要立法的法案都向社会全文公布,广泛征求吸收各界意见,开门立法已经步入常态化。2006 年《中华人民共和国劳动合同法(草案)》向全社会公布征求意见后,在一个月内就收到 19 万条意见;2008 年《中华人民共和国食品安全法(草案)》发布后,人们通过网络、报纸杂志、来信等不同方式提出 11 327 件意见;对《中华人民共和国社会保险法(草案)》,各界群众提出的意见和建议高达 70 501 件。党的十八大后,立法工作有了新突破。2020 年 5 月 28 日,十三届全国人大三次会议通过《中华人民共和国民法典》,自 2021 年 1 月 1 日起施行。婚姻法、继承法、收养法、担保法、合同法、物权法、侵权责任法、民法总则同时废除。民法典被称为"社会生活的百科全书",是新中国第一部以"法典"命名的法律,在法律体系中居于基础性地位。

人大执法检查工作成效也非常显著。每年全国人大及地方各级人大都组织执法组,深入基层检查执法工作,发现问题及时解决。2001 年 5 月开始,全国人大常委会分别对证券法、村民委员会组织法、农业法、水污染防治法四部法律的实施情况进行检查,并对这四部法律提出修改意见。2006 年出台的《中华人民共和国各级人民代表大会常务委员会监督法》对执法检查作出专章规定,执法检查的制度机制不断完善。到 2018 年,全国人大常委会已经组织

[①] 参见沈亚平主编:《转型社会中的系统变革:中国行政发展四十年》,天津人民出版社 2019 年版,第 92 页。

141次执法检查。① 在执法检查中大力推进了法律宣传和普及工作,推动全社会形成尊法、学法、守法、用法的良好氛围;紧扣法律规定展开检查,把法律制度的引领、规范、保障作用充分发挥出来;坚持问题导向,创新工作方式方法,加大了暗访暗查力度。

三、充分发挥司法监督和行政监督的作用

由于实行了有效的司法监督,我国社会长期稳定。据不完全统计,仅2013年1月至2021年8月,检察机关共监督公安机关应当立案而未立案的17万多件、监督撤销属于轻微违法或经济纠纷等不应当刑事立案而立案的15万多件;对认为确有错误的刑事、民事、行政裁判,分别提出抗诉6.6万件、3.6万件、1500件。针对人民群众反映强烈的问题,创新落实巡回检察制度,把派驻监狱检察改变为"派驻+巡回"检察,更有力维护"大墙内"的公平正义。检察机关还积极立案查处了一大批腐败分子和犯罪分子。共批捕各类犯罪嫌疑人812万余人,起诉1357万余人;深入推进为期三年的扫黑除恶专项斗争,起诉涉黑涉恶犯罪23万余人,有力打击了黑恶势力的嚣张气焰。检察机关累计立案办理公益诉讼案件超过50万件,为全面实现小康社会提供了司法保障。②

此外,全国各级审计机关也加大了监督力度,取得明显成效。各级审计机关广泛开展了通信工具,个人住房,公费出国(境),公款消费,领导干部配偶及子女经商办企业,收受礼品、现金及有价证券等的清理整顿工作,及时制定和完善了有关规章制度,初步建立起一套在社会主义市场经济条件下,适应审计事业发展要求的领导干部廉洁从政行为准则和道德规范,保证了领导干部廉洁自律工作的落实。

党的十八大报告强调:"严格规范权力行使,加强对领导干部特别是主要

---

① 参见栗战书:《承续中华文明优良传统弘扬全面依法治国理念 确保特赦取得好的政治效果法律效果社会效果》,新华社北京2019年6月29日电。
② 张璁:《为全面小康提供司法保障》,《人民日报》2021年9月23日,第10版。

领导干部行使权力的监督。"党的十八届三中全会决定指出,"加强和改进对主要领导干部行使权力的制约和监督"。习近平总书记在十八届中央纪委六次全会上强调,要抓住"关键少数",破解一把手监督难题。突出党内监督的重点,是党经过长期革命、建设和改革实践得出的科学结论,是强化党内监督的必然要求。党的十九大报告强调指出,全面依法治国是国家治理的一场深刻革命。要加强宪法实施和监督,推进合宪性审查工作,维护宪法权威。建设法治政府、推进依法行政严格规范公正文明的执法,加强行政监督。

四、充分发挥群众监督和舆论监督的作用

党的十八大以来,在以习近平同志为核心的党中央坚强领导下,中央纪委和各级纪委紧紧围绕党的领导、党的建设、全面从严治党、党风廉政建设和反腐败斗争,忠诚履职、勇于担当,为全面深化改革提供了坚强保障。与此同时,党和国家越来越重视人民群众在反腐败斗争中的重要作用,强调要紧紧依靠人民群众的支持,畅通群众监督渠道,发挥新媒体、新技术的作用,形成无处不在的监督网,使群众监督的效能也得到一定程度的发挥。群众监督的基本形式有:按照法定程序进行监督;通过来信来访实行监督;通过群众举报进行监督;通过社会协商对话实行监督;通过网络平台进行监督。特别是舆论监督已经成为一种越来越重要的监督形式。中共中央"八项规定"出台后,对顶风违纪的党员干部,由本人在民主生活会上作出检查,点名道姓通报曝光。运用新媒体新技术,设立曝光平台、手机随手拍和微信一键通,织密群众监督网。如中央电视台的焦点访谈节目,起到了非常好的监督作用。充分发挥中央新闻媒体的重要作用,营造浓厚舆论氛围。制作播出了《永远在路上》《巡视利剑》等电视专题片,扩大了中央纪委网报刊综合传播力。

我国虽然已经建立起一整套社会主义民主监督的制度体系,在实践中也充分发挥了重大的作用,但必须看到,我国社会主义民主监督制度仍然有待进一步完善,其监督效能也有待进一步提高。

第三节　坚持和完善社会主义民主监督制度

权力和监督是一对矛盾。权力总是想摆脱任何控制,监督总是要控制权力,避免权力极度膨胀而影响社会公众的利益。说到底,民主政治就是在两者之间寻求一种平衡。在我国,由于历史的和社会的多种因素,权力往往得不到有效的控制,就易产生腐败和堕落。所以,坚持和完善民主监督制度具有更重要意义。邓小平指出:"我们过去的一些制度,实际上受了封建主义的影响,包括个人迷信、家长制或家长作风,甚至包括干部职务终身制。我们现在正在研究避免重复这种现象,准备从改革制度着手。我们这个国家有几千年封建社会的历史,缺乏社会主义的民主和社会主义的法制。现在我们要认真建立社会主义的民主制度和社会主义法制。只有这样,才能解决问题。"①改革开放以来,特别是党的十八大以来,中国共产党积极稳妥地推进政治体制改革,坚持和完善我国社会主义民主监督制度,强调把权力关进制度的笼子里,加强了对权力的监督和制约。

一、提高干部政治素质和法制监督意识

坚持和完善我国民主监督制度,最重要的是提高党的领导干部的思想认识和思想政治素质,增强法制观念和监督意识。要从党和国家命运的角度来看待民主监督制度,没有这种监督,或者监督不力,迟早要重走"人亡政息"的老路。这就要加强学习,树立"人民主体地位""依法执政"的基本观点,彻底改进作风,自觉地接受监督,把自己完全置于人民的监督之下。要深入开展普法教育,增强全民的法律意识和监督意识,增强各级干部依法办事的能力和接受监督的意识。

---

① 《邓小平文选》第 2 卷,人民出版社 1994 年版,第 348 页。

在中国特色社会主义进入新时代这一历史背景下,坚持和完善我国民主监督制度,党的领导干部必须认真学习和领会习近平新时代中国特色社会主义思想,从战略高度认识坚持和完善民主监督制度的重要性。

首先,有权必有责、用权受监督。我们党长期执政,党的领导机关和领导干部掌握着方方面面的权力,肩负着发展中国特色社会主义、维护最广大人民根本利益的重任,必须把党和人民赋予的权力用来为人民谋利益。但在实践中,滥用权力现象在一些地方和部门不同程度地存在,有的不执行党的路线方针政策,各行其是、自作主张;有的搞一言堂、瞎指挥,给党和人民利益造成重大损失;有的徇私枉法、巧取豪夺,把权力变成谋取私利的工具,侵害了群众利益,败坏了党和政府形象。我们要把高度信任和严格监督有机结合起来,健全权力运行制约和监督体系,把权力关进制度的笼子,做到有权必有责、用权受监督、失职要问责、违法要追究,保证权力在正确轨道上运行。

其次,重点盯住一把手。一把手是"关键少数"中的关键,既是各地区各部门各单位事业发展的领军人物,又是腐败易发多发的高危人群。强化党内监督,必须破解一把手监督难题,用刚性制度把一把手管住,保证其正确用权、廉洁用权。要强化党组织、党员和群众的监督,尤其强化上级一把手对下级一把手的监督,加强日常管理,平时多过问、多提醒,发现问题及时纠正。要多设置监督"探头",注意从巡视监督、执纪审查、审计司法、信访举报和网络舆情等渠道发现问题线索,及时核查处置。

最后,要管住领导机关,就能发挥示范作用。全面从严治党、强化党内监督,必须抓住领导机关和领导干部,用好以上率下这个工作方法。要督促各级领导机关和领导干部增强带头意识,在积极开展监督、自觉接受监督上严要求、作表率,带头健全和落实民主集中制,带头加强对党员干部的日常管理监督,带头接受党组织、党员和群众的监督,以此带动全党监督工作取得实效。

党的十八大以来,党中央对党和国家领导人工作生活待遇、厉行节约反对浪费、国内公务接待标准等作出明确规范。把纠正"四风"的要求融入新形势下党内政治生活若干准则、廉洁自律准则,写入党内监督条例、党纪处分条例、问责条例等党内法规,不断健全作风建设制度体系。

二、建立健全各种民主监督制度

坚持和完善我国民主监督制度,必须建立健全权力的制约机制,构成一个完整的权力制约系统。这种机制应该具有两个功能:一是自上而下有组织地一以贯之;二是及时发现和纠正违反宪法、法律、法规和制度的行为。要做到这一点,必须把党内监督、人大监督、专门机关的法律监督、行政监督和群众监督结合起来,发挥舆论监督的作用,使专门机关的监督与广大人民群众的监督紧密配合,形成一个强有力的监督体系和健全的监督机制。

(一) 完善党内监督制度

党内监督制度的建立和完善在各个历史阶段都发挥了重要作用。目前比较急迫的主要是健全和完善集体领导制度。邓小平早就指出:"在党内生活和国家政治生活中,要真正实行民主集中制和集体领导。一言堂、个人说了算,集体做了决定少数人不执行等等毛病,都要坚决纠正。"[①]改革开放以来,中共中央反复强调,各级党政领导班子必须严格实行民主集中制,加强领导班子内部监督,保证领导班子成员依纪依法办事,防止发生各种违纪违法行为,防止任何个人凌驾于党组织之上。中共中央遵循"有权必有责,有责要担当,用权受监督,失责必追究"的改革理念,以坚持民主集中制为核心,始终把党委监督放在第一位,充分发挥纪委作为党内专责监督机构的执纪监督问责职能。

针对党内监督与新形势不相适应的若干问题,当前特别要着重解决以下几个问题:

其一,明确划分重大问题和日常事务的界限,"重大问题必须提交党的委员会全体会议讨论决定",这是党的一个组织原则。但哪些是重大问题,哪些是日常事务工作,这就要有一个明确的界限,否则就难以执行和进行监督。应该说,党的决策、政策都是重大问题,特别是人事任免更是重大问题。其二,明

---

① 《邓小平文选》第2卷,人民出版社1994年版,第360页。

确第一把手个人的权力。既不能使权力过分集中于第一把手,否则集体领导就会有名无实;当然也要使第一把手比其他领导成员负有更大的责任。目前,一把手的权力,并不是很清楚。实际上在很多地方,党委一把手,没有受到监督和控制。所以,应该划分清楚一把手的职责范围。其三,中央提出各级领导班子在决定重大人事任免等事项时,采用投票的方法,也是加强集体领导的一项重要措施。领导干部不论职位高低,都不允许凌驾于组织之上,独断专行,都不允许违背集体决定自行其是,擅自行动。

党的十八大以来,以习近平同志为核心的党中央坚持依规治党和依法治国相结合,以"八项规定"作为切入口和动员令,强力正风肃纪反腐,深刻把握党风廉政建设规律,探索出一条长期执政条件下解决自身问题,跳出历史周期律的成功道路,构建起一套行之有效的权力监督制度和执纪执法体系。近年来,密集修订、制定了超过180部党内法规。覆盖权力运行全领域全过程的党和国家自我监督法规体系逐渐完善成熟,纪法衔接、法法衔接的纪法运行机制日趋健全,从而为权力规范运行,为人民群众开展监督、党员干部自觉接受监督提供了制度保障。

(二) 完善人大监督制度

人大行使监督权必须坚持中国共产党的领导,依照宪法和法律规定的权限和程序进行监督。人大实行集体负责制,按照民主集中制原则,集体行使监督职权。人大监督行政、审判、检察机关的工作,但不代行它的职权,而是督促和支持这些国家机关更好地依法行使职权。这是强化和规范人大监督工作非常重要的基本原则,充分体现了社会主义法治的精神,体现了人大常委会的权力属性,体现了人大工作的运行规律,体现了对其他国家机关的法定权力和职责范围的尊重。

人大应该进一步建立宪法监督制度。目前全国人大常委会开始对备案的地方性法规和行政法规进行审查工作。但由于没有建立专司宪法监督的机构,宪法监督实际上没有很好开展起来。对此,可以采取以下一些措施:(1)建立专司宪法监督的专门机构。有人建议建立宪法监督委员会,在全国人大及其常委会领导下开展违宪审查工作,提出对违宪行为的处理意见,以议案的形式报全国人大或全国人大常委会决定。(2)建立和完善宪法监督的程序。(3)建立受理违宪控告制度。在这方面还没有法律规定,需要对谁可以提出违宪控告、谁受理和承办违宪控告等问题作出具体规定。

　　人大还应逐步建立对法律实施的检查监督制度。执法检查成为人大法律监督的一种重要方式。(1)执法检查的主体是人大常委会,专门委员会也可以单独安排执法检查,协助人大及其常委会进行法律监督。有的地方人大常委会同"一府两院"搞联合执法检查,混淆了监督的主体和对象,是不妥当的。人大执法检查的对象是执法机关,主要检查监督法律实施主管机关的执法工作,督促"一府两院"及时解决法律实施中存在的问题。(2)检查要有重点,如可围绕党和政府的中心工作、某些法律执行中存在比较多的问题、人民群众关注的"热点"问题来确定检查重点。(3)力避形式主义,深入基层,深入群众,力求掌握第一手材料,把执法检查的过程变成体察民情、反映民意的过程。(4)要把听取和审议执法检查报告正式列入常委会会议议程,并认真行使审议权,必要时可以提出质询案或作出有关决议。(5)完善审议反馈制度。执法检查报告和常委会的审议意见应及时转交法律实施主管机关。有关机关改进执法的情况和效果要在规定期限内向常委会作出反馈。(7)同其他监督形式相结合。如把执法检查、实行执法责任制、开展执法评议三者结合起来,把执法检查同舆论监督结合起来。①

　　2014年10月,党的十八届四中全会通过《中共中央关于全面推进依法治国若干重大问题的决定》,明确提出要完善宪法监督制度,这既是新形势下全面推进依法治国的重要任务,也对人大工作提出了新的更高的要求。

(三) 完善行政监督制度

　　依法行政是建设社会主义法治国家的重要保障。要完善行政监督制度,使行政执法活动置于人民和法律的监督之下。法律的执行和适用主要是通过

---

① 程湘清:《人大监督制度及其创新》,《人民日报》2001年8月29日,第12版。

国家机关及公职人员行使职权来实现的。行政执法部门无疑在整个国家法治建设中举足轻重。因此，要依法行政，使政府权力受制于法，按照合法、高效、公正、廉洁的原则，规范、约束行政执法行为，并接受人民的监督。同时，还应建立执法责任制和评议考核制，使行政执法活动置于人民和法律的有效监督之下，防止某些人民的"公仆"运用人民给予的权力来犯法，侵犯人民的利益。

此外，还要拓宽民主监督渠道，完善各项相关制度。一是要建立完善举报奖励制度。应该根据举报内容给予举报人包括经济奖励、荣誉奖励和精神奖励在内的一定的奖励。二是要建立完善监督答复制度。国家机关及其监督职能部门受理公民的控告、申诉、举报及批评、建议，应认真审查、及时调查，将审查或查办的结果在规定的期限内告知监督者。对交由下属部门、委托和转交有关部门查办的比较重要的控告、举报等信访件，职能监督机关应督促查办，限期反馈查处结果，以取信于民。三是要建立完善质询制度。要把仅限于人大代表的质询权扩大到全体公民，以加速对公民的批评、建议、意见及申诉、控告、举报问题的落实和查处。四是要建立完善弹劾、罢免制度。对人民群众提出的弹劾、罢免请求，人民代表大会及其常设机构要认真听取并予以受理，在自行调查或委托检察机关调查后，通过一定程序进行审理。案由成立的，要依法对受弹劾者实行罢免，直至由检察院提起公诉。五是要建立完善定期述职、评议制度。国家机关及其部门的负责人要定期向所辖范围内的群众进行勤政、廉政方面的述职报告，使监督活动公开化、规范化。

2004年3月，国务院颁布了《全面推进依法行政实施纲要》，明确提出要用十年左右时间实现建成法治政府的奋斗目标。2010年11月，国务院发布了《关于加强法治政府建设的意见》，要求进一步强化对行政权力运行的监督和制约。2021年8月，中共中央、国务院印发了《法治政府建设实施纲要（2021—2025年）》，明确提出到2025年，政府行为全面纳入法治轨道，职责明确、依法行政的政府治理体系日益健全，行政执法体制机制基本完善，行政执法质量和效能大幅提升，突发事件应对能力显著增强，各地区各层级法治政府建设协调并进，更多地区实现率先突破，为到2035年基本建成法治国家、法治政府、法治社会奠定坚实基础。

（四）完善司法监督制度

必须确保司法机关依法独立行使职权。检察机关是国家的法律监督机关，人民法院是国家的审判机关，但由于它们的人、财、物等权力受制于地方，更由于查处的主要是地方国家工作人员的违法犯罪活动，因此很容易受到"横向"的影响、干扰。所以，必须割断司法机关与地方的依附关系。国家要在立法上明确司法机关垂直领导的体制，切实去除"管人者不管事，管事者不管人"的弊端。

在完善司法机关管理体制的同时，还要进一步健全司法保障体系。其内容包括：对司法机关的组织保障；对司法人员个人身份、职务、财产的保障；纠正、制裁非法干涉司法权的法律程序；赋予司法机关以司法处分权；等等。法官法、检察官法已颁布实施，这无疑对保障司法机关依法独立行使职权起到积极的作用。

人民检察院的反贪机构在廉政建设方面一直发挥着十分重要的作用。为了适应当前和今后廉政建设的需要，需要进一步完善司法监督制度，特别是其中的检察监督制度。检察机关应特别注意法纪监督和经济监督。法纪监督是指检察机关对国家工作人员违反刑法、侵犯公民民主权利和渎职的犯罪行为行使检察权。经济监督是指检察机关对国家工作人员利用职权在经济领域里的犯罪行为或者与经济有联系的犯罪行为行使检察权。这两方面的监督活动，对于防止权力滥用具有特别重要的意义。

党的十八大以来，为了深化国家监察体制改革，加强对所有行使公权力的公职人员的监督，实现国家监察全面覆盖，2018年3月，十三届全国人大一次会议表决通过了《中华人民共和国监察法》，这是我国政治制度和法律制度建设中的一件大事，具有里程碑意义。特别是对推动司法监督制度改革，深入开展反腐败工作，推进国家治理体系和治理能力现代化，具有极为重要的作用。

（五）完善群众监督和舆论监督制度

完善群众监督制度是构建权力监督机制的重要环节，从某种意义而言，监督的力度主要取决于群众参与监督的程度。公民个人监督的实质是人民对公职人员的监督,遵纪守法者对违法乱纪者的监督。主要形式包括举报监督、信访监督、控申监督等。要依法建立健全公民个人监督的有效机制,提高实际效果,增大监督力度。一方面,要实现群众监督法治化、规范化。可以考虑通过立法程序出台公民监督细则,明确公民监督机构的设置、性质、任务、职权、义务及程序,明确举报、上访、控申人的权利、义务及应负的法律责任,明确举报、上访、控申受理中的保密原则、办理期限等。另一方面,要建立维护检举公民参与监督实践活动的权益。建立严格的监督工作保密制度,科学设置举报电话、信箱及相关设施。对打击报复举报、上访、控申人的行为,要依法追究刑事责任。

舆论监督是党和国家监督机制的重要组成部分,也是现代反腐败斗争的重要手段。舆论监督是针对社会上某些组织或个人的违法、违纪、违背民意的不良现象及行为,通过报道进行曝光和揭露,抨击时弊、抑恶扬善,以达到对其进行制约的目的,在治理腐败方面发挥着重要作用。应把完善舆论监督制度,作为发展社会主义民主的重要课题继续抓紧抓好。可以考虑从如下几个方面着手:(1)用法律形式确立舆论监督的地位,使之成为具体的法律制度。(2)让新闻媒体坚持正确舆论导向,要处理好坚持党的领导和新闻单位具有独立工作权的关系。党和人民的利益是一致的。确立新闻工具既是党和政府的喉舌,也是人民的喉舌的观念,既要宣传党和政府的主张,也要表达人民群众的意见和呼声。(3)舆论监督必须注意同其他国家形式的监督,特别是同法律形式的监督结合起来,这样才能提高其监督威信和效果。

思考题

1. 我国社会主义民主监督制度的含义和基本内容是什么?
2. 我国社会主义民主监督制度机制的效能是什么?
3. 如何坚持和完善我国社会主义民主监督制度?

第九章

社会主义干部人事制度

  中国特色社会主义干部人事制度是我国国家政治制度的重要组成部分，是我国政府行使权力、进行管理的重要保证。党的历代中央领导集体都对干部人事制度的重要性有具体的论述。毛泽东曾经讲过："政治路线确定之后，干部就是决定的因素。"邓小平指出："正确的政治路线要靠正确的组织路线来保证。中国的事情能不能办好，社会主义和改革开放能不能坚持，经济能不能快一点发展起来，国家能不能长治久安，从一定意义上说，关键在人。"[1]中国共产党的基本经验在于："党领导的事业要取得胜利，不但必须有正确的理论和路线，还必须有一支能坚决贯彻执行党的理论和路线的高素质干部队伍。"[2]党的十八大以来，以习近平同志为核心的党中央对干部队伍建设提出新要求、新标准，强调把提高治理能力作为新时代干部队伍建设的重大任务。正是在中国共产党历代领导集体的高度重视下，我国干部人事制度才逐渐建立和发展起来，而且形成了自己的特色，为党和国家培养和造就了一批又一批、一代又一代适应革命、建设和改革需要的领导骨干和宏大的干部队伍。

---

[1] 《邓小平文选》第3卷，人民出版社1993年版，第380页。
[2] 江泽民：《论党的建设》，中央文献出版社2001年版，第217页。

第一节　社会主义干部人事制度的建立和发展

关于干部人事制度的概念有多种表述,其中有两种表述具有代表性。一种表述为:"干部人事制度是党和国家关于干部人事工作的规章制度的总称。一般包括干部管理体制和干部管理的具体规章制度两部分。所谓干部管理体制,即有关干部管理机构设置和管理权限的划分,以及确定干部工作领导关系和管理关系方面的制度;干部管理的具体规章制度,包括干部的选拔、任用、考核、奖惩、交流、培训、教育、工资、福利、退休、监督等方面的管理规范和办事规程。"① 还有一种表述为:由于党和国家在不同历史时期的中心任务不同,干部人事制度也就有不同的具体内涵。目前,我们讲的干部人事制度,是指关于党和国家机关、事业单位的领导干部和工作人员的考试、选拔、任用、考核、晋升、奖惩、培训、工资、福利、退休等管理制度的总称。② 这两种表述实际上区别并不大,只是后一种表述更加精炼一些。

一、干部人事制度的建立

中国共产党在革命战争年代,就已经在根据地和解放区建立起一套比较完整的适应革命战争需要的干部制度。即坚持"德才兼备"的干部原则和"任人唯贤"的干部路线;各级党委设立组织部,集中管理干部的考察、征调和分配等工作,地方干部和军队干部的管理上有所分工;建立了干部学习教育、选拔、考核、审查、调配与交流等具体制度。党在战争年代建立起来的干部制度对新中国的干部人事制度的建立有重大的影响。

1949年中国人民政治协商会议第一届全体会议通过的《共同纲领》,对新中国干部提出了总的要求:"中华人民共和国的一切国家机关,必须厉行廉洁

---

① 蒋宇:《论干部人事制度创新》,《宁夏大学学报(人文社会科学版)》2001年第2期。
② 李铁映:《论民主》,人民出版社、中国社会科学出版社2001年版,第199页。

的、朴素的、为人民服务的革命工作作风,严惩贪污,禁止浪费,反对脱离人民群众的官僚主义作风。"《共同纲领》对干部管理也作了规定:"在县市以上的各级人民政府内,设人民监察机关,以监督各级国家机关和各种公务人员是否履行其职责,并纠举其中之违法失职的机关和人员。人民和人民团体有权向人民监察机关或人民司法机关控告任何国家机关和任何公务人员的违法失职行为。"这些规定,实际上是宣告旧政权的干部制度的废除和新的干部制度的建立,并对新政权的干部制度的建立提出了基本原则。

新中国成立到党的八大,我国干部人事制度的基本框架已经确立。

第一,建立了分部、分级管理干部的制度。1953年11月,中央下发《关于加强干部管理工作的决定》,提出逐步建立在中央及各级党委统一领导下,在中央及各级党委组织部统一管理下的分部、分级管理干部的制度。分部管理即把全体干部划分为九类,由中央和各级党委的各部分别管理。分级管理即在中央和各级党委之间建立分工管理各级干部的制度,下管两级。随后,为了加强对财经干部的管理,在各级党委设立了与政府机构相对应的工作部门,如工交工作部、财贸工作部和文教工作部。

第二,形成了党和国家人事部门集中统一管理干部的格局。新中国成立初期是由党的组织部门统一管理干部。1954年第一届全国人民代表大会召开,中央政府设立了人事部,管理全国的干部人事工作。这样,基本形成了党的组织部门和国家机关的人事部门实行全国集中统一管理的干部人事制度。

第三,建立了干部录用制度。新中国成立初期,中共中央根据国民经济恢复和发展需要人才的实际情况,制定了广泛开辟各级各类干部人才的来路,吸收一切优秀人才充实干部队伍的方针。当时干部的主要来源有四部分:吸收旧有人员,经过思想改造后为国家所用;大批转业军人转入干部队伍;每年大中专毕业生吸纳为干部;从企事业、工厂和农村中吸收一部分优秀人才和积极分子,经过培训后录用为国家干部。

第四,建立了干部考核制度。新中国成立后,由于国内外形势十分复杂,中共中央很快制定了国家干部的考核审查制度。1949年,中共中央组织部作出了关于干部鉴定工作的规定,同时在全国范围内实行干部鉴定工作,一年进行一次。对干部提拔任用随时作全面考察与鉴定,干部调离原单位必须作鉴定后办理。大中专毕业生分配工作前也作鉴定。鉴定工作主要由组织部门与本人及其所在组织进行。鉴定有的是公开的,本人可以参加;也有的是审查性质的;还有的是组织部门为提拔使用干部需要,秘密进行的。考核干部的原则是:德才兼备,重在表现。

第五,建立了干部奖惩制度。1952年8月,政务院颁布《国家机关工作人员奖惩暂行条例》,对干部的奖励和惩罚作了具体的规定。

第六,建立了干部培训制度。中共中央和国务院十分重视干部的培训,规定了在工作中培训和脱离工作集中培训的两种方式。培训内容为提高政治素质、文化水平、行政工作能力,以适应机关工作的需要。

第七,建立了干部工资制度。新中国成立初期实行供给制和工资制并存的制度,以后逐渐在国家机关及党和社会团体的行政人员和干部中实行行政级别工资制度,按级别付工资。在工人中也实行了等级工资制。企事业单位人员实行行政等级工资制度。

虽然当时的干部人事制度还属于创建阶段,制度不健全,规定也比较粗,但是,这些制度为新中国成立后迅速医治战争创伤、恢复经济、巩固政权及其后的经济建设起了重要的保障作用。

二、干部人事制度的曲折发展

从1957年到"文化大革命"结束这20年间,是我国干部人事制度在曲折中发展的时期。

党的八大前夕到60年代初,党在干部人事制度建设上进行了积极的探索和创新,提出了一些重要思想,如党要管党,管好干部,管好党员。还提出建立干部人事制度的许多新的设想,如建立干部能上能下、能官能民的制度,建立后备干部名单制度和大力培养提拔新生力量制度等。在具体制度方面,1957年先后制定了两项重要制度。一是1957年7月国务院颁布的《关于国家行政机关工作人员的奖惩暂行规定》,对1952年的规定作了大幅度的修改和完善。

其中规定了6种表现应予奖励,奖励包括记功、奖金、升级和升职四种;12种表现应给予处分,包括警告、记过、降职、撤职四种。不久国务院又颁发了几个补充说明的文件,使之进一步完善。另一项是建立干部参加集体劳动的制度。1957年5月,中共中央发出《关于各级领导人员参加体力劳动的指示》,指示指出:"各级的领导干部参加一部分体力劳动,使脑力劳动和体力劳动逐步结合,就是发扬这个优良传统的一个制度,也是当前整风运动要求达到的一个目的。"就原则来说,一切共产党员,不论职位高低,资格新老,都应当把自己放在同普通劳动者一样的、同等的地位;除了年龄太大、身体有病的,都应当准备将来参加能够胜任的一部分体力劳动。这项制度虽然有一定的局限性,但是从当时的条件来看,对于干部接近群众,接触社会,打掉官僚主义,端正工作作风,还是起了一定作用。周恩来在二届全国人大一次会议上对此有过总结,他指出:"在过去一年中,国家工作人员在深入群众方面有了显著的进步,广大干部纠正了不同程度的脱离群众的思想和作风,克服了从旧社会沾染来的官气、暮气、阔气、骄气和娇气,并且以普通劳动者的姿态在群众中出现。"全国县级以上的各级国家机关中,有一百万以上的干部下到农村,到工矿企业,参加体力劳动和基层工作。同时,农村工作的领导干部定期到公社当社员,工厂的领导干部定期到车间当工人,部队的指挥员定期到连队当兵,一切有体力条件的领导干部定期参加体力劳动,一种新的社会风气逐步形成。

"文化大革命"期间,我国的干部人事制度遭到严重破坏,主要反映在三个方面:一是在干部管理体制上,将党对干部工作的领导变成了党在干部问题上包揽一切,管理一切,因此管了许多不该管也管不好的事。二是在管理方法上,把集中管理变成了唯一正确的管理方法,越集中越保险、越集中越稳定的观念根深蒂固。三是在管理制度上,过分强调人的作用,以为有了一支管理队伍就可以放松制度建设。干部人事的各种具体规定也被取消,干部职务实际上已经成为终身制。更为严重的是,干部任免权高度集中在个人手中,任人唯亲的现象普遍存在。而且"四人帮"在干部问题上拉帮结派,党的干部制度成为他们建立自己帮派体系的工具。叶剑英在庆祝中华人民共和国成立30周年大会上的讲话中指出:"目前我们的干部制度存在着严重的缺陷,不仅不利于人才的发现、选拔和培养,不利于干部队伍的逐步年轻化和专业化,而且往往造成许多人才的埋没和浪费。"①邓小平也指出:"干部缺少正常的录用、奖惩、退休、退职、淘汰办法,反正工作好坏都是铁饭碗,能进不能出,能上不能下。这些情况,必然造成机构臃肿,层次多,副职多,闲职多,而机构臃肿又必然促成官僚主义的发展。"②

第二节　社会主义干部人事制度改革的历程

干部人事制度改革,是政治体制改革的重要内容,是建设高素质的干部队伍、培养造就大批优秀人才的治本之策。十一届三中全会以来,党和国家对长期计划经济体制下形成的干部人事制度进行了大规模的改革和创新,取得了显著成效,逐步建立起与社会主义市场经济体制相适应的、具有中国特色的社会主义干部人事制度。

一、干部人事制度改革的开端

从 1978 年党的十一届三中全会到 1982 年党的十二大,我国的干部制度改革主要表现在废除了实际存在的干部领导职务终身制,建立了离退休制度和任期制度,制定了干部队伍的"四化"方针,并且将任命制改为选举制,建立了干部培训制度等。

(一) 建立领导干部任期制度和离退休制度

党的十一届三中全会的召开,标志着我国进入了改革开放和社会主义现代化建设新时期,随着党和国家工作重心的转移和政治体制改革的逐步展开,原有的干部制度中有些内容已不适应新形势的发展要求,党和政府对

---

① 《三中全会以来重要文献选编》(上),人民出版社 1982 年版,第 242 页。
② 《邓小平文选》第 2 卷,人民出版社 1994 年版,第 328 页。

其进行了大胆的修改、调整和改革,逐步建立了领导干部任期制度和离退休制度。

1. 建立领导干部任期制度

1982年12月4日,第五届全国人民代表大会第五次会议通过的《中华人民共和国宪法》第79条规定:中华人民共和国主席、副主席由全国人民代表大会选举。有选举权和被选举权的年满四十五周岁的中华人民共和国公民可以被选为中华人民共和国主席、副主席。中华人民共和国主席、副主席每届任期同全国人民代表大会每届任期相同。

党的十二大也规定:党的中央和省、市、自治区委员会每届任期五年,县级委员会每届任期三年。

2. 建立领导干部离退休制度

1982年年初,中共中央和国务院先后发出两个文件,即《关于建立老干部退休制度的决定》和《关于老干部离职休养制度的几项规定》。其中规定,担任中央国家机关部长级和省级的主要负责同志,正职年龄不超过65岁,副职年龄不超过60岁。担任司局长级的干部,年龄不超过60岁,到年龄一般都要离职退休。1983年2月,叶剑英委员长向全国人大常委会提出不再做人大常委会委员长候选人的请求,带了一个光荣离休的好头。从1982年至1986年年底,全国有137万新中国成立前参加革命工作的老干部离休。在实行离退休制度的同时,为了保证党的政策的稳定,继续发挥一部分老同志的作用,在中央和省一级设立了顾问委员会,由有40年党龄以上的、有经验的、有威望的老同志组成,协助中央和省委工作。当然,顾问委员会的设立并非最终目的,而是在彻底废除干部职务终身制、实行退休制时的一个过渡办法。

(二)提出干部队伍革命化、年轻化、知识化、专业化的"四化"方针

1979年7月,邓小平指出,思想路线、政治路线确定后,就是组织路线的问题,必须选懂行的比较年轻的接班人。同年9月,叶剑英在国庆30周年大会上讲话说:干部队伍要尽可能地实现年轻化和专业化,使我们的组织状况同实

现四个现代化的政治任务相适应。同年11月,邓小平在中央党政军机关副部长以上干部会上讲道:"现在我们国家面临的一个严重问题,不是四个现代化的路线、方针对不对,而是缺少一大批实现这个路线、方针的人才。道理很简单,任何事情都是人干的,没有大批的人才,我们的事业就不能成功。"①1980年,中共中央批准下发中央组织部《关于抓紧做好选拔优秀中青年干部工作的意见》,要求坚持逐步地实现领导班子年轻化,1982年以前,省、市、自治区党委常委和中央、国家机关正副部长的平均年龄逐步降到50岁至60岁;地(市)、州委常委的平均年龄逐步降到50岁左右;县委常委平均年龄逐步降到45岁以下。为了实现这个目标,规定从当时起,61岁以上的同志,除特殊需要者,不再提拔担任省委副书记、副省长和中央国家机关的副部长。提拔担任司、局长和地委领导职务的应当更年轻一些。1981年党的十一届六中全会通过决议,明确指出:党决定废除干部领导职务实际上存在的终身制,改变权力过分集中的状况,要求在坚持革命化的前提下逐步实现各级领导人员的年轻化、知识化和专业化。1982年党的十二大通过的新党章规定:党按照德才兼备的原则选拔干部,坚持任人唯贤,反对任人唯亲,并且要求努力实现干部队伍的革命化、年轻化、知识化、专业化。这样,干部队伍的"四化"方针就以党规党纪的形式确定下来。

根据干部队伍"四化"方针,中共中央从1982年起连续对各省、区、市干部进行了两次大的调整,使一大批政治素质好,比较年轻和具有一定专业知识的干部走上了各级领导岗位。到1985年9月,省一级干部年龄由57岁下降为53岁,绝大多数省级班子中有40岁左右的干部,共有126名年轻干部进入省一级领导班子,他们中55岁以下的占90%,50岁以下的占83%,具有大专文化程度的占80%;到1985年年底,全国有超过46万中青年干部走上县级以上领导岗位。②

---

① 《邓小平文选》第2卷,人民出版社1994年版,第220—221页。
② 参见《全国省级领导班子再作调整》,《人民日报》1985年9月9日,第1版;《四十六万中青干部走上领导岗位》,《人民日报》1986年6月29日,第1版。

（三）改革干部管理体制，建立干部的民主选举制度

改革干部管理体制和建立干部的民主选举制度，是积极稳妥推进政治体制改革和发展社会主义民主政治的需要，也是更好地考察了解干部，合理使用干部，进一步加快新时期我国干部队伍的思想建设、作风建设、组织建设的需要。

1. 改革干部管理体制

党管干部原则是我国政治体制的重要组成部分，也是我国干部管理的根本原则和显著优势。新中国成立后我国实行的权力高度集中的政治体制，对完成新民主主义革命的遗留任务，恢复和发展国民经济，巩固新生的民主政权，发挥了重大作用。但是，随着社会主义改造任务的完成和社会主义制度的基本建立，有些弊端就逐渐显露出来。表现在干部管理制度方面，就是缺乏灵活性和机动性，各类人员的分布和结构不合理，调不出，派不进，或者能进难出，能上难下。因此，干部管理体制的改革势在必行。

为适应新形势发展的需要，1984年，中共中央决定改革现行干部管理体制，采取分级管理、层层负责的办法，适当下放干部管理权限，中央原则上只管下一级的主要干部。按照新的管理体制，此后中央直接管理的干部不到原来人数的三分之一，而将大部分干部的管理权限下放给下一级组织。在实行行政首长负责制的企业、高等院校和科研单位，授予行政首长在定员定编的范围内提名副职与任命中层干部的权力。

2. 建立干部的民主选举制度

干部的产生一般有两条途径：一是上级机关的任命；一是群众的直接选举。后者是民主政治制度的最起码的要求，马克思在总结巴黎公社经验时特别赞同公民选举公社委员的做法，新中国成立后虽然也规定了民主选举基层干部的一些条例，但事实上一直实行组织审查和上级任命干部的制度，直接选举被当作资本主义民主遭到批判和排斥。党的十一届三中全会后对此进行了一定的改革。

1979年，全国人民代表大会制定了《中华人民共和国全国人民代表大会和地方各级人民代表大会选举法》，对选举制度进行重大改革。首先，扩大了直接选举的范围，由乡镇扩大到县级机关。其次，将等额选举改为差额选举，基层选举由无记名投票与举手代票并用改为一律实行无记名投票。再次，由按选民居住情况划分选区改为按生产单位、事业单位、工作单位和居民状况划分选区。最后，由只有不属于党派、团体的选民或代表才能联合或单独提出代表候选人名单，改变为任何选民或代表只要一人提出，三人以上附议都可以推选候选人，而且中央、各民主党派、各人民团体也可以联合或者单独推荐代表候选人。

在党内，十一届五中全会通过的《关于党内政治生活的若干准则》规定：各级党组织应按照党章规定，定期召开党员大会和代表大会。党的各级委员会要按期改选。每届代表和委员，应有一定数量的更新。选举要充分发扬民主，真正体现选举人的意志。候选人名单要由党员或代表通过充分酝酿讨论。选举应实行候选人多于应选人的差额选举办法，或者采用差额选举办法产生候选人作为预选，然后进行正式选举。选举一律采用无记名投票。这些制度初步改变了干部的完全任命制，向民主选举迈出了重要的一步。但是，由于种种原因，任命制并没有完全废除，实际上也不可能完全废除，许多干部还是由上级部门任命。在这种情况下，中央和各地根据实际情况，采取了民主推荐和选聘等办法，尽量在干部问题上发扬民主。

民主推荐、选聘就是采取各种形式，让群众推荐干部，或对干部进行评议、评选，然后根据群众的意见，由组织进行考核和聘任，对群众不推荐的干部或反对的干部坚决不用。例如，北京市委组织部就制定了选拔干部的"十个程序"，即民主推荐、知识面考核、征求主管部门意见、民意调查、心理能力测试、走访考察对象周围的同志、面对面谈话、查阅档案、专家面试和市委领导面试。① 宁波市组织人事部门采取组织推荐、群众推荐和自我推荐相结合的办法，面向社会，公开招贤；对被荐和自荐者进行多角度、多层次的立体考核，择

---

① 《改革考察方法 选准选好人才》，《人民日报》1986年10月21日，第5版。

优任用,选拔出市计委主任、物价局局长、林业局局长、重点引进项目白纸板厂厂长、甬港合资的亚洲华园宾馆中方副总经理五个目标的领导人选。这些在当时都是符合中国国情的民主办法。

(四) 建立干部民主考核制度和培训制度

首先,建立干部民主考核制度。对干部进行考核是干部制度改革的一项重要内容。按照德才兼备的原则,从德、能、勤、绩四个方面进行考核,工作实绩的考核是主要标准;考核的方法可以多种多样,上海市采取了"四堂会审"的形式,即组织部门的同志、专家学者、群众代表与被考核对象见面,并把大量的调查和当面质询结合起来,使考核一方得到了大量的可靠的第一手资料,也使被考核者心服口服,客观地认识到自己的长处和短处,确立自己今后的工作方向。

1986年,中共中央组织部发出通知:凡有条件的地方,从今冬明春开始,结合年终总结工作,由本单位干部、群众和下属一至二级单位负责人参加,对县处级以上领导人员的德、能、勤、绩进行民主考评;在此基础上,用无记名投票方式,对被考评的干部是否胜任现职进行民意测验。通知还指出:扩大社会主义民主,加强党内外群众对各级干部的监督,尊重广大群众考评和挑选公仆的权利,是当前深入改革干部制度的一个重要环节。这次考核范围比较大,仅福建、广东、甘肃三省就有13万干部和群众参加;河北省接受民主考核的地方厅局级干部560名,县处级干部9623名,分别占这两级干部总数的85%和90%。①

其次,建立干部民主培训制度。对干部进行教育和培训是党的传统,"文化大革命"后中央恢复了干部教育和培训制度,并进行了相应的改革。党根据社会主义现代化建设的需要,提出了新的干部教育方针。1980年,中共中央宣传部、中共中央组织部联合发出关于加强干部教育的意见,提出要以马列主义、毛泽东思想为指导,以解决我国四化建设的问题为中心,学习有关的理论

---

① 《各地民主考评领导干部取得成果》,《人民日报》1987年7月11日,第4版。

和实践知识,培养一支懂得马克思主义基本知识和党在新时期的路线、方针、政策,坚持社会主义道路,拥有专业知识,富于艰苦创业精神的干部队伍,并从中造就一大批各行业专家。1982年,中共中央、国务院又作出《关于中央党政机关干部教育工作的决定》,规定:干部教育工作的基本任务,是使全体干部在马克思主义理论、专业知识、科学文化水平和领导管理能力等方面都得到提高,成为坚持社会主义道路的、具有必备的专业知识的党和国家的合格工作人员。在干部教育对象上,从只着重在职党政干部的培训,发展为以在职领导干部、后备干部为重点的各类各级干部的整体培训。在培训形式上,从主要依靠党校、干校发展为集中与分散相结合的多渠道、多样式的社会化办学。

为了使干部教育和培训工作经常化、制度化、正规化,中共中央规定了各项政策和制度。其一,干部教育应纳入国民教育计划。培训干部要有长远规划和年度计划。教育行政部门和业务部门要把干部教育工作列入自己的事业计划和管理系统。其二,中央党政机关的所有干部都要分批分期参加轮训,一般要做到第三年离职学习半年,并使其成为一种制度。其三,把干部培训和干部任用结合起来。今后使用干部和提拔干部必须把学历、学习成绩同工作经历、工作成绩一样作为重要依据。为此,要建立干部学习的考核、考试制度。其四,干部离职学习期间,工资福利和其他待遇,包括工资调级,同在工作岗位上的干部一样等待。第五,对具有大专以上程度,但缺乏基层工作经验的年轻干部,要有计划地安排他们到第一线去锻炼。

二、干部人事制度改革的深入

从1987年党的十三大到2012年党的十八大,我国干部人事制度改革在前一阶段改革取得成效的基础上又逐步深入。主要是对干部人事管理体制进行进一步的探索与改革,同时建立了国家公务员制度。2000年6月23日,中共中央办公厅印发了《深化干部人事制度改革纲要》,2002年8月1日,中共中央颁布实施了《党政领导干部选拔任用工作条例》,既积极又稳妥地推进我国干部人事制度改革。

(一) 党的十三大关于干部管理体制改革的新举措

1987年,党的十三大对干部管理体制提出了新的要求:按照"管少、管好、管活"的原则,下放干部管理权限,调整干部管理范围,实行下管一级的干部管理体制。具体措施为:第一,对"国家干部"进行合理分解,改变集中统一管理的现状,建立科学的分类管理体制。第二,按照党政职能分开、政企分开和管人与管事既紧密结合又合理制约的原则,进一步抓好干部的分类管理。要根据工作性质和部门的行业特点,探索各类人员的管理方式,逐步建立起不同类别领导人员和工作人员的各具特色的管理制度,改变目前基本上用管理党政干部的单一模式管理所有人员的局面。实行干部分类管理,首先要从国家行政机关入手,把现在干部队伍中行使国家行政权力、执行国家公务的这一部分人员分离出来,建立相应的管理制度,依法进行科学管理;然后逐步研究建立党委机关、国家权力机关、审判机关和检察机关等各类领导人员和工作人员的管理制度。第三,实现干部人事的依法管理和公开监督。进一步建立和完善干部人事制度,如废除干部领导职务终身制,完善选举、委任、聘任制度,规定任期,促进人员合理进退的制度,建立民主监督、公开监督的制度。在改革中,各地也积极进行探索,创造了任前公示制、考察预告制和待岗制等许多好的做法。

试行国家公务员制度。1987年,党的十三大提出把国家公务员制度作为当前干部制度改革的重点,由此揭开国家公务员制度建设的序幕。党的十三大要求在我国实行国家公务员制度,一方面要吸收国外的一些做法,另一方面必须注意从中国的实际出发,形成具有中国特色的国家公务员制度。我国的国家公务员分为两大类,即政务类国家公务员和业务类国家公务员,两类公务员各自实行不同的管理制度。对公务员的录用采取公开考试、择优录用的原则。党的十三大之后,中央决定成立国家行政学院,对国家公务员进行培训。同时,决定尽快制定国家公务员条例,作为国家公务员制度的法律依据。

经过几年的试点工作,1993年11月,国务院颁发《国家公务员制度实施方案》,要求争取用三年或更多一点时间,在全国范围内基本建立起国家公务员制度,然后再逐步加以完善。1997年我国公务员制度基本建立起来。

（二）1997年到2012年干部制度改革的新发展

1997年党的十五大到2012年党的十八大，干部制度改革进入了整体推进和重点突破相结合的新阶段。党的十五大报告指出：要"加快干部制度改革步伐，扩大民主、完善考核、推进交流、加强监督，使优秀人才脱颖而出，尤其要在干部能上能下方面取得明显进展"。根据这个精神，干部制度改革在一方面加强干部制度的系统配套；在另一方面，采取有效措施，建立有关制度，真正使干部能上能下。

1999年3月，中共中央组织部下发了《关于进一步做好公开选拔领导干部工作的通知》，全面推广公开选拔干部的制度。

1998年以来，中共中央组织部、人事部联合下发了《关于党政机关推行竞争上岗的意见》《关于在地方政府机构改革中做好人员定岗分流工作的通知》，要求各地积极稳妥地在党政机关推行竞争上岗制度。党政机关内各部门领导干部竞争上岗的工作广泛推行。到2000年为止，全国通过竞争上岗产生的副处级以上党政领导干部两万多名。

中共中央还作出了实行党和国家机关领导干部交流制度的决定，要求加大县处级以上党政领导干部易地交流工作的力度，重点抓好党政"一把手"、组织人事、纪检监察、公检法等重要部门领导干部的交流，并进行了中央和地方干部的纵向交流以及地(市)级领导干部的跨省区市交流。

在推进干部人事制度改革中，各地、各部门始终把干部能上能下作为一个重点、难点问题，积极探索各种有效的解决办法和措施。许多地方制定和出台专门文件，明确不称职、不胜任现职领导干部的认定标准和调整方式。有的地方在严格考核、民主评议的基础上实行了末位淘汰或末位待岗制。据统计，这一阶段，通过免职、降职、改任非领导职务等方式，全国共调整县处级以上不称职、不胜任现职领导干部一万多名。①

这个阶段干部人事制度改革的最大成果是2000年6月中共中央办公厅

---

① 《全国干部人事制度改革取得重大进展》，《人民日报》2001年6月25日，第4版。

印发了经中央批准的《深化干部人事制度改革纲要》。这个纲要在总结20多年干部人事制度改革成功经验的基础上,按照"三个代表"的要求,系统地阐明了干部人事制度改革的目标、方针和原则,明确提出党政干部制度改革、国有企业人事制度改革、事业单位人事制度改革的具体措施和任务。这个纲要是在跨入新世纪,面临国内外复杂形势下形成的,对统一全党思想,坚定信心,进一步加快干部人事制度改革步伐,具有重要的意义。2002年,中共中央颁布实施《党政领导干部选拔任用工作条例》,该条例坚持用"三个代表"重要思想指导干部工作,强化程序和制度建设,为进一步完善选贤任能的科学机制指明了方向。

2007年10月,党的十七大报告就干部人事制度改革问题提出了许多新思想、新论断、新举措。其中最引人注目的就是,将干部选拔任用的平等原则修订为民主原则。强调着力建设高素质领导班子;积极推进党内民主建设,着力增强党的团结统一;不断深化干部人事制度改革,着力造就高素质干部队伍和人才队伍;全面巩固和发展先进性教育活动成果,着力加强基层党的建设;切实改进党的作风,着力加强反腐倡廉建设。

2009年12月,中共中央颁布实施《2010—2020年深化干部人事制度改革规划纲要》。纲要根据党的十七大有关部署和要求,提出:毫不动摇地推进干部人事制度改革,既要积极探索创新,又要稳妥有序推进;健全竞争择优机制,促进优秀人才脱颖而出;完善干部管理制度,增强干部队伍的生机和活力;加强干部选拔任用监督,有效遏制用人上的不正之风;深化分级分类管理,健全干部人事制度体系。

经过几十年的建设和发展,我国建立了一整套选拔、任用、考核、奖惩、交流、培训、教育、工资、福利、退休、监督的干部人事制度,初步形成了具有中国特色的干部人事制度体系。

三、干部人事制度改革的创新

2012年党的十八大到2017年党的十九大,是我国干部人事制度改革的创新阶段。党的十八大以来的五年,是党和国家发展中极不平凡的五年。以习近平同志为核心的党中央对干部队伍建设提出了新要求、新标准、新举措,选人用人状况和风气明显好转,为新形势下进一步推进干部人事制度改革,绘就了一幅内容详尽、方向明确的宏伟蓝图,使新时代中国特色社会主义干部制度改革呈现出许多创新之处。

一是弘扬党的干部队伍建设的优良传统和作风。要求党员干部必须坚定马克思主义和共产主义信仰;对党忠诚、个人干净、敢于担当;反对"四风",廉洁做人。二是紧紧抓住"关键少数"。中共中央发布的《关于新形势下党内政治生活的若干准则》和《中国共产党党内监督条例》,强调监督的重点对象是党的领导干部,特别是主要领导干部和高级干部,抓住"关键少数",强化了对主要领导干部的政治要求、纪律要求、作风要求,其强度超过了以往任何时期的党规党纪要求。三是强化了制度法规的建章立制。将党历史上,特别是党的十八大以来被实践证明的好经验好做法用法规的形式固定下来,密集出台了多部党内法规,力图从制度上加强干部队伍建设。

党的十八大以来,我国干部制度改革的主要内容概括如下:

第一,推进干部人事制度改革必须坚持党管干部原则,坚持五湖四海、任人唯贤,坚持德才兼备、以德为先,坚持注重实绩、群众公认。千改万改,党管干部的原则不能改;千变万变,群众公认的底线不能变。这"四个坚持"就是干部人事制度改革的根本要求和制度准则,任何时候都不能变通、不准异化、不得逾越,必须贯穿改革的全部过程和所有环节。

第二,完善干部考核评价机制,促进领导干部树立正确政绩观。科学的考核评价办法是激发干部内生动力的助推器,长期以来,由于干部考核存在诸多的不足和漏洞,"干好干坏一个样,干与不干一个样"成为机关病滋生的源头。中共中央看到了问题的关键所在,部署加强干部考核评价机制的建设,从制度上防止干部队伍的"庸懒散"现象。

第三,健全干部管理体制,从严管理监督干部。"严是爱、宽是害",很多经验教训告诉我们,放松了日常监管、重点监管、关键监管、制度监管,就是纵容腐败、祸害队伍。干部人事制度改革要用好中央给予的这把"尚方宝剑",改进监管办法、健全监管制度、拓展监管空间、提升监管实效,永葆干部队伍的先进性和纯洁性,增强干部队伍适应新时代中国特色社会主义发展要求的能力。

第四,大力发现储备年轻干部,注重在基层一线和困难艰苦地方培养锻炼年轻干部,源源不断选拔使用经过实践考验的优秀年轻干部。党的十九大报告还强调,统筹做好培养选拔女干部、少数民族干部和党外干部工作。认真做好离退休干部工作。

第五,强调不让老实人吃亏,不让投机钻营者得利。"两不"要求,既有正向目标,又有反向警醒;既抓住了社会大众的关注点,又点住不正风气的死穴;既敞开了干部选任的前门,又堵住了干部任用的后门。推进干部人事制度改革,就是要善于使用民主的武器、公开的平台、竞争的方法、择优的筛子,通过干部制度改革"淘沙""留金"。

党的十八大以来的五年,我国干部人事制度改革的科学化水平上了一个新台阶,为建设高素质领导班子和干部队伍提供了可靠的保障,使一大批优秀人才源源不断地聚集到党和国家的各项事业中来。党的十九大报告提出,人才是实现民族振兴、赢得国际竞争主动的战略资源。要聚天下英才而用之,加快建设人才强国。吸引人才、培养人才,只有"进行时",没有"完成时"。只有清除阻碍人才发展和发挥的各种"绊脚石",构筑充满活力的人才体制机制,才能营造全社会尊重人才、善用人才的良好氛围,才能增强人才的归属感和幸福感,进而让各类人才为国家经济社会发展作出更大的贡献。

第三节　社会主义干部人事制度的基本内容和特点

我国干部的概念一直不是很清楚,而且是人事制度改革的一个主要问题。根据一般的理解,所谓干部主要有六类人员:国家机关工作干部、党的工作干部、军队干部、社会政治团体和群众团体的干部、专业技术干部、业务行政干部。所以,我国社会主义干部人事制度主要是指对这些人员的管理制度,我国社会主义干部人事制度改革具有鲜明的特点和一系列原则。

一、干部人事制度的基本内容

我国社会主义干部人事制度处在改革和完善的过程中,不同时期在内容上会有所变动。这里主要根据 20 世纪 90 年代以来的情况,对我国社会主义干部人事制度的大致轮廓作一简要叙述。

(一) 社会主义干部人事制度的一般原则

我国社会主义干部人事制度的一般原则主要有六条:第一,党管干部的原则。由中国共产党掌握干部的领导权、管理权、使用权。它要求整个干部管理工作必须执行党的干部路线、方针和政策,以保证党的政治路线的实现。《2010—2020 年深化干部人事制度改革规则纲要》强调必须坚持党管干部的原则,同时也要适应新的情况,积极改进党管干部的方法。第二,服务原则。中国共产党的宗旨是全心全意为人民服务。我国社会主义性质要求干部人事制度始终代表最广大人民的利益,成为人民管理国家事务、管理经济、文化和社会活动的强有力的工具。因此,我国的干部人事制度必须坚持以为人民服务为根本出发点。第三,效率原则。干部人事制度的主要目的是通过科学的管理活动,激发干部的工作积极性,发挥他们的主动精神,促进人与事的最佳结合,提高行政效率。第四,系统原则。干部人事制度是由许多因素和环节所构成,在各因素和环节之间有着密切的联系。因此,在处理每个因素、每个环节的问题时,必须作整体的、系统的考察,寻求系统的解决办法,以达到最佳的管理效果。第五,依法管理原则。必须依法管理干部人事,在法律的范围内进行活动,独立、公正地行使职权。第六,民主监督原则。任何管理都离不开监督,干部人事制度的特殊性和复杂性决定了必须进行民主监督,只有这样才能保证干部人事管理的公正和公平。我国干部人事制度不仅受到国家权力机关、审判机关、检察机关、监察机关的监督,而且受到国家行政机关的监督、中国共产党和各民主党派的监督、社会团体的监督、群众监督和舆论监督。

（二）干部人事制度的机构设置

我国干部人事制度的机构设置分为领导机构、职能机构和监督机构三个部分。领导机构是中国共产党中央委员会、各地区各部门党委（党组）和所在单位党委。国务院和其他各级人民政府也参加对干部人事工作的领导。党的中央委员会在管理干部方面的基本职责是制定党的干部路线、方针、政策，通过国家政权机关的法律程序转为国家意志。党的其他各级委员会按照中央的干部路线、方针、政策，结合本地区、本部门、本单位的具体情况，提出相应的贯彻措施。各级党委管理属于本级所辖范围内的党务系统的干部。各级党委向各自所属管理范围内的政权机关、群众团体以及部分企事业单位推荐重要干部。对干部的任免、提拔、调动、审查和干部问题的处理，由党委集体讨论决定，并按干部管理权限，由主管党委组织批准。

职能部门包括各级党委的组织部门、各级政府的人事部门和编制委员会。组织部门有中央组织部、地方各级党委组织部、各基层党委组织部。各级党委组织部门是各级党委在党的组织工作方面的助手和参谋，是党的组织工作的办事机构。2008年3月，十一届全国人大一次会议通过了国务院机构改革方案，决定不再设人事部，组建人力资源和社会保障部，简称人社部，是国务院主管人事行政和劳动行政的部门。其主要职责是拟定人力资源和社会保障事业发展规划，会同有关部门拟定机关、事业单位人员工资收入分配政策，指导事业单位人事制度改革等。人事部取消。监督机构是专门性的政府的行政监察机关。中国共产党的纪律检查机关的主要监督对象是党的各级各类干部。2018年3月，中共中央印发《深化党和国家机构改革方案》，决定组建国家监察委员会，不再保留监察部和国家预防腐败局。国家监察委员会是最高监察机关，领导各级监察委员会工作。中纪委和国家监察员委员会合署办公，把反腐纳入国家的法治化轨道。

干部人事管理机构的权限划分是：其一，分部管理。在党的统一领导下，分别由各级党委组织部，各级政府人事部门、军队政治部进行管理。党委组织部门主要负责监督党的组织路线的贯彻执行，对党务干部的管理，对主要领导干部的考察、任免等提出意见,报党委集体讨论审批。政府人事部门主要负责一般干部的管理以及有关干部的日常管理工作。军队政治部门主要负责军队干部的管理工作。此外,中央统战部对所属统战对象的干部参与人事安排。其二,分级管理。目前干部管理权限是下管一级,即党中央负责管理中央机关和国家机关中部(委)一级干部,对地方负责管理省、自治区、直辖市一级干部,另有部分中央直属企事业单位的主要领导干部;省、自治区、直辖市党委负责管理省、自治区、直辖市党和人民政府机关厅(局)一级干部,对地方负责管理设区市、州、盟一级干部,另有部分企事业单位的主要领导干部;中央机关和国家机关的部(委)一般管理司(局)一级干部,另有部分企事业单位的主要领导干部;省、自治区、直辖市党委和人民政府机关的厅(局)一般管理处一级干部,另有部分企事业单位的主要领导干部;设区市、州、盟党委一般管理县、自治县、旗一级干部,另有部分企事业单位的领导干部。国家人事部门也是下管一级,但上级人事部门与下级人事部门之间不是领导与被领导关系,而是业务指导关系。各级人事部门受同级党委和政府的领导。其三,备案管理。为了弥补下管一级所存在的各级党委对下面干部的了解面狭窄、不便于发现人才和进行监督检查的不足,各级党委组织部门制定需备案的干部职务名单及其他有关材料:干部名册、干部任免呈报表、干部考察材料。各地区、各部门每半年必须将备案材料汇总一次,按规定份数上报上级党委组织部,同时按管理干部的分工,按规定的份数报上级有关分管部门。

(三) 干部人事管理的具体制度

为了进一步推进政治体制改革,加强干部人事管理和监督,促进干部人事管理工作规范化、制度化,保证各项事业的顺利发展,我国干部人事管理的具体制度也进行了改革。其主要包括更新制度、激励制度、调节制度、监控制度、申诉制度等五方面内容。

1. 更新制度

更新制度主要有选用、离休、退休和退职以及培训制度。选用制度是指用人单位按一定的条件、标准、原则和程序,选拔现有干部和录用新干部。任用干部的条件主要分为法律条件和资格条件。法律条件包括:必须具有中华人民共和国国籍;必须具有选举权和被选举权等政治权利。资格条件主要包括德、才、学、识、年龄、体质等条件。任用干部的原则是:选贤任能、因事择人、能位一致、依法任用、逐级提升。选用干部的程序大致有四种:(1)民主讨论,广泛听取群众意见,提出任用对象;(2)组织人事部门考察;(3)党委集体讨论,形成决议上报;(4)上级主管部门审批。选任干部的方式主要有委任、选任、聘任和考任四种。

离休是指在国家规定的时间内参加革命工作并已达到一定年龄的老干部,符合法定条件,按优待条件离职休养。退休是指已达到国家规定的工龄和年龄,符合法定条件的干部,按照本人意愿或政府法令的规定退出现职岗位,领取一定数额的退休金,作为其在职期间服务的报酬和维持其本人及家庭生活的经济资助,以安度晚年。退职是指干部到退休年龄,但没有达到退休工龄或丧失工作能力但又不符合退休条件时,根据法律规定,辞去工作职务,享受退职待遇。

培训是指根据干部工作岗位的要求,为提高干部的素质所进行的"终身职业教育"的整个过程。干部培训途径包括普通大中专院校、职工大学、职工中专、电视自修大学、电视中专、广播学校、函授大学、函授中专、刊授学校、夜大学、自修大学、电视大学等多种类型的培训基地,另外还有派往国外进修等。初步形成了包括党的培训系统、行政培训系统、教育培训系统、军队培训系统在内的干部培训网络体系。培训的主要形式有职前培训、在职培训、转岗培训等。培训中强调遵循德才兼备、学用一致、全员培训、重点提高、面向未来等原则。

2. 激励制度

干部人事的激励制度有考核、奖惩、职务升降、辞退、工资、福利和保险制度等。考核制度是指用人单位根据法律规定的管理权限,按照既定的内容、标准、程序和方法,对干部在一定时期内的德、能、勤、绩、廉情况,进行全面考察和评价的制度。考核的主要内容就是德、能、勤、绩、廉五个方面。考核的方法多种多样,如自我鉴定法、民主考评法、民意测验法、人物比较法、工作达标法、情景模拟法、功能测评法等。

奖惩制度是根据考核结果,按一定标准和程序,对表现突出者或有突出贡献者给予精神上和物质上的报偿;对工作失职者给予处罚或警戒等行政纪律处分。国家规定干部年度考核为优秀者,给予奖励;对违纪者,给予惩戒。为了保证奖惩的公正性、严肃性和民主性,除了规定奖惩条件以外,对奖惩的程序、权限、时限、惩戒的补偿和解除,都有一定的规定。例如,2020年12月修订的《公务员奖励规定》对奖励条件和种类、奖励的实施、奖励的监督等都有明确规定。

干部职务升降制度包括晋升和降职两个方面。晋升制度是指任免机关按国家有关人事法规所规定的原则、条件、标准、程序、方式、方法,对干部给予职务提升的制度。降职是指根据国家法律的有关规定,把干部从原来的职位调降到较低的职位。国家对干部的晋升和降职都有具体明确的规定。

辞退是指对不适合继续担任干部职务的人员,用人单位依法取消其任职权利和义务,令其退出干部队伍的一种非惩戒性行为。辞退干部,必须由本单位负责人提出动议,按干部管理权限报主管部门审批,并用书面形式通知本人在规定时间内办完手续。被辞退者享有法定的物质和精神上的待遇。如对辞退决定不服时,有权按申诉程序提出申诉。

工资制度是指国家按社会主义社会实行的按劳分配原则,以货币形式定期支付劳动报酬的制度。我国现行的工资制度主要是结构工资制,包括基础工资、职务工资、工龄津贴和奖励工资四种。

福利保险制度是指国家为了干部生活上的方便、减轻他们的经济负担、丰富他们的文化娱乐生活而创办的各种集体福利设施,建立的各类补贴制度,组织开展的多样化体育活动。干部保险制度是指国家对暂时或永久丧失劳动能力的干部给予物质上的帮助,以满足其失去工作能力后的基本生活需要。主要内容有:社保制度、病假制度、产假制度、伤假制度、残废待遇制度以及抚恤制度。

3. 调节制度

干部人事的调节制度有临时任用、转任、调任、互调、停职、辞职六种形式，也称为人员流动制度或者人事变动制度。干部调节制度是整个干部人事制度的重要组成部分，它的作用主要有：填补职务空缺以满足工作部门的急需；安排编余人员以适应政府机构的变化；调整干部职务以解决人才使用不当；进行人员培训以提高干部素质；实行回避制度以防止形成"关系网"；照顾干部家庭困难以解除后顾之忧；满足个人发展以利于人才开发；人才交流制度也可成为实行惩戒的一种方法。

4. 监控制度

干部人事制度中的监控制度，主要有回避、监督、申请、控告制度。回避制度是指用人单位为避免干部在执行公务中利用职权徇情营私而对其采取的限制性措施，主要有任职回避、公务回避、地区回避和卸任回避。监督制度是指对干部执行公务的活动所进行的监察和督促。监督制度就其内容的性质而言，可以分为效能监督和法纪监督两个方面。效能监督主要是检查干部对其承担的工作任务是否完成，达到了什么程度，是如何进行的；法纪监督主要是检查干部在行使职权过程中是否遵纪守法，是否贯彻党的路线、方针和政策，是否符合职业道德。就监督的主体而言，有中国共产党的监督，国家监察委员会的监督，国家权力机关、行政机关、审判机关、检察机关的监督，社会群众的监督。

5. 申诉制度

干部申诉制度是指干部对其所在单位错误处理了的自身权益问题表示不服，依法向有关部门或法定的其他专门机关提出要求重新处理的行为。干部控告制度是指干部因其所在单位或工作人员的违法失职行为给社会利益或不特定人员的合法权益造成损害，依法向有关部门进行检举揭发的行为。干部申诉必须按一定程序进行；提出控告无程序规定，只要依据法律和事实，没有时间和受理机关的限制。申诉和控告的程序一般有立案、调查、审理、裁决等步骤。

二、干部人事制度的特点

我国干部人事制度是在新民主主义革命时期创立的以党的干部组织体系为核心的人事行政管理体制。中华人民共和国成立后继续沿用,并在一段时期内成为国家机关、武装力量、企事业单位以及所有的生产和社会组织进行人事管理的基本制度框架。其缺点是干部录用中缺乏能力考察和公平竞争,干部使用中缺乏任期规定和功绩考核,职位管理中存在因人设岗、因岗设事、权责不清等现象。《中华人民共和国公务员法》(以下简称《公务员法》)的颁布实施,是传统干部人事制度向现代公务员制度转型的标志。根据我国社会主义干部人事制度的一般原则,可以概括出五个主要特点。

第一,始终坚持党管干部的原则。党管干部是我国社会主义干部人事制度的最重要特点。当然,党管干部不是包办一切,而是有着特定的含义:其一,干部路线、方针、政策只能由党来制定,由党的组织监督贯彻执行;其二,干部的管理必须在党的领导下,按照党的干部路线和干部政策进行;其三,国家重要干部的任免,党要提出意见和建议。

第二,突出强调干部制度的有序性。在我国,所有的党政机关领导干部,都由中国共产党的政治部门统一管理,统一调配。省部级党政机关干部可以在全国范围内统一调动,统筹安排。党政机关领导干部实行"下管一级",分级管理的办法。非领导职务的国家公务员、一般党群干部和专业技术干部的人事调动、工作调配等事务,由政府或本机关、团体的人事部门负责。在中共中央组织部的统筹下,每年都有一部分领导干部实行"岗位轮换"和"异地交流"。

第三,实行干部德才兼备的选拔原则,具体说就是制定干部队伍"四化"方针。邓小平指出:"陈云同志提出,我们选干部,要注意德才兼备。所谓德,最主要的,就是坚持社会主义道路和党的领导。在这个前提下,干部队伍要年轻化、知识化、专业化,并且要把对于这种干部的提拔使用制度化。"[①]这是根据我

---

① 《邓小平文选》第2卷,人民出版社1994年版,第326页。

国干部人事的特殊情况提出的。革命化是政治标准,其具体含义是,坚持党的领导和社会主义道路,为造福人民,为发展生产力,为社会主义事业做出贡献。这个标准相对来讲比较简洁客观,改变了过去政治标准过高而难以衡量的弊端,比较符合现实社会人们的政治思想状况。年轻化是对干部年龄上的要求,这是在特定历史条件下采取的一项制度。知识化和专业化的含义是,被提拔的干部和现有的干部必须具备相当的与工作内容相关的基础知识,具有合理的知识结构,并且不断学习和掌握现代化科学文化知识与专业知识,成为内行。这四个方面构成了完整的干部选任标准。党的十八大后,特别突出政治标准,提拔重用坚决维护党中央权威、全面贯彻党的理论和路线方针政策、忠诚干净担当的干部。

第四,制定了干部必须努力为人民服务,密切联系群众和接受人民群众监督的基本要求。我国的社会主义性质和基本政治制度决定,干部不但是国家的管理者,而且是人民的公仆。为人民谋利益,全心全意为人民服务是中国共产党的宗旨,也是干部的最重要的职责。因此,我国社会主义干部人事制度从根本上讲就是为了体现和保证党的宗旨的实施。

第五,确立了干部人事制度的根本目标,即以促进人才成长,调动广大干部的积极性,从组织上保证中华民族伟大复兴中国梦宏伟目标的实现。邓小平曾指出:"组织路线是保证政治路线贯彻落实的。解决组织路线问题已经提到我们议事日程上来了。这个问题解决不了,我们见不了马克思。"[1]因此,社会主义国家的干部人事制度必须把保证各个历史阶段总任务的实现作为自己的基本出发点和根本目的。我国社会主义干部人事制度就是根据这个要求建立和实施的。

当然,我国社会主义干部人事制度正在完善过程之中,有关改革措施将不断出台。但是,不管怎样,我国社会主义干部人事管理必须在中国共产党的领导下进行,既要注意总结过去的经验教训,又要注意吸收国外的先进经验,还要不断地开拓和创新。只有这样,才能真正构建起具有中国特色的社会主义干部人事制度。

---

[1] 《邓小平文选》第2卷,人民出版社1994年版,第193页。

第四节 公务员制度的建立与完善

建立和推行公务员制度,是我国改革开放和社会主义现代化进程中干部人事制度的重大改革。党的十一届三中全会以后,以经济建设为中心成为党的工作重点,社会主义市场经济体制的建立以及其他方面改革的推进,使原有的干部人事制度迫切需要改革。自党的十三大和七届全国人大提出建立国家公务员制度,到党的十四大和八届全国人大提出尽快推行国家公务员制度,再到党的十五大和九届全国人大提出完善国家公务员制度,我国公务员制度的建立和推行始终立足社会主义初级阶段这个实际,按照党中央正确把握改革、发展、稳定的关系的要求,采取整体推进、突出重点、分步到位的方法平稳地进行。到1997年年底,在全国基本建立了公务员制度。公务员法自2006年1月1日施行以来,在建设高素质专业化公务员队伍中发挥了重要作用,取得了明显成效。随着中国特色社会主义进入新时代,对公务员队伍建设和公务员工作提出了许多新要求。2019年6月1日,新修订的《中华人民共和国公务员法》正式实施。

一、国家公务员制度的建立

国家公务员制度在国外称为文官制度,在现代资本主义国家已有100多年的历史。在我国改革开放过程中,社会主义市场经济的建立和社会主义民主法制的完善,以及对外开放的需要,客观上对我国干部人事制度的改革提出了新的要求,这就是建立国家公务员制度。

所谓国家公务员制度,就是依法对政府中代表国家机关、行使国家行政权力、执行国家公务的人员进行科学管理的制度,包括通过制定法律规范,对公务员的"进口"、使用与"出口"进行管理的各项制度。

在我国建立公务员制度,对于实现党的基本路线,建设中国特色的干部人事制度,具有重要的意义。首先,建立和推行国家公务员制度,有利于调整我国干部结构,提高机关工作人员的政治、业务素质,强化政府指挥系统,加强勤政建设,克服官僚主义,提高机关行政工作效率,以适应我国社会主义市场经济体制的需要,促进我国社会全面进步发展,提供组织上的保证。其次,建立和推行国家公务员制度,有利于加强干部廉政建设,提高公务员队伍的素质,保证和促进公务员依法行政。再次,建立和推行公务员制度,可以促进机关人事管理工作的科学化、法制化。同时,对其他机关以及企事业单位的人事制度改革起到积极的促进作用。

(一)公务员制度的发展历程

我国公务员制度的发展大致可分为三个阶段:

第一,准备阶段(1978—1987年)。党的十一届三中全会后,随着我国经济、政治体制改革的深入发展,传统的人事干部制度改革势在必行。1980年,邓小平指出,为了充分发挥社会主义制度的优越性,加速现代化建设事业的发展,必须改革党和国家领导制度和其他制度,同时要打破老框框,勇于改革不合时宜的组织制度、人事制度。1984年,中共中央组织部与原劳动人事部组织专家起草《国家工作人员法》,1985年改为《国家行政机关工作人员条例》,这就是《国家公务员暂行条例》的前身。1986年下半年又对《国家行政机关工作人员条例》做了重大修改。1987年在筹备党的十三大过程中,中共中央决定将《国家行政机关工作人员条例》修改为《国家公务员暂行条例》,并在党的十三大上正式决定在我国建立和推行国家公务员制度。

第二,试点阶段(1988—1993年)。从1988年人事部成立到1993年《国家公务员暂行条例》颁布是公务员制度的论证和试点阶段。为检验《国家公务员暂行条例》的可行性,为在全国推行公务员制度积累经验,从1989年开始首先在国务院审计署、海关总署、统计局、环保局、建材局、税务局六个部门进行试点。1990年试点又扩大到哈尔滨和深圳两市,1992年以后又在全国20个省市进行了试点工作。试点工作表明,公务员制度完全符合我国国情。在试点过程中,对条例进行了多次修改。此外,还进行了大量舆论宣传和公务员知识的普及工作,并培训了一批推行公务员制度的骨干。1992年12月31日,中共中央政治局常委会听取了关于建立和推行国家公务员制度的汇报,原则同意人事部的汇报提纲。1993年1月14日,中央政治局全体会议又听取了汇报,原则同意《国家公务员暂行条例(草案)》。同年4月24日,国务院通过了《国家公务员暂行条例》,并于8月14日公布,自1993年10月1日起施行。[①]

第三,全面推广阶段(1994—2003年)。按照《国家公务员暂行条例》的有关规定和要求,各地各部门自上而下地积极展开了公务员制度的推广工作。1994年重点抓公务员考试录用制度,1995年重点抓公务员辞职辞退制度,1996年重点抓交流轮岗和回避制度,1997年重点抓公务员竞争上岗制度,并进行试点探索。到1998年年底,全国公务员制度入轨工作基本到位,公务员管理的各项制度有效运作。在"进口"方面,考录工作全面铺开。有些地方已经向农村人口开放国家公务员的考试。2000年6月,中共中央印发《深化干部人事制度改革纲要》,其中提出进一步完善国家公务员制度的要求。2001年开始,我国实行了国家司法考试,这又进一步解决了法官和检察官的"进口"和培训的法律和规范问题。激励竞争机制开始运行,能上能下有了突破,轮岗回避初见成效,出口初步畅通。2003年8月13日,原人事部在人民大会堂召开纪念《国家公务员暂行条例》颁布十周年座谈会。此时,社会各界已普遍认为,建立和推行国家公务员制度是一项成功的改革。

此后,原人事部和后来组建的人社部相继制定了一系列加强公务员制度建设的新措施,如努力加强公务员的素质与能力培养,积极推进社会化服务,不断创新公务员的管理方式,认真完善人才资源开发等等。我国公务员制度进入全面完善的新阶段。

(二) 我国公务员制度的特点

我国公务员制度是在原来干部人事制度的基础上,吸收了西方文官制度

[①] 李如海主编:《中国公务员管理概论》,中共中央党校出版社2001年版,第7页。

的优点,结合国家的现实情况而建立起来的。因此,这种制度有着明显的自身特点。

与原有的干部人事制度相比,现行的国家公务员制度具有以下五个特点:其一,体现了分类管理原则。公务员制度主要运用于政府机关,与企业、事业单位的人事管理制度相区别,从而改变了以往全部按一个模式管理的方式。因此,它不仅标志着具有中国特色的国家行政机关人事管理制度的形成,也标志着我国人事分类管理制度的初步确立。其二,具有科学的激励竞争机制。公务员录用实行公开考试,严格考核,择优录取。在管理上严格考核并以考核结果作为重要依据,按一定程序对公务员进行奖惩、培训、职务晋升、晋级增资以及职位调整,以此激发其积极性和创造性。其三,具有正常的新陈代谢机制。一方面坚持公开、平等、竞争的原则选拔优秀人才,充实公务员队伍,保证公务员的良好素质;另一方面通过建立退休制度、人员交流、部分职务实施聘任制以及采取辞职辞退等办法,使公务员能进能出,增强了政府机关的生机与活力。其四,具有勤政廉政的约束机制。勤政廉政作为对公务员的一项基本要求,贯穿在公务员的义务与权利、纪律、录用、晋升、考核、奖惩等各项制度和管理环节中,同时还实施回避、交流等制度,从而在制度上保证公务员的廉洁奉公。其五,具有健全的法规体系。国家公务员制度的运行,除了有公务员法这个总法规外,还有一系列单项法规和实施细则,从而形成了一套较健全的法规体系,使公务员的管理有法可依。

与西方的公务员制度相比,我国公务员制度也呈现出自己的特色。首先,我国的公务员制度与西方国家的公务员制度最明显的差别就是,不搞"政治中立"。西方公务员强调"政治中立"。公务员不得参加政党的竞选活动和支持竞选募捐活动,不得担任由选举和政治任命产生的公职,不得接受政治捐款等等。我国国家公务员制度明确规定,所有公务员都具有鲜明的党派性,可以具有中共党员的身份,都要忠实执行中国共产党的路线、方针、政策。全体公务员必须拥护中国共产党和坚决忠于人民政府。其次,我国公务员制度对公务员的范围划分相对严格。西方国家的公务员法中规定,凡是在国家和地方政府机关、公共团体中从事公务管理者都是公务员。而我国国家公务员则是指各级国家行政机关中除工勤人员以外的工作人员,包括各级人民政府的组成人员,也包括行使政府职能的事业单位的组成人员,如国家专利局、税务局、工商管理局等单位的管理人员。这些规定比较具体和严格。再次,我国国家公务员制度的考核、培训、纪律等制度比较严格。这些方面西方各国公务员制度中都有规定,但我国的规定则比较具体和严格,如考核的原则是坚持公正、民主、公开和注重实际;考核的内容是从德、能、勤、绩、廉五个方面进行;考核采取的是领导、群众和个人相结合的方法。规定公务员培训的种类主要分为:初任培训、任职培训、专门业务培训、在职培训。规定的纪律也有政治、工作、廉政、遵守职业道德与社会公德纪律四大方面。

此外,在一些具体方面也有根本区别。如,我国公务员制度与政党分赃制毫无牵连,它是社会主义制度自我完善的一项积极措施;我国公务员不会组织成一个独立的利益团体与政府对抗;我国公务员是人民的公仆,他们没有自己的特殊利益和利益集团。我国政务类公务员与西方国家的政务官也有不同之处。西方的政务官任职要以其政见获得执政党或代议机关的支持为条件,而我国则突出了执政党对政务类公务员的管理作用;西方国家政务官的任期与所属政党的执政期密切相关,而我国公务员的任期改变并不意味着中国共产党领导地位的变化,而是我国废除干部领导职务终身制的体现。总之,我国的公务员制度无论在立法,还是管理体制、管理方式、方法等方面,都是立足中国的实际,显示出中国公务员的鲜明特色。

(三) 对我国公务员制度的评价

我国公务员制度虽然已经有几十年的历程,但是相对讲,这还是一个比较短暂的时间,西方文官制度已经有100多年的历史。而且由于我国的政治、经济、文化上的复杂性,公务员制度建设遇到的困难更大一些。目前,公务员制度仍然面临些许问题,工作也有一些缺点和不足。主要有这样几方面的问题:一方面,制度本身还不尽完善,如公务员的进一步分类管理问题、考核等次的划分问题及聘任制问题等,还需研究探讨。另一方面,从实施工作看,有认识没跟上、推行不到位、执行不到位的问题,有与其他制度改革配套的问题,还有少数公务员存在这样或那样的问题,有的单位人浮于事,整体素质有待进一步提高。

因此,我国公务员制度建设的任务比较艰巨,还需要长期而艰苦的努力。进一步完善公务员制度,主要应从两个方面进行:一是制度建设,要做好制度推行到位、法规配套完善、管理制度创新三方面的工作;二是公务员教育,要抓好宗旨教育、业务培训、作风转变、纪律教育四个环节。总之,就是要通过进一步建立和完善公务员的各项制度,真正做到有法可依,有法必依;同时,加强对公务员的教育和培训工作,提高公务员的素质,建设一支高素质的专业化公务员队伍。

具体工作可以从几个方面展开。首先,进一步明确国家公务员的宗旨是全心全意地为人民服务,树立良好的国家公务员的个人和整体形象,进一步规范国家公务员的行为,保证公务员整体素质的提升。其次,严格规范岗位竞争、晋升竞争、录用竞争的人力资源管理机制,严格实行"末位淘汰制",在各类培训中严格实行不合格辞退制,从而确保国家公务员素质的高水平。再次,加大执行政策的力度,确保国家公务员的考核不流于形式,坚持个人、单位、集体、领导和监察机关考核相结合的原则,并最终由领导与监察部门拿出考核意见。加强对国家公务员的培训和再教育工作,要在教学计划、内容和教学形式上不断改革和探索,确保通过学习来提高公务员的实际工作能力。最后,提高公务员物质生活待遇,同时加大对国家公务员执法工作的规范和管理。在确保国家公务员正常工薪发放的同时,加强对公务员收入申报、调查和咨询的管理。特别是拥有特种权力的国家公务员,如财政、税务、公安、法院等机关更应注意自身的形象和执法的意义,保证国家公务员在各自行政岗位上都能努力工作,享受相同的待遇,真正使国家公务员管理走上正常化、科学化、法制化的轨道。

二、坚持和完善干部人事制度

进入21世纪之后,面对国内外复杂的形势,我国社会主义现代化建设的任务更加艰巨和繁重。大力推进政治体制改革,使之能够与经济体制改革的进程相一致,是我们面临着的一个重要任务,而政治体制改革的核心又是干部人事制度的改革。我国干部人事制度改革,关键在于坚持和完善。坚持和完善的主要内涵是两点:第一,就是坚持社会主义方向,坚持党的领导,坚持我国现有干部人事制度中的好的方面,这一点是不能含糊的。第二,就是要坚持解放思想、实事求是、与时俱进的思想路线,坚持勇于追求真理和探索真理的创新精神,对现有干部人事制度的不足和缺陷进行大胆的改革。这两个方面应该是辩证的统一体,是指导我们从事干部人事制度改革的基本原则和思路。

在干部人事制度改革的内容方面,归纳起来就是"三个坚持、一个加强、一个完善"。"三个坚持",第一,要坚持党管干部的原则,改进干部管理方法,加快干部人事制度改革的步伐,努力推进干部工作的科学化、民主化、制度化。第二,坚持扩大干部工作中的民主,落实群众对干部选拔任用的知情权、参与权、选择权和监督权。第三,坚持公开、公平、竞争、择优的原则,积极推进公开选拔、竞争上岗等措施,促进干部奋发工作、能上能下。加强对干部选拔任用工作的监督。完善干部考核制度和方法,坚决防止和纠正用人上的不正之风。

2000年6月,中共中央批准实施的《深化干部人事制度改革纲要》,对我国干部人事制度改革作了具体、明确和详尽的规定。纲要指出:深化干部人事制度改革的基本目标是,通过不断推进和深化干部人事制度改革,到2010年,建立起一套与建设中国特色社会主义经济、政治、文化相适应的干部人事制度。为此,第一,建立起能上能下、能进能出、有效激励、严格监督、竞争择优、充满活力的用人机制;第二,完善干部人事工作统一领导、分级管理、有效调控的宏观管理体系;第三,形成符合党政机关、国有企业和事业单位不同特点的、科学的分类管理体制,建立各具特色的管理制度;第四,健全干部人事管理法规体系,努力实现干部人事工作的依法管理,有效遏制用人上的不正之风和腐败现象;第五,创造尊重知识,尊重人才,有利于优秀人才脱颖而出、健康成长的社会环境,实现人才和资源的整体开发与合理配置。2009年中共中央办公厅印发了《2010—2020年深化干部人事制度改革规划纲要》,明确党政干部制度改革的重要难点是:规范干部选拔任用提名制度;健全领导班子和领导干部考核评价机制;推行差额选拔干部制度;加大竞争性选拔干部工作力度;逐步扩大基层党组织领导班子成员公推直选范围;坚持和完善从基层一线选拔干部制度;等等。

党的十八大以来,干部人事制度改革进一步深化,干部人事制度不断完善,选人用人机制科学有效,涌现出一大批信念坚定、为民服务、勤政务实、敢于担当、清正廉洁的各方面优秀干部,为全面从严治党奠定了坚实的基础。2014年1月,中共中央印发《党政领导干部选拔任用工作条例》,为着力选拔党和人民需要的好干部、培养造就高素质党政领导干部队伍提供了制度保证,成为新时代规范干部选拔任用工作的基本遵循。

在新的历史阶段,进行干部人事制度的创新,应从以下四个方面进行。

第一,进一步扩大选拔任用干部工作中的民主。干部工作中的民主程度是体现社会主义民主政治的一个重要方面,也是干部选拔任用机制是否符合党和人民群众根本利益的重要标志。长期以来,由于种种原因,对领导干部的选拔任用存在着民主不够,党内外群众参与少甚至个人说了算的现象。扩大选拔任用领导干部工作中的民主是当前亟待解决的重要问题之一。要通过改革和创新,扩大人民群众参与干部选拔任用工作的程度,加大群众监督干部工作的力度,拓宽选人用人渠道。党内民主和人民民主是干部工作民主化建设中相辅相成、相互促进的两个重要方面。要优先发展党内民主,并以党内民主带动和促进人民民主。党内民主体现在干部制度改革上,一是干部考察主要借助民主推荐、民意测验和民主评议。进一步改革方法,扩大人民群众参与的范畴。二是在党委讨论决定干部中,建立健全制度化、规范化的民主议事规则和工作机制。三是强化党的全委会和党代会的功能与作用。

第二,要完善干部考核制度,并与干部的升降、去留和奖惩结合起来,做到干部能上能下、能进能出。只有我们的干部真正做到能上能下,合理流动,才能从根本上消除干部职务终身制。虽然改革开放后在这方面做了不少工作,问题得到了一定程度的解决。但是,在实践中仍然存在着干部只能上而不能下的问题。

第三,加大对领导干部及选择任用工作的监督力度,努力克服选人用人方面的不正之风。加强对干部选用工作的监督,是选贤任能的关键。对干部的推荐提名、考察考核、讨论决定等各个环节实行全过程监督。完善干部考核制度和方法，逐渐实行干部考察预告制度和差额考察制度。发挥群众监督的作用，凡是群众反映的内容具体、情节严重的问题，要认真调查核实。逐步建立健全干部选拔任用责任追究制度，对用人失察失误造成严重后果的要追究责任。

第四，积极引入竞争激励机制，把推行公务员制度同坚持党管干部原则衔接起来。对近年来一些地方在一定范围内试行委任干部任期制、聘任制、试用制以及公开推荐与考试考核相结合选拔领导干部，在机关内部通过竞争上岗选拔中层领导干部、双向选择分流机关工作人员等，要认真研究总结，使其不断完善并逐步制度化。

另外，还要改革干部收入分配制度，建立物质激励的保障机制。要实行与岗位责任相符的工资福利制度，改革完善职级工资制，逐步将福利分配货币化，探索建立廉政公积金制度；企业领导人员实行收入与经营业绩挂钩的分配制度，对业绩突出的，给予物质和精神鼓励；事业单位建立重实绩、重贡献的分配制度，实行按岗定酬、按任务定酬、按业绩定酬的分配办法，积极进行按技术、按管理等生产要素分配的试点，形成向优秀人才和关键岗位倾斜的分配激励机制。

党的十九大报告指出，要注重培养专业能力、专业精神，增强干部队伍适应新时代中国特色社会主义发展要求的能力。要坚持严管和厚爱相结合、激励和约束并重，完善干部考核评价机制，建立激励机制和纠错机制。

思考题

1. 简述我国社会主义干部人事制度改革的历程。
2. 简述我国社会主义干部人事制度的基本内容和特点。
3. 试述我国公务员制度的建立、特点及其评价。

第十章

"一国两制"制度

中华人民共和国成立以后,由于各种原因,香港、澳门仍然处在英国和葡萄牙的统治之下,而台湾则在美国的庇护下被蒋介石国民党所统治。实现祖国完全统一,是几代中国人为之奋斗的目标。党的十一届三中全会后,中国共产党纠正了长期存在的"左"的错误,中国进入了改革开放和社会主义现代化建设新时期,从而为实现祖国统一创造了有利的环境,20世纪80年代后国际形势的变化,也为实现祖国统一提供了有利的大背景。在这种情况下,邓小平从维护民族利益和世界和平的实际出发,创造性地提出了"一国两制"的原则。经过十几年的努力,香港、澳门已经成功回归祖国。事实证明,"一国两制"是解决历史遗留的香港、澳门问题的最佳方案,也是香港、澳门回归后保持长期繁荣稳定的最佳制度。可以预见,"一国两制"也将是台湾回归祖国的最佳选择。解决台湾问题,实现祖国完全统一,是中国共产党矢志不渝的历史任务,是全体中华儿女的共同愿望,是中华民族的根本利益所在。

第一节 "一国两制"科学构想的提出与内涵

"一国两制"是中国人民对人类社会政治制度的一个伟大的创新,"这是个新事物。这个新事物不是美国提出来的,不是日本提出来的,不是欧洲提出来的,也不是苏联提出来的,而是中国提出来的,这就叫做中国特色"①。"一国两制"对中国的统一,对维护世界和平和解决国际争端具有重大的意义。

一、"一国两制"科学构想的提出

祖国统一是中国历史发展的主流和中华民族根本利益所在。祖国人民一直关怀着台湾、香港和澳门,并为其回归祖国进行了不懈的努力和长期的探索。"一国两制"的思想渊源,实际上可以追溯到20世纪50年代中期和60年代初期。这个时期,由于国际形势和两岸形势的缓和,以毛泽东为代表的中国共产党人开始考虑解决台湾问题。中共中央先后提出三个重要思想。

一是提出和平解放台湾的思想。1955年4月,周恩来在万隆会议上指出:"中国人民解放台湾有两种可能的方式,即战争的方式和和平的方式,中国人民愿意在可能的条件下,争取用和平方式解放台湾。"1956年1月25日,毛泽东在第六次最高国务会议上提出:"台湾那里还有一堆人,他们如果是站在爱国主义立场,如果愿意来,不管个别的也好,部分的也好,集体的也好,我们都要欢迎他们。"1月30日,周恩来在全国政协二届二次会议上正式宣布对台湾的方针、政策:凡是愿意走和平解放台湾道路的,不管任何人,也不管他们过去犯过多大罪过,中国人民都将宽大对待,不究既往。② 同年4月,毛泽东提出"和为贵""爱国一家""爱国不分先后""以诚相见"和"来去自由"等政策主张。同年6月,周恩来在全国人民代表大会上宣布:"我们愿意同台湾当局协商和平解放台湾的具体步骤和条件,并且希望台湾当局在他们认为适当的时机,派遣代表到北京或者其他适当的地点,同我们开辟这种商谈。"③

二是提出第三次国共合作的思想。1956年7月,周恩来会见原国民党中央通讯社记者时,提出第三次国共合作的概念。他说:"国民党和共产党合作

---

① 《邓小平文选》第3卷,人民出版社1993年版,第218页。
② 毛泽东:《对周恩来在政协二届二次会议上的政治报告稿的修改》,转引自何仲山:《论"一国两制"科学构想的由来、形成、实践及理论特色》,《中共党史研究》1994年第5期。
③ 《周恩来统一战线文选》,人民出版社1984年版,第320页。

过两次,第一次合作有国民革命军北伐的成功,第二次合作有抗战的胜利,这都是事实。为什么不可以第三次合作呢?台湾是内政问题,爱国一家,为什么不可以来合作建设呢?"①1957年4月,在欢迎苏联最高苏维埃主席伏罗希洛夫的宴会上,周恩来再次谈到国共两党过去合作过两次。毛泽东当时插话说:"我们还准备第三次国共合作。"这个思想通过新闻媒体向世界公布。

三是提出"一纲四目"方针。1963年,周恩来根据毛泽东提出的解决台湾问题的思路,提出"一纲四目"的祖国统一的政策。"一纲"是台湾必须统一于祖国。"四目"是指:第一,台湾回归祖国后,除外交必须统一中央外,当地军政大权、人事安排悉委于蒋;第二,台湾所有军政及经济建设费用不足之数由中央拨付;第三,台湾的社会改革可以从缓,必俟条件成熟并尊重蒋的意见,协商决定后进行;第四,双方互约不派人进行破坏对方团结之事。② 这些思想在当时产生了重要影响,以蒋介石为首的台湾当局也有所心动,多次强调不会搞"两个中国",并加强了打击"台独"势力的力度。

党的十一届三中全会后,随着党的解放思想、实事求是思想路线的确定和"左"的错误的克服,以及国内外形势的重大变化,以邓小平为代表的中国共产党人本着统一祖国和维护和平的良好愿望,充分考虑到各方面的利益,从中国的实际出发,逐步提出"一国两制"的科学构想。

1978年底,邓小平在几次同外宾谈话中都表明了对台湾问题的立场。10月8日,他在同日本文艺评论家江藤淳的谈话中指出:"如果实现祖国统一,我们在台湾的政策将根据台湾的现实来处理。"11月14日,同缅甸总统吴奈温谈话中进一步阐明:"在解决台湾问题时,我们会尊重台湾的现实,比如,台湾的某些制度可以不动,美日在台湾的投资可以不动,那边的生活方式可以不动。但是要统一。"③

1979年元旦,全国人民代表大会常务委员会发表《告台湾同胞书》,向世界宣布台湾回归祖国、和平统一的政策,指出:我们的国家领导人已经表示决

---

① 《周恩来年谱(1949~1976)》(上),中央文献出版社2007年版,第598页。
② 李家泉:《中国三代领导人与台湾问题》,《今日中国》2000年第1期。
③ 《邓小平年谱(1975—1997)》(上),中央文献出版社2004年版,第430页。

心,一定要考虑现实情况,完成祖国统一的大业,在解决统一问题上尊重台湾现状和台湾各界人士的意见,采取合情合理的政策和办法,不使台湾人民蒙受损失。我们希望双方尽快实现通航通邮,以利双方同胞直接接触,互通讯息,探亲访友,旅游参观,进行学术文化体育工艺观摩。① 1月30日,邓小平在美国参、众两院发表演说:"我们不再用'解放台湾'这个提法了。只要台湾回归祖国,我们将尊重那里的现实和现行制度。"② 12月6日,邓小平在会见日本首相大平正芳时提出"三个不变"的想法。他说:"对台湾,我们的条件是很简单的,那就是,台湾的制度不变,生活方式不变,台湾与外国的民间关系不变,包括外国在台湾的投资、民间交往照旧。"他还说:"台湾作为一个地方政府,可以拥有自己的自卫力量,军事力量。"③至此,"一国两制"原则性的框架已经构筑起来。

1981年9月30日,叶剑英委员长对新华社记者发表谈话,提出和平统一祖国的具体方针政策,主要内容共有九条:(1)建议举行国共两党对等谈判,实行第三次国共合作,共同完成祖国统一大业。(2)实现海峡两岸通邮、通商、通航、开放探亲、旅游及开展学术、文化和体育交流。(3)国家实行统一后,台湾可作为特别行政区,享有高度的自治权,并可保留军队。中央政府不干预台湾地方事务。(4)台湾现行社会、经济制度不变,生活方式不变,同外国的经济、文化关系不变。私人财产、房屋、土地、企业所有权、合法继承权和外国投资不受侵犯。(5)台湾当局和各界代表人士,可担任全国性政治机构的领导职务,参与国家管理。(6)台湾地方财政遇有困难时,可由中央政府酌情补助。(7)台湾各族人民、各界人士愿回祖国大陆定居者,保证妥善安排,不受歧视,来去自由。(8)欢迎台湾工商界人士回祖国大陆投资,兴办各种经济事业,保证其合法权益和利润。(9)统一祖国,人人有责。热诚欢迎台湾各族人民、各界人士、民众团体通过各种渠道、采取各种方式提供建议,共商国是。④ 这九条内容是

---

① 《三中全会以来重要文献选编》(上),人民出版社1982年版,第36—37页。
② 《邓小平副总理在华盛顿重申 中国希望和平解决台湾问题》,《人民日报》1979年2月1日,第1版。
③ 《邓小平思想年谱(1975—1997)》,中央文献出版社1998年版,第140页。
④ 《三中全会以来重要文献选编》(下),人民出版社1982年版,第965—966页。

对"一国两制"构想的具体阐述,在海内外引起强烈反响。

1982年1月11日,邓小平在会见美国华人协会主席李耀滋时,首次提出"一个国家,两种制度"的概念。他说:"九条方针是以叶副主席的名义提出来的,实际上是一个国家两种制度,两种制度是可以允许的。"①9月24日,邓小平在同英国首相撒切尔夫人谈话中提出用"一个国家,两种制度"的方法收回香港的方针,"香港现行的政治、经济制度,甚至大部分法律都可以保留"②。解决香港问题的重大原则得以确定。

1983年6月,邓小平在会见美国新泽西州西东大学教授杨力宇时,进一步阐明了实现大陆和台湾和平统一的"一国两制"方针。他指出:问题的核心是祖国统一。祖国统一后,台湾特别行政区可以有自己的独立性,可以实行同大陆不同的制度。司法独立,终审权不须到北京。台湾还可以有自己的军队,只是不能构成对大陆的威胁。大陆不派人驻台,不仅军队不去,行政人员也不去。台湾的党、政、军等系统,都由台湾自己来管。中央政府还要给台湾留出名额。③

1984年6月,邓小平在会见香港工商界访京团和香港知名人士钟士元的谈话中,对"一国两制"的构想作了完整的阐述:"我们的政策是实行'一个国家,两种制度',具体说,就是在中华人民共和国内,大陆十亿人口实行社会主义制度,香港、台湾实行资本主义制度。近几年来,中国一直在克服'左'的错误,坚持从实际出发,实事求是,来制定各方面工作的政策。经过五年半,现在已经见效了。正是在这种情况下,我们才提出用'一个国家,两种制度'的办法来解决香港和台湾问题。"④

1992年,党的十四大报告将"一国两制"概括为邓小平同志建设有中国特色社会主义理论的一项重要内容:在祖国统一的问题上,提出"一个国家,两种制度"的创造性构想,在一个中国的前提下,国家的主体坚持社会主义制度,香港、澳门、台湾保持原有的资本主义制度长期不变,按照这个原则来推进祖国

---

① 《邓小平思想年谱(1975—1997)》,中央文献出版社1998年版,第212页。
② 同上书,第235页。
③ 同上书,第259页。
④ 《邓小平文选》第3卷,人民出版社1993年版,第58页。

第十章 "一国两制"制度

和平统一大业的完成。

1995年1月30日,江泽民发表《为促进祖国统一大业的完成而继续奋斗》的重要讲话,提出了推进祖国和平统一进程的八项建设性主张:(1)坚持一个中国的原则,是实现和平统一的基础和前提,中国的主权和领土决不允许分割。(2)对于台湾同外国发展民间性经济、文化关系,我们不持异议。但是我们坚持反对台湾以搞"两个中国""一中一台"为目的的所谓"扩大国际生存空间"的活动。(3)进行海峡两岸和平统一谈判,在和平谈判过程中吸收两岸各党派、团体等有代表性的人士参加。(4)努力实现和平统一,中国人不打中国人。我们不承诺放弃使用武力,决不是针对台湾同胞,而是针对外国势力干涉中国统一和搞"台湾独立"的图谋的。(5)大力发展两岸经济交流与合作,以利于两岸经济共同繁荣,造福整个中华民族。(6)中华各族儿女共同创造的五千年灿烂文化,始终是维系全体中国人的精神纽带,也是实现和平统一的一个重要基础。(7)充分尊重台湾同胞生活方式和当家作主的愿望,保护台湾同胞一切正当权益。(8)欢迎台湾当局的领导人以适当身份前来访问,我们也愿意接受台湾各方面的邀请,前往台湾。江泽民的八条建设性主张,有许多新的内容,使"一国两制"构想得到进一步的丰富和完善。

二、"一国两制"科学构想的内涵

经过中国共产党的探索和总结,"一国两制"已经成为一个具有特定含义的科学概念。所谓"一国两制",就是指在当代历史条件下,主张通过和平方式来实现国家统一,解决有关国际争端。在国家实现统一后,根据宪法和法律规定,在本国的一部分地区实行不同于其他地区的政治、经济和文化制度。但是,这一部分地区的政府与其他地区一样,都是这个国家的地方行政单位或地方政府,不能行使国家主权。具体地说,"一国两制"就是在一个中国的前提下,国家的主体坚持社会主义制度,台湾、香港、澳门是中国不可分割的组成部分,它们作为特别行政区保持原有的资本主义制度长期不变。在国际上代表中国的只能是中华人民共和国政府。

根据"一国两制"的特定含义来理解,其基本内容包括以下四个方面:其一,一个中国。世界上只有一个中国。国家主权是统一的,不可分割的,台湾是中国不可分割的一部分,中央政府在北京。其二,两制并存。在一个中国前提下,大陆的社会主义制度和台湾、香港、澳门的资本主义制度,实行长期共存,共同发展。这种考虑,主要是基于照顾台湾、香港和澳门的现实及这些地区的同胞的利益。其三,高度自治。一个国家内实行不同于主导制度的地方享有除国家主权外的高度的自治权。这就是说,在我国大陆继续实行社会主义制度,这是国家的主体,在香港、澳门和台湾建立特别行政区,现行的社会政治、经济制度不变,生活方式不变,并享有高度的自治权,主要是指行政管理权、立法权、独立的司法权和终审权。其四,以宪法和法律为依据。"一国两制"保证特别行政区的长期性和稳定性。如果在实行不同的政治、经济制度的地区,中央政府和特别行政区政府之间发生某些矛盾和纠纷,在不损害国家和民族根本利益的前提下,只能诉诸宪法和法律,通过和平和法律的途径来解决。

"一国两制"构想,既体现了祖国统一、维护国家主权的原则,又充分考虑到台湾、香港、澳门的历史和现实,体现了高度灵活性。这个构想是"马克思主义的辩证唯物主义和历史唯物主义,用毛泽东主席的话来讲就是实事求是"①的产物。

"一国两制"是当今世界上一项最大胆、最开明的最富有远见的战略思想。它的伟大意义主要体现在:首先,"一国两制"为和平解决国际争端提供了范例。其次,"一国两制"有利于保持香港、澳门、台湾的繁荣和稳定,这也将有助于全中国的繁荣和稳定。最后,"一国两制"不仅极大丰富了马克思主义国家学说,而且推动了中国特色社会主义民主政治建设的发展。正如习近平所说:"'一国两制'是中国的一个伟大创举,是中国为国际社会解决类似问题提供的一个新思路新方案,是中华民族为世界和平与发展作出的新贡献,凝结了海纳百川、有容乃大的中国智慧。"②

---

① 《邓小平思想年谱(1975—1997)》,中央文献出版社 1998 年版,第 304 页。
② 《庆祝香港回归祖国 20 周年大会暨香港特别行政区第五届政府就职典礼隆重举行 习近平出席并发表重要讲话》,《光明日报》2017 年 7 月 2 日,第 2 版。

第二节 "一国两制"科学构想的伟大实践

1982年12月,五届全国人大五次会议审议通过修改后的《中华人民共和国宪法》,其中增加了第31条关于设立特别行政区的规定:国家在必要时得设立特别行政区。在特别行政区内实行的制度按照具体情况由全国人民代表大会以法律规定。这样,"一国两制"的法律地位得以确立,"一国两制"的构想开始了实践的过程。

一、香港和澳门基本法的通过

从1982年到1984年年底,中英两国政府就香港问题进行了长达两年的谈判。1984年1月16日,中国政府按照"一国两制"的构想阐述了对香港的基本政策:第一,1997年中国对香港恢复行使主权后,香港仍然继续实行资本主义制度;第二,由香港人治理香港,不是北京派人治理香港;第三,对香港政策长期不变,1997年后至少50年不变;第四,全国人大将通过能体现上述内容的香港特别行政区基本法,香港将按基本法办事。1984年5月,六届全国人大二次会议通过的《政府工作报告》,将"一国两制"确定为我国一项基本国策。1984年12月19日,中英两国政府首脑在北京正式签署了关于香港问题的联合声明。

1985年4月,六届全国人大三次会议决定成立有广泛代表性和权威性的中华人民共和国香港特别行政区基本法起草委员会。6月18日,起草委员会成立,开始起草香港特别行政区基本法。经过反复商讨、修改,于1990年4月4日经七届全国人大三次会议审议批准。香港特别行政区基本法的制定具有重要意义。邓小平在会见起草委员会全体委员时说:"你们经过将近五年的辛勤劳动,写出了一部具有历史意义和国际意义的法律著作。说它具有历史意义,不只对过去、现在,而且包括将来;说国际意义,不只对第三世界,而且对全人类都具有长远意义。这是一个具有创造性的杰作。"①

1986年6月,中国和葡萄牙两国政府也发布了关于澳门问题的联合声明,宣布中华人民共和国政府将于1999年12月20日对澳门恢复行使主权。1988年4月,七届全国人大一次会议决定成立由各方代表人士参加的澳门特别行政区基本法起草委员会。经过努力,1993年1月完成全部起草工作,形成了澳门特别行政区基本法,于1993年3月由八届全国人大一次会议正式通过。这部法律是根据"一国两制"总方针,从澳门的实际情况出发,广泛听取澳门和内地各界人士的意见而制定的。是重建香港基本法之后又一部创造性的杰作,使澳门的历史翻开了崭新的一页。

香港基本法和澳门基本法的通过,实现了"一国两制"方针的法律化,标志着"一国两制"构想在实践上的重大进展。

二、香港和澳门回归祖国

1993年,全国人大常委会成立了香港特别行政区筹备委员会预备工作委员会,就香港政治、经济、法律、文化、社会及保安等各个领域的有关问题进行系统的调查研究,并同香港各界人士共同提出一些方案和建议,最后形成46份书面建议和意见。1996年1月26日,香港特别行政区筹备委员会成立。1996年11月1日,筹委会组织选出全部由香港永久性居民组成的香港特别行政区第一届政府推选委员会,最后选出董建华为第一届行政长官。12月16日,国务院召开第11次全体会议并作出决定,任命董建华为香港特别行政区第一任行政长官。12月21日,香港特别行政区第一届政府推选委员会以无记名投票方式选举产生香港特别行政区临时立法会议员。1997年7月1日,中华人民共和国香港特别行政区政府成立。中国政府正式恢复行使对香港的主权,香港回归祖国。香港回归祖国后,中央政府坚定不移地继续贯彻"一国两制"方针,使香港保持了繁荣和稳定。

---

① 《邓小平文选》第3卷,人民出版社1993年版,第352页。

1986年6月，中葡两国政府也开始了关于澳门问题的谈判。1987年4月，中葡两国正式签署了关于澳门问题的联合声明。随后成立了有关各方代表人士参加的澳门特别行政区基本法起草委员会，澳门特别行政区的筹备工作按照基本法全面展开。1999年12月20日，中国政府正式恢复行使对澳门的主权。澳门"一国两制"的成功实践表明，始终筑牢"一国两制"社会政治基础，在爱国爱澳旗帜下实现最广泛的团结，"一国两制"就有了沿着正确轨道前进的根本保障。广大澳门同胞素有爱国传统，有强烈的国家认同感、归属感和民族自豪感，这是"一国两制"在澳门成功实践的最重要原因。

香港和澳门的回归使"一国两制"从科学构想转变为现实。香港和澳门回归祖国后，"港人治港""澳人治澳"的高度自治方针得到切实的贯彻和执行，香港和澳门继续保持着繁荣和稳定的局面。"一国两制"科学构想的成功实践，对台湾问题的解决无疑起到了示范的作用。"一国两制"在香港和澳门能够行得通，在台湾也必然行得通。"一国两制"在香港和澳门的成功实践，为祖国统一大业展现了美好的前景。

党的十九大报告指出：坚持"一国两制"和推进祖国统一。必须把维护中央对香港、澳门特别行政区全面管治权和保障特别行政区高度自治权有机结合起来，确保"一国两制"方针不会变、不动摇，确保"一国两制"实践不变形、不走样。

三、允许特别行政区实行资本主义制度

允许特别行政区继续实行资本主义制度，也就意味着允许其保持现有的资本主义政治的制度不变，这是"一国两制"科学构想的一项内容，是充分尊重台湾、香港和澳门的历史和现状，是充分尊重中华民族的感情和愿望，也是中国共产党坚持实事求是、一切从实际出发的思想路线和政治智慧的具体体现。

当然，允许特别行政区实行资本主义政治制度，要有两个前提，一个是不能对国家主体的社会主义制度构成威胁，14多亿人口的社会主义制度是不会

改变的。再一个是香港和澳门,甚至是台湾的制度也要从实际出发,不能完全西化,这是中央政府从它们的切实利益出发提出的一个要求。邓小平曾明确指出:"香港的制度也不能完全西化,不能照搬西方的一套。香港现在就不是实行英国的制度、美国的制度,这样也过了一个半世纪了。现在如果完全照搬,比如搞三权分立,搞英美的议会制度,并以此来判断是否民主,恐怕不适宜。"①保持香港、澳门长期繁荣稳定,必须全面准确贯彻"一国两制""港人治港""澳人治澳"、高度自治的方针,严格依照宪法和基本法办事,完善与基本法实施相关的制度和机制。

2014年6月10日,国务院新闻办公室发表了《"一国两制"在香港特别行政区的实践》白皮书。其主要内容包括:一是强调全面准确把握"一国两制"的含义。"一国两制"是一个完整的概念。"一国"是指在中华人民共和国内,国家主体实行社会主义制度;"两制"是指在"一国"之内,香港等某些区域实行资本主义制度。特别行政区是国家不可分离的部分,是直辖于中央人民政府的地方行政区域。中华人民共和国是单一制国家,中央政府对包括香港特别行政区在内的所有地方行政区域拥有全面管治权。二是强调香港特别行政区的高度自治权不是固有的,其唯一来源是中央授权。香港特别行政区享有的高度自治权不是完全自治,也不是分权,而是中央授予的地方事务管理权。三是强调坚持一国原则,最根本的是要维护国家主权、安全和发展利益,尊重国家实行的根本制度以及其他制度和原则。在这个前提下,从实际出发,充分照顾到香港等某些区域的历史和现实情况,允许其保持资本主义制度长期不变。

2020年6月30日,十三届全国人大三次会议表决通过了《中华人民共和国香港特别行政区维护国家安全法》,这部法律共66条,是一部兼具实体法、程序法和组织法内容的综合性法律。国家主席习近平签署第49号主席令予以公布。香港国安法是在维护国家安全领域对基本法的制度完善和重要补充,有助于基本法规定的各项制度得到有效实施;对于新形势下坚持和完善

---

① 《邓小平文选》第3卷,人民出版社1993年版,第67页。

"一国两制"制度体系,维护国家主权、安全、发展利益,确保香港长治久安和长期繁荣稳定,具有重大而深远的意义。

第三节 坚持"一国两制",推进祖国统一

"一国两制"是中国共产党领导人民实现祖国和平统一的一项重要制度,是中国特色社会主义的一个伟大创举。必须坚持"一国"是实行"两制"的前提和基础,"两制"从属和派生于"一国"并统一于"一国"之内。事实证明,"一国两制"是解决历史遗留的香港、澳门问题的最佳方案,也是香港、澳门回归后保持长期繁荣稳定的最佳制度。"一国两制"在香港和澳门已经取得成功,而且通过 20 多年的实践,作为一种政治制度得到了进一步的丰富和完善。解决台湾问题、实现祖国完全统一,是全体中华儿女共同愿望,是中华民族根本利益所在。可以说,"一国两制"也是和平解决台湾问题的正确道路。在新形势下,必须继续坚持"和平统一、一国两制"方针,推动两岸关系和平发展,推进祖国和平统一进程。

一、"一国两制"是和平解决台湾问题的正确道路

在收回香港和澳门的过程中,中国共产党在对台湾问题上采取了积极、务实的态度,制定了务实、灵活的政策法规和办法。海协会与海基会开展交流和谈判工作,签订了一系列初级协议,推动两岸政治、经贸、文化的联系和交往,取得了一定的成绩。1993 年 4 月"汪辜会谈"的顺利进行以及 1998 年春季第二轮海峡两岸高层会谈的恢复和启动,为日后两岸的政治接触奠定了基础。此外,中国政府还通过了《国务院关于鼓励台湾同胞投资的规定》等法律文件,保障台资权益,并积极优化投资环境,扩大对台经济、文化的交流活动。台湾对大陆的投资逐年增加,文化交流也十分频繁。这些活动为"一国两制"构想的全面实现奠定了基础。特别是党的十八大以来,面对两岸关系和平发展进

入深水区、台湾局势和我周边形势发生复杂变化等困难和挑战,以习近平同志为核心的党中央,牢牢掌握两岸关系主导权和主动权,保持台海局势总体稳定,推动两岸关系取得重大进展,为维护党和国家事业发展大局、推进祖国和平统一进程作出了积极贡献。

党的十八大以来,中国共产党站在党和国家事业发展全局和实现中华民族伟大复兴中国梦的战略高度,敏锐洞察国内外形势和台海局势的发展变化,提出了一系列内涵丰富、思想深邃的对台工作论述和政策主张,丰富和发展了中共中央对台大政方针。首先,提出中国梦是两岸同胞共同的梦,两岸同胞要携手同心,共圆中华民族伟大复兴的中国梦;强调推进祖国和平统一进程、完成祖国统一大业,是实现中华民族伟大复兴的必然要求。其次,强调"和平统一、一国两制"是我们解决台湾问题的基本方针,也是实现国家统一的最佳方式,我们所追求的国家统一不仅是形式上的统一,更重要的是两岸同胞的心灵契合。再次,明确坚持两岸关系和平发展正确道路,关键在于坚持"九二共识"。"九二共识"体现了一个中国原则,明确界定了两岸关系的性质,是两岸关系的共同政治基础;坚决遏制任何形式的"台独"分裂行径;绝不让国家分裂的历史悲剧重演,是我们对历史和人民的庄严承诺。最后,提出决定两岸关系走向的关键因素是祖国大陆发展进步;两岸一家亲,家和万事兴,我们愿意首先同台湾同胞分享发展机遇,深化两岸经济社会融合发展,增进同胞亲情和福祉,拉近同胞心灵距离,增强对命运共同体的认知。

以习近平同志为核心的党中央精辟阐述了解决台湾问题、实现国家统一与中华民族伟大复兴的辩证关系和发展大势,系统论述了实现国家统一的目标内涵、基本方针、路径模式、动力基础,处理台湾问题的原则立场和必守底线,对新时代两岸关系的发展具有重要意义。

二、团结广大台湾同胞共同反对"台独"、促进统一

"一个中国"是两岸和平统一的根本前提。中国一定要统一,中国政府和中国人民绝不会坐视中国分裂。如果"两国论"堵塞中国和平统一的道路,中

国政府和中国人民必将采取包括武力在内的一切有效手段实现两岸统一。党的十八大以来,以习近平同志为核心的党中央推动两岸政治交往取得了历史性突破。

一是建立双方两岸事务主管部门联系沟通机制。2014年2月,国务院台湾事务办公室与台湾方面大陆事务委员会在确认"九二共识"政治基础上建立常态化联系沟通机制,两部门负责人实现互访、开通热线,及时就两岸关系形势和推进两岸各领域交流合作政策措施交换意见,特别是为两岸领导人会面进行沟通和准备。这一机制强化了"九二共识"在两岸关系中的基础性地位,为双方及时管控分歧、妥善处理各种复杂敏感问题、推进两岸关系发展发挥了重要作用。

二是实现两岸领导人历史性会面。2015年11月7日,中共中央总书记、国家主席习近平在新加坡同台湾地区领导人马英九会面,双方围绕推进和平发展、致力民族复兴的主题,就两岸关系坦诚交换意见,并就坚持"九二共识"、进一步推进两岸关系和平发展达成积极共识。这是1949年以来两岸领导人首次会面,开创了两岸领导人直接对话和沟通的先河,翻开了两岸关系历史性的篇章,将两岸关系和平发展和政治互动推到了新的高度,确立了两岸关系政治现状的新标准,树立了推进祖国和平统一进程新的历史坐标,具有重要的现实意义和深远的历史意义。

三是维护一个中国原则,保持了台海局势总体稳定。2016年5月,民进党再度上台执政,两岸关系和平发展面临复杂严峻形势。以习近平同志为核心的党中央审时度势,准确预判,未雨绸缪,为应对变局采取一系列有力政策措施。坚决停摆了以"九二共识"为基础的两岸沟通和商谈机制;加强同岛内相关政党、团体和社会各界人士的交流互动,壮大反对"台独"、维护两岸关系和平发展的力量和声势;积极开展舆论斗争,揭批台湾当局和"台独"势力破坏两岸关系政治基础和现状的行径;继续推进两岸各领域交流合作,为台湾同胞谋福祉、办实事。这些有力政策措施,充分展现了中共中央和中国政府坚决反对和遏制"台独"的决心、意志和能力。

四是大力促进两岸经济社会融合发展。针对岛内社情民意在"台独"分裂势力煽动下出现的复杂局面,秉持"两岸一家亲"理念,积极推动各领域交流合作,持续深化两岸经济社会融合发展,取得可喜成果。深化两岸经济社会融合发展的实践,使两岸同胞越来越深切地感受到,两岸同胞是打断骨头连着筋的一家人,是割舍不断的命运共同体。两岸同胞只有携手同心致力于实现中华民族伟大复兴,才能迎来共同的美好未来。

2017年10月,党的十九大报告强调指出,两岸同胞是命运与共的骨肉兄弟,是血浓于水的一家人。我们有坚定的意志、充分的信心、足够的能力挫败任何形式的"台独"分裂图谋。"我们绝不允许任何人、任何组织、任何政党、在任何时候、以任何形式、把任何一块中国领土从中国分裂出去!"2019年10月,党的十九届四中全会决定进一步强调,完善促进两岸交流合作、深化两岸融合发展、保障台湾同胞福祉的制度安排和政策措施,团结广大台湾同胞共同反对"台独"、促进统一。

2021年11月,党的十九届六中全会审议通过的《中共中央关于党的百年奋斗重大成就和历史经验的决议》指出,党的十八大以来,以习近平同志为核心的党中央,在坚持"一国两制"和推进祖国统一上,采取一系列标本兼治的举措,坚定落实"爱国者治港""爱国者治澳",推动香港局势实现由乱到治的重大转折,为推进依法治港治澳、促进"一国两制"实践行稳致远打下了坚实基础;坚持一个中国原则和"九二共识",坚决反对"台独"分裂行径,坚决反对外部势力干涉,牢牢把握两岸关系主导权和主动权。

我们坚信,解决台湾问题、实现祖国完全统一,是全体中华儿女共同愿望,是中华民族根本利益所在。只要包括港澳台同胞在内的全体中华儿女顺应历史大势、共担民族大义,把民族命运牢牢掌握在自己手中,就一定能够共创中华民族伟大复兴的美好未来。

思考题

1. "一国两制"构想的基本内容和意义是什么?
2. 如何理解允许特别行政区实行资本主义制度?

后　记

政治制度是指统治阶级为了实现其阶级专政而采取的统治方式和方法的总和。它既包括国体和政体，也包括政治系统运行和操作的其他一系列制度。政治制度是社会制度的重要组成部分，一个国家实行什么样的政治制度，是由这个国家的国情决定的，特别是由这个国家的基本经济制度决定的。

当代中国政治制度，即中华人民共和国的政治制度。本书主要围绕当代中国政治制度的历史与现状、特点和优越性及在新时代如何坚持和完善当代中国政治制度这一研究思路撰写而成。本书尝试回答几个重要问题：为什么必须坚持实行人民代表大会制度，而不能搞西方的"三权分立"制度；为什么必须坚持实行中国共产党领导的多党合作和政治协商制度，而不能搞西方的"两党制"和"多党制"；为什么必须坚持实行民族区域自治制度，而不能搞"联邦制"和"邦联制"；为什么必须坚持实行基层群众自治制度，而不能搞西方国家的"地方自治"。本书写作的目的是帮助广大读者了解当代中国政治制度是历史发展的必然，认识到坚持和完善当代中国政治制度的重要性。

本书前版在2009年获得北京市高等教育精品教材立项。本书的出版得到了北京大学出版社的大力支持，在此深表谢意。本书写作过程中参考了国内外学者的有关著述，吸收了一些最新研究成果，在此表示感谢。根据党的十八大以来关于我国政治制度方面的有关精神,本书在增加十九大以来重要文献的基础上又进行了认真修订,对部分章节进行了删改,同时增加了一些新的内容。由于作者理论水平有限,书中欠妥之处在所难免,恳请广大读者批评指正。

聂月岩

2022 年 8 月于北京

教师反馈及教辅申请表

北京大学出版社本着"教材优先、学术为本"的出版宗旨,竭诚为广大高等院校师生服务。

本书配有教学课件,获取方法:

第一步,扫描右侧二维码,或直接微信搜索公众号"北大出版社社科图书",进行关注;

第二步,点击菜单栏"教辅资源"—"在线申请",填写相关信息后点击提交。

如果您不使用微信,请填写完整以下表格后拍照发到 ss@pup.cn。我们会在1—2个工作日内将相关资料发送到您的邮箱。

书名		书号	978-7-301-	作者	
您的姓名				职称、职务	
学校及院系					
您所讲授的课程名称					
授课学生类型(可多选)	☐ 本科一、二年级 ☐ 高职、高专 ☐ 其他_____			☐ 本科三、四年级 ☐ 研究生	
每学期学生人数	_____人			学时	
手机号码(必填)				QQ	
电子信箱(必填)					
您对本书的建议:					

我们的联系方式:

北京大学出版社社会科学编辑室

通信地址:北京市海淀区成府路205号,100871

电子信箱:ss@pup.cn

电话:010-62765016 / 62753121

微信公众号:北大出版社社科图书(ss_book)

新浪微博:@未名社科-北大图书

网址:http://www.pup.cn